KB169514

현북스

안과 밖

외국인의 조건

가윤 글 블랑 지음 | 박영욱 옮김

글항아리

일러두기

1. 원저자주는 미주로, 옮긴이주는 본문의 각주로 넣었다.
2. 원서에서 이탤릭체로 강조한 부분은 고딕체로 표시했다.
3. 인명의 경우, 원어는 찾아보기에 넣었다.
4. 외래어 표기는 가급적 국립국어원 외래어 표기법을 따랐다.

주디스 버틀러에게

"1600만 명의 이민자들이 30년 동안 엘리스 아일랜드를 통해
미국에 들어왔다고만 말해서는 안 된다.
이 1600만 명 하나하나의 개별적인 이야기를 재현하도록 해야 한다."

_ 조르주 페렉, 『엘리스 아일랜드 이야기』 ᵎ

> 20세기 초 뉴욕의 작은 섬 엘리스를 통해 미국에 들어온 이민자들의 이야기를 다룬 영화 「엘리스 아일랜드 이야기」는 로베르 보버 감독, 조르주 페렉의 시나리오와 해설로 1979년 INA에서 제작되어, 1980년 프랑스 TV에서 방영되었다. 이 시나리오는 같은 해 책으로 출간되었다(Robert Bober et Georges Perec, *Récits d'Ellis Island, histoires d'errance et d'espoir*, Le Sorbier/INA, 1980. Rééd. P.O.L/INA, 1994).

CONTENTS

치욕스러운 삶들의 선집 [*] 을 만들어야 한다. 어쩌면 우리는 어떤 페이지의 구석에 몇 마디로 축약되어 국가들[nations]의 표준에 일치하지 않는다는 이유로 수치스럽다고 선언된 실존들을 발견할지도 모른다. 이어서 낯선 목소리들이 말을 하게 내버려둘 수 있어야 한다. 그리고 다만 그 앞에 '프랑스' '영국' '독일' '이탈리아' 등등이라고 기재하는 것에 만족해야 한다. 그때 비로소 우리는 한 삶은 외국인으로 태어나는 것이 아니라, 한 국가가 이민자들에게 불수리不受理판정을 내리자마자 외국인이 되는 것이라는 사실을 이해하게 될지도 모

---

[*] 저자가 언급하는 "치욕스러운infâmes 삶들의 선집"은 푸코의 「치욕스러운 사람들의 삶 La vie des hommes infâmes」(1997)을 상기해야 한다. 이 글은 처음에 푸코가 바스티유와 구빈원에 감금되었던 사람들의 기록 문서들에서 발견되는 "몇 줄, 몇 페이지의 삶, 한 주먹의 단어들에 응축된 무수한 불행들과 모험들"을 모아서 진정한 "실존들의 선집"을 만들 기획 아래 쓴 서문이다. 이 책의 기획은 실행되지 않았다. 푸코가 말하는 "치욕스러운 사람들"은 그 말이 지시하듯이 우선 사회적 명성도, 사회적 중요성도 없는 in-fama 길거리의 아주 평범한 사람들로, 어느 날 아주 운이 없게 권력의 관심을 끌어서 (술에 취해 거리를 거닐다가 혹은 싸움질이나 도둑질을 하다가) 구빈원이나 바스티유에 감금되어 "수치스럽다고 선언된 실존들"을 말한다. 푸코가 지적하듯이 이들은 사드나 질 드 레처럼 그 악으로 명성이 난 "거짓으로 치욕스럽다고 낙인찍힌 삶"을 지시하지 않는다. "진정으로 치욕스러운 삶들은 알려지지 않는 골목길에서 길을 잃은 불쌍한 영혼들"이다. 이런 삶들은 "마치 존재하지 않는 것처럼 살던 삶으로서 다만 권력과의 충돌 안에서만 드러나는 삶들"이다.

른다. 외국인은 사실 국민이라는 중립적인 틀 안에서 충만하게 살면서 자기를 전개할 수 있는 진정한 삶으로 인정되지 않기 때문에, 삶이라는 그 말이 가진 충만한 의미에서 살 수 없이 궁지에 몰린 그 여자, 그 남자가 아닌가? 얼마나 무수한 삶이 발붙일 곳이 없을 때(고국도, 환대국도 없을 때), 불확실^{précaire} ▸하기 그지없는지를 느끼려면 국민이라는 자격을 스스로 지울 수 있어야 하고 다른 목소리들이 말을 할 수 있게 해야 한다. 이때 우리는 어쩌면 외국인으로 지시된 모든 삶과, 예를 들어 2000년 세네갈에서 부인과 세 아이를 데리고 프랑스에 도착한 뒤 요리사로 일하면서 경찰에 붙잡힐까 두려워 비가시적이 되고자 했던 흑인 라신 트루레의 삶과 자신을 동시대인으로 느낄 수 있을지도 모른다. "이 나라에서 '증' 없이 사는 것은 쉽지 않다. 증이 없다고 말하는 것은 삶이 없다고 말하는 것과 같다. 내 삶은 직장-집, 집-직장이 전부다. 사실 일하러 가는 것도 위험하다. 직장에서는 가능한 한 말썽을 피우지 말아야 한다. 일이 없을 때는 집에 있는 게 차라리 낫다. TV 앞에 앉아서 가족과 있을 때 가장 안전하기 때문이다."[1] 이렇게 불확실한 삶들은 모든 통제를 피하기 위해 간헐적으로만 나타나는 유령과 같다.

　우리는 이렇게 삶에서 벗어난 삶으로 살 수 있는가? 왜 환대

▸ '프레카리아트'라는 신조어를 만들어내기도 한 précaire/précarité라는 말은 이 책에서 가장 빈번히 나오는 단어로, 그 어원에서 보면 "기도를 통해서 얻는 것precarius"이다. 그래서 그 말의 첫 번째 사전적 의미는 허가나 관용에 의해서만 일시적으로 어떤 것이 실행됨을 의미한다. 이로부터 어떤 것의 미래, 지속, 견고성이 보증되지 않고 매 순간 위태로운 것을 지시한다. 그것이 삶일 때, 그런 삶은 사회 안에서 전적으로 외적인 것에 의존하는 '불안하고 불확실한 위태로운 삶'이다. 이런 삶은 법적 지위가 없는 외국인일 수도, 비정규직 노동자일 수도, 여자일 수도, 동성애자일 수도, 아랍인일 수도, 흑인일 수도, 실업자일 수도, 환자일 수도 있다. 이런 삶에 대한 연구로 우리는 저자가 여기서 참조하는 버틀러의 책『불확실한 삶』(경성대 출판부, 2008)과 저자 자신의 다른 책『평범한 삶과 불확실한 삶Vies ordinaires, Vies précaires』(Seuil, 2007)을 참조할 수 있다.

국들은 타자와 함께 자기를 생각하기를 거부하는가? 이 두 질문은 서로 긴밀하게 연결되어 있다. 사실 한편의 불확실성은 정체성의 환원 불가능한 추동자인 '자기성'[*]을 가진 다른 편에 의해 형성되는 "벽의 욕망"[2]에 의해 만들어지기 때문이다. "정체성의 개념은 보이지 않는 위협과 야만의 흔적을 남기면서 아주 오래전부터 우리가 자기에게 속한 것과 그렇지 않은 것을 구분하는 벽을 건립하는 데 사용하던 것이다."[3] 타자는 아랍인일 수도, 흑인일 수도, 동성애자일 수도, 실업자일 수도 있으며, 한마디로 정체성의 자격을 부여하는 틀들에 기입되지 않아서 장 밖[4]으로 추방된 모든 여자, 남자다. 틀 밖으로 나가는 것은 받아들여질 수 있는 주체로서의 자격이 상실되는 것이고, 용인할 수 없는 자가 되는 것이다. 그들의 목소리는 거짓 목소리로 의심받고 지워진다. 외국인은 따라서 국가의 규범들에 일치하지 않는 이유로 존재하기를 그치는 모든 사람이다.

이 책의 전반부에는 다시 살려고 하는, 법적 완화를 기다리는, 자신을 국민으로 만들어줄 '증'을 얻기 위해 투쟁하는 혹은 영국으로 가기 위해 바다가 열리기를 희망하는 정지된 삶들이 있다. '여기 사람이 아니다'라는 말은 무엇을 의미하는가? 한 삶은 다만 이주자의 삶일 수 있는가? '외국인'이라는 이름의 좋은 활용[**]은 없는가? 또 자격을 박탈당한 목소리들, 신체들 그리고 칼레[***]라는 와해

---

[*] '자기성quant-à-soi'이라는 아주 일상적인 표현은 자기의 '내밀성'을 보존하고자 하는 욕망, 태도, 감정을 말한다. 이로부터 각자는 '자기 집'의 영역을 가지고 타자에 대해서 '거리'를 유지하게 된다.

[**] '활용usage'은 저자가 들뢰즈, 푸코로부터 가져온 개념이다. 들뢰즈에서 소수자들의 언어 활용은 지배적 집단 한가운데에서 그들의 활용과 다른 방식으로 일어나며(예를 들어 카프카의 글쓰기 방식), 지배적인 규범들을 해체하는 역할을 한다. 들뢰즈에게 '소수자가 된다'는 것은 바로 이 새로운 언어, 행위의 활용을 '발명'하는 것이다.

된 '정글'을 불러내야 한다. '정글'이란 이름이 누구에게서 왔는지 모르지만, 그곳은 어쨌든 더 이상 법이 통용되지 않는 곳으로 도로망, 숲, 땅끝 마을, 철판, 시멘트나 나무로 지어진 무수한 가건물들, 황량한 공터가 널브러져 있는 곳이다. 국경 끝까지 몰린, 그런데 절대로 통과할 수 없는 그 국경 주변의 이런 삶은 무엇인가? 또 우리에게 아무것도 말하지 않고, 우리에게 아무것도 가르쳐주지 않고, 말하자면 우리보다 '덜' 살아 있는 이 외국인을 타자로 만드는 '우리'는 도대체 누구인가? 이 책은 이 질문들에 대답하고자 한다. 그리고 이 책은 왜 '공통된 세계'라는 이념 자체가 비판적 시선에 놓여야 하는지를 이해하기 위해 외국인이 타자가 되는 타자화 과정을 파악하고자 한다. 모든 삶은 사실 다 같은 세계에 살지 않는다. 어떤 삶은 국민적 삶을 사는 것으로 지각되고, 어떤 삶은 허락된 지각의 장 밖으로 추방되어 국가의 기대를 채우지 못하고 어긋난다. 이로써 어떤 사람들은 권리를 가지고 어떤 사람들은 그렇지 않게 된다. 국가는 부끄러움도 없이 '자신의' 백성^{sujets}을 국민$^{sujets\ nationaux}$과 타자들 ^{autres}로 나눈다.

우리는 고귀한 외국인이 존재한다고 믿고 싶어한다. 그는 백일하에 망명의 찬란한 수수께끼를 감당하고, 고독한 영웅으로서 자력으로 세계 안에 살며, 예전의 땅을 떠나 다른 곳에 존재할 수 있는

▶▶▶ 칼레Calais는 프랑스 최북단 도버 해협에 면해 있어 영국으로 연결되는 항구도시로, 특히 영국으로 들어가려는 많은 이민자가 오는 곳이다.

자신의 힘과 자유를 더 잘 보존하기 위해 새 땅에 정착하기를 거부한다. 이때 망명자는 고귀한 외국인의 모습으로 나타난다. 그는 더 이상 이전에 살던 국가의 삶의 형식에 속하지 않으며, 새 국가의 질서에도 속하기를 거부한다. 그는 모범적으로 주체성의 새로운 모습을 시험한다. 이 숭고한 도식 덕분에, 외국인의 정체성은 어디에도 속하지 않고 절대적으로 종속되지 않는 행위를 통해 외국인의 에토스만이 드러낼 수 있는 윤리적 결정에 속하게 된다. 그런데 이런 결정은 외국인을 국경으로 되돌려보내고, 영원한 이주자 이외에 다른 존재가 될 수 없게 하고, 한 삶을 외국인으로 만드는 정치적 지시에 직면해서도 유지될 수 있는가? 물론 우리는 외국인이 방문자의 옷을 입었을 때, 한 나라가 외국인을 환대하거나 저지하기 위해 전제하는 수용의 구조를 깰 수 있는 손상되지 않은 그의 잠재력을 믿고 싶어한다. 그런데 중앙아메리카의 인디언에게 스페인인은 기다렸던 외국인이면서 동시에 두려운 외국인이 아니었던가? 식민지 구조는 외국인 식민 개척자들이 원주민들의 민족적 삶을 자신의 인종적 위계질서에 종속시키면서, 그들의 삶을 잘라내는 폭력에 의존하지 않는가? 또 다른 맥락에서, 자본의 잠재력을 가진 한편이 다른 편의 비참을 마음대로 사용하면서, 성의 종속을 통해 민족적 종속을 가속화하는 매춘관광에 대해서는 무엇을 말해야 하는가? 한편으로 고귀한 망명자는 외국인의 삶을 윤리적인 삶의 방식으로 변형시키고 모든 국가적인 가상으로부터 자유로운 외국인의 영광을 발명한다. 다른 한편 오만한 방문자는 자신의 힘—그것이 식민 개척자의 것이든 혹은 자본주의적인 것이든—을 믿고, 사악한 외국인에게 패하여 종속된 국민의 실존을 제거한다. 물론 망명은 아무것도 아닌 것이 아니다. 다시 말해 망명에는 자기 자신에게 강요된 뿌리 뽑기가 있으며, 이는 부분적으로나마 '자기'는 국가의 법으로 지정될 수 없다는 것을, 삶은 항상 국가에서 벗어난 어떤 모습에 의해 규정된다는 것을 알려준다. 또 확신컨대 모든 방문자가 타자들에게 자신의 질서를 강요하는 오만한 주체는 아니다. 어떤 방문자는 방문한 곳을 변질시키지 않으려고 조심하는 일시적인 방문자일 수도 있다. 그런데 망명자든 방문자든 외국인의 이 두 양태는 외국인이라는 지시 이전의 존재 양태로, 부정적 판단에 의해 산출된 타자화의 결과가 아니라 자기에만 의존하는 삶의 방식이라는 생각으로 우리를 이끈다. 이런 외국인의 가능성을 정식화하는 것은 결국 망명자와 방문자가 각자의 방식으로 활성화하는 길들여지지 않는 본래적인 실존의 자리를 긍정하는 것과 같다.

그럼에도 불구하고 외국인이란 특수한 맥락에서 지시에 의해 산출된 평가다. 즉 외국인은 국민이라는 다른 극에 의존하는 판단이다. 외국인/국민이라는 두 극의 의미는 미리 결정되지 않는다. 외국인은 합법적인 혹은 오만한 정복자일 수도, 불행한 피정복자일 수도 있다. 외국인이 정복자일 때 상황은 어떠한가? 어떤 문화적 아우라에 참여하는가? 어떤 종류의 패권적 구조의 연속인가? 이때 왜 정복자는 거의 남성인가? 이 질문들은 식민 개척자의 대의에 대한 비판을 함축한다. 식민 개척자는 다른 나라에 자국의 질서를 유입하면서 피식민자를 자국의 외국인으로 변형하고, 그 끝을 알 수 없는 외국인의 삶의 역사적인 조건을 창출한다. 점점 활성화되는 후기식민주의 연구의 맥락에서, 예전의 피식민자가 경제적 빈곤으로 인해 이전의 식민 정복자 나라에서 기회를 엿보는 이민자가 되고, 결국 어디에도 속하지 않는 한 존재, 파리아˙가 되어가는 한에서 말이다.

　나는 특히 외국인의 종속과 불확실화와 관련해서 다음 질문들에 답하고자 한다. 외국인이 패자가 되었을 때, 전혀 고려되지 않는 사회의 하층민인 경우 사정은 어떠한가? 그는 어떤 문화적 형태와 연결되는가? 어떻게 그는 그를 추방한 패권적 질서에 속한 삶의 형식들에 저항하는가? 어떻게 성적 장르의 관계들은 외국인의 삶의 양태 안에서 반복되는가? 가장 일반적으로 외국인이란 이름에 어떤 의미를 부여할 수 있는가? 이 질문들은 이 책의 중심 주제를 형성한다.

●　파리아paria는 본래 인도의 카스트제도 밖에 존재하는 개인 혹은 집단(천민)을 지시하던 말이나, 이제는 한 제도 혹은 한 사회에서 어디에도 속하지 않는 자 혹은 집단을 의미한다.

한 삶이 낯선 삶으로 부정적으로 지시될 때(이 책에서 우리가 가장 중요하게 다루는 것), 삶들을 합법적인 틀 밖으로 소외시키는 이 지시의 절차를 비판적 방식으로 분석해야 한다. 따라서 우리는 외국인을 국가적 판단에 의해 산출된 경멸적인 극으로, 다시 말해 국민으로 존중되는 다른 극의 이면으로 고려해야 한다. 비록 외국인이 식민 주체 혹은 정복 주체의 입장에서 국가에 이익을 가져다주는 생산적이고 긍정적인 극으로 보일지라도, 외국인은 국가적 판단에서 보면 항상 반항자라는 극의 화신으로 이해되기 때문이다.

한 삶을 타자로서 지각하기 위해서는 여러 조건이 요구된다. 우선 국가적 세계의 친밀성을 구성하고 정착시키기 위해 일련의 일관되고 표준적인 지각이 필요하다. 말할 필요도 없이 이 지각의 일관성은 일관된 장치와 국가에 고유한 지성체의 장 안에 뿌리를 내리는 한에서만 가능하다. 왜냐하면 국가는 일련의 지각을 가장 친숙한 요소들로—예를 들어 시민을 위한 편의시설과 같은 요소들로—인도하는 근본적인 지성체의 장으로서 존재하기 때문이다. 반대로 국가는 낯선 것으로, 기이한 것으로, 퀴어로 지각된 요소들은 멀리한다.

이어서 아주 생생한 증언의 구조가 요구된다. 외국인을 다른 삶으로 지각할 수 있기 위해 주체들은 낯선 삶의 가시성을 결정할 권위를 스스로에게 부여하는(부여된) 전적으로 보증된 국민이어야 한다. 따라서 즉자적인 외국인은 존재하지 않는다. 보고 들은 것을 보증으로 해서(그것이 부족하면 촉각과 청각까지도 동원해서) 자신이 겪은 외국인에 대한 경험을 인증하는 증언의 능동적인 구조 없이는, 외국인은 존재하지 않기 때문이다. 이 두 조건이 만나면서 하나의 질문이 제기된다. 어떻게 우리는 우리 자신에게 이러한 증인이 되는 것을 허락할 수 있는가? 누가 우리를 외국인의 세계를 증언하고 재구성할 수 있는 적합하고 합법적인 증인으로 만드는가? 왜 외국인에게는 스스로 자기 삶의 증인이 되는 것이 허락되지 않는가? 자신을 공식적인 이야기 공간 안으로 들어갈 권리가 거부된 자로 보기 위해, 외국인은 어떤 저항의 이야기에 얽히는가?

한편으로, 우리는 망명이라는 독특함 때문에 다른 실존이 된 여자들, 남자들, 아이들의 실재적인 삶을 인증하는 증언 없이는 어떤 외국인도, 어떤 낯선 삶의 타자성도 발견할 수 없다. 다른 한편, 낯선 삶의 내적 증언의 구조들은 자격이 박탈되고 무시되고 거의 들리지 않아서 외국인은 그 안에서 잠재적으로 비가시적으로 나타난다. 국가적 장 안에서 증인으로서의 자격을 부여받은 사람만이 증인이 될 수 있는 세계 안에서는, 어떤 증인도 스스로 증인이 될 수 없기 때문이다. 그런 세계 안에서 그녀 혹은 그가 자신이 속한 이 세계에 대해 말할 수 있는지는 전혀 확실하지 않다. 어떻게 우리는 증언의 장을 확장할 수 있으며, 어떤 삶은 살게 하고 어떤 삶은 거부하는 국가적 틀에 대한 비판을 생각할 수 있는가? 이 책은 환대와 비폭력의 실천을 말하는 다른 목소리들을 드러내면서 이 확장과 비판에 바쳐질 것이다. 새로운 목소리들이 일어난다. 주로 사회운동 연합들에 의해 전달되는 그 목소리들 안에서 다른 유형의 증인들은 다른 시선으로 국가에 의해 틀 지어진 무수한 법적 정책을 비판할 권리를 실천한다. 시마드[1]의 구성원들은 임시수용소에서 무슨 일이 일어나는지에 대해서 말한다. 또 RESF[2]의 운동원들은 본국에서조차 신분증이 없어서 우리 나라로 도망 온 박해받는 외국인의 불확실한 삶의 조건들을 증언하며, 지스티[3]의 활동가들은 특히 불확실한 삶의 상황들과 관련된 법적인 대안을 제시한다. 상가트[4]의 자선 봉사자들, 증이 없는 사람들에게 옷과 따뜻한 음식과 커피를 제공하고, 또 그들을 재워주기도 하는 이 익명의 삶들은 외국인의 삶을 더 낯설고 다르게 만들면서 그들을 타자화하지 않는

[1] 시마드Cimade 즉 '추방된 자들을 위한 국제 운동 연합Comité inter mouvements auprès des évacué'은 "인간성은 타자를 통해서 온다"는 구호 아래 1936년 프랑스에서 이웃 돕기 세계교회 운동의 일환으로 창설된 단체다.

[2] RESF 즉 '국경 없는 교육망Réseau éducation sans frontières'은 2004년에 설립된 단체로, "교육은 체류증이 있든 없든 권리"라는 구호 아래 체류증이 없는 이민자들과 아이들의 권리를 주장하고 도와준다.

[3] 지스티Gisti 즉 '이민자들에 대한 정보와 지지를 위한 단체Groupe d'information et de soutien des immigrés'는 1972년에 창설되었으며, 이민자들의 법적 절차의 어려움을 도와준다.

[4] 상가트Sangatte는 프랑스 북쪽 칼레의 작은 마을로, 이민자들을 임시적으로 수용하는 수용소가 있었던 곳이다.

다. 그들은 차이라는 것이 외국인의 삶의 법적, 사회적, 국가적 불확실화의 결과라는 것을 보여주고자 한다. 한 삶이 외국인이 되는 것은 삶이 삶 자체로부터 오지 않는 어떤 차이 안에서 설립되기 때문이며, 그 차이가 한 삶을 불확실한 삶으로, 다른 삶들보다 더 살 수 없는 것으로 만들기 때문이다.

외국인은 따라서 국경에만 존재한다. 이렇게 사는 것은 공통된 삶과 분리되어서 사는 것이다. 국경에 살면서 외국인은 그 자신이 국경이 된다. 다시 말해 국가적 집단에 동화될 수 없는 한 요소가 된다. 그런데 이렇게 구분되는 요소는 이 집단의 실존적 조건이 된다. 따라서 동화되지 않은 외국인들은 그 집단의 여백에 놓이고, 그들은 거기에 머물 수 있을 뿐이다. 동시에 그들 자신이면서 그들을 분리하는 국경은 단단히 결속된 집단인 국가가 실존할 가능성의 조건이다. 외국인은 국가 집단에 단일성을 부여하며, 그 안에서 외국인이 아닌 주체가 권리를 가지는 것을 허락한다. 따라서 국경의 국가적 기능이 밖을 만드는 한에서, 외국인은 단순 명백하게 배제되어 홀로 밖에 존재하는 것이 아니라, 국가 개념 형성에 본질적이다. 국가가 안을 가지기 위해서는, 자신이 전제한 그 안에 속하지 않는 모든 것을 밖으로 쫓아내는 것에 만족해서는 안 된다. 국가는 안도 밖도 아닌, 안이면서 밖인 국경에서의 삶들을 필요로 한다. 이때 비로소 우리는 국민 정체성의 핵인 국가적 내재성의 환상을 이해할 수 있다. 이러한 정체성의 긍정은 외국인을 잠재적 적과 동일시하는 것과 같다.

만일 우리가 이 비판적 작업을 통해 하층민의 삶의 형식들과 불확실성의 생생한 경험들을 고려하는 '외국인'이라는 이름으로부터 새로운 의미들을 솟아나게 하는 데 기여할 수 있다면, 외국인이라는 이름은 사회적 저주와 다른 것이 될 수 있을 것이다. 그리고 우리의 시선은 내적 민중으로 존재하는 우리의 외국인들에게 합리적으로 열릴 수 있을 것이다.

외국인이라는 이름

외국인이라는 이름

외국인은 우선 누군가이기 이전에 한 이름이다. 그 이름은 한 장르[*]를, 더 정확히 국가라는 공간 안에 위치할 수도, 전적으로 그 안에 한정될 수도 없는 삶들의 장르를 지시한다. 따라서 외국인은 단독적인 얼굴로, 역사에 의해 둘러싸인 한 신체로 나타나는 대신 공허한 형식, 즉 미리 모든 경험을 중성화하고 비워서 다만 결함이나 결핍으로만 존재하는 불순한 기표다. 따라서 외국인은 결핍의 이름이며, 한 세계를 부여하기에 충분할 정도로 나타나는 데 이르지 못

[*] 이 책을 주디스 버틀러에게 헌사하고 있듯이 장르genre라는 말은 그녀의 '젠더'('gender'는 프랑스어 번역에서 'genre'로 옮긴다) 이론의 확장으로 이해될 수도 있다. 다시 말해 생물학적 성과 구분되는 '사회적 성'으로서 젠더 이론을 외국인과 국민의 구분에 적용할 수 있다. 버틀러에게 "사회적 장르(젠더)의 단일성이 장르(젠더)의 정체성을 찾는 규칙적인 실천의 결과"라면 그리고 "이 실천의 힘이 배제라는 산출 장치에 의해 가능한 존재 방식들의 다른 의미들을 감소시킬 수 있는 능력 안에 자리한다"면, 그녀에게 성의 매끄럽게 하기는 저자가 뒤에서 지적하듯이 국가의 매끄럽게 하기와 같은 가치를 가진다. 그럴 경우 외국인은 한 이름으로, 주체와 규범과의 관계에서 규정되는 '사회적 범주, 유형'으로 이해될 수 있으며, 더 나아가 '국가라는 범주le genre de la nation'를 말할 수 있게 된다. 그런데 조금 뒤에서 보겠지만 저자는 이 사회적 젠더의 이론을 다만 버틀러에서 빌려오는 것이 아니라, 데리다의 '문학적 장르 이론'으로부터 빌려온다. 데리다는 그의 책 『연변Parages』에서 모리스 블랑쇼를 분석하면서 "모든 텍스트가 하나 혹은 여러 장르에 속하는 한에서, 한 문학적 텍스트는 어떤 장르에도 속하지 않을 수 있다"고 말하면서 "속함이 없는 참여" 이론을 거론한다. 저자는 이 참여 이론에 의존하는 한에서, 전체 책의 맥락에서 'genre'를 젠더, 범주, 유형이 아니라, 이 모든 의미를 함축할 수 있는 '장르'라는 말로 적는다.

하는 자다. 외국인이 도래하는 거기에는 언제나 이미 나눔^{partage}이, 안과 밖, 여기와 다른 곳, 동일자의 법과 타자의 목소리들의 나눔이 작용한다. 또한 우리가 이 표지$^{)}$ 아래 놓인 삶과 저주받은 텍스트로서 감추어진 삶을 솟아나게 하기 위해, 그 이름에 쉽게 접근해서 그 이름을 해체하고^{défaire} 그것에 반대할 수 있을지도 그렇게 확실하지 않다. 왜냐하면 외국인은 다만 유일한 사회적 지위로서 외국인이라는 이름을 부여받은 이 여자, 이 남자를 말하는 것이 아니라, 그들의 경험이 끊임없이 이 이름 아래에서 다시 번역되는 상황에서 이이름을 통과해서만 말해질 수 있는 이 여자, 이 남자를 말하기 때문이다. 따라서 경험의 윤곽을 변형하는 모욕적인 지시를 고려하지 않는 원초적이고 즉각적인 이방성의 경험에 대한 모든 이념은 해체된다. 결국 '외국인'은 이방성에 대한 체험을 요약하는 일반적인 지시이상의 것이다. 명명은 피할 수 없이 한 신체에 대한 부정적인 정체성을 낳고, 국가를 결핍한 주체들의 삶의 장르를 창출한다. 외국인이 현시하자마자, 그의 이름이 그를 앞서며, 그 이름과 더불어 안과밖을 나누는 담론의 질서가 주변에 머무는 그녀들과 그들을 지시하면서 국가 장르의 법을 강화한다. 국가가 없다는 것은 우선 외국인으로 지시되는 것이다. 그런데 누구나 다른 곳에 몰린 이런 주체, 타자화된 존재, 결국 갈등이 예정된 다른 삶이 될 수 있다. 이것은 국

$^{)}$ 상품에 붙은 상표처럼, 제2차 세계대전 당시 유대인이 달고 다니던 노란 별처럼, 외국인에게 붙여지는 여러 경멸적인 이름을 지시한다.

가적 장르의 검열관들에 의해 외국인이 되는 것으로, 지시에 의해 주변으로 추방되는 것으로 충분하다. 외국인이란 이름 아래 외국인의 경험은 극화된다. 다시 말해 '우리'와 '그들' 사이의 단절이 완성되며, 이 단절은 우리가 그들처럼 생각하는 것을 방해한다. 타자는 마치 불순한 계보에 속한, 적출嫡出이 아닌 저주받은 주체로서 발명된다. 외국인은 '내'가 아닌 살아 있는 자로, 그 실존은 한마디로 '여기 사람이 아니다'라는 말로 요약된다. '여기 사람이 아니다'라는 진술은 우선 진술자의 언어에 대한 믿음을 인증한다. 그 진술은 다른 언어들을 불신하고 주변화하면서 국가의 공식 언어를 자신의 언어로 가진 자가 그 언어를 책임지고 말할 수 있는 능력을 인증한다. 여기 사람이 아님은 말하는 주체의 언어를 한정하고, 주체는 말을 하면서 자신의 거주지에 경계를 설정한다. 언어에 울타리를 치는 행위는 무엇보다도 한 삶을 외국인으로 지시하기 위한 목적을 지닌다. 그는 여기 사람이 아니다라는 진술이 더 이상 그 사람이 여기에 살지 않는다는 의미로, 잘못된 주소와 같이 이해된다면, 너는 여기 사람이 아니다라는 진술은 타자를 사회적 공간 밖으로 추방하면서, 간격을 유지하라는 명령 안에 그를 가두면서, 타자를 그의 실존 안에서 긍정하기를 거부하는 것이다. 너는 여기 사람이 아니다는 너는 우리의 시민사회에 참여할 수 없다는 것을 의미한다. 이 지시의 사실로부터 외국인의 실존은 시민사회와의 모든 연대 가능성을 그에게서 합법적으로 금지하는 소송으로 이어진다.

만일 언어적인 폭력이 외국인을 국가 언어의 거주지 밖으로 추방한다면, 이런 욕망은 어디에서 연원하는지를 물어야 한다. 그런 욕망은 왜 생겨나는가? 어떻게 외국인이라는 이름 안에 타자가 거주하게 되는가? 언어적 국경은 모욕적인 언어 활동에 의해서만 보장될 수 있는가? 한편에 국민으로서 시민의 자리를 정해주는 담론적인 지성체가 있고, 다른 편에서 "나는 미리암이고 이란인이다"와 같이 다른 방식의 말하는 형식, 그 이름 안에 감추어진 역사, 어떤 지시도 전적으로 제거할 수 없는 사이드, 예카테리나, 오토, 시아오리, 카디알리와 같은[1] 고유명사를 도래하게 하는 외국인의 이야기 등에 의해 이 지성체가 그 국경에서 반박될 때, 이 이름과 역사는 자발적으로 솟아난 것이 아니라 그것에 특별한 빛을 부여하는 권력관계에 의해 탈취된 것이라는 사실을 지적해야 한다. 다시 말해 극도로 불확실해진 평범한 삶과 이주의 흐름을 지배적인 정치적 망 안에 집어넣으면서, 또 이 삶들을 정상화해준다는 빌미로 그들을 일련의 법적 절차에 노출하면서, 결국 국경으로, 가능한 한 멀리 국경으로 추방하기 위해 체포하는 것으로 끝나는 합법적인 절차에 이 삶들을 종속시키면서 탈취한 것이다. 평범한 이 여자들과 이 남자들의 삶이

들릴 수 있는 이름, 말, 역사의 제공자가 되는 것은 다만 권력이 이들의 삶 위에 덮쳐서, 이 삶들을 불법화하고 결국 추방하는 데 이를 때다. 그렇다고 해서 외국인이 말을 박탈당한 존재라는 의미가 아니라(모든 삶은 말들로 이루어진 민중이다), 낯선 말들이 번역되지 않고 국가의 언어 안에 억제된다는 것을 말한다. 이 낯선 말들은 국가가 귀담아듣지 않는 다른 언어들의 말일 수도 있고 다른 신체들에 의해 발음된 '우리' 언어의 말일 수도 있다. 두 경우 모두에서, 한 언어를 허락된 언어수행 안에 가두고, 외국인의 삶에서 이야기의 부재와 제거를 선고하는 이 귀의 부재를 저지할 수 있는 것은 오로지 종속된 이야기와 대안적인 이야기를 동시에 지배하고 산출하는 권력관계다. 추방의 위협 아래 재판관 앞에 소환된 자유로운 혹은 구금 중인 외국인들이 도청 대표의 주장에 반대해서 대안적인 이야기를 풀어내고, 침울한 경험들(가난, 강간, 고문 등등)과 어두운 경험들(불법노동, 자잘한 불법행위, 신분증 위조)을 솟아나게 하는 곳도 다름 아닌 법원의 울타리 안에서다.[2] 따라서 국가의 언어적인 자리를 고정하고자 하는 의지는 처음부터 공식적인 언어의 자리인 이 울타리 자체 안에서 전개되는 대안적인 이야기의 용출에 의해 위협받는다. 언어적인 삶이 없는 국가의 삶은 없다. 그런데 언어 안에서 그리고 그 밖에서, 국가적 자리의 토대를 불안정하게 하고 반박하는 언어적 활용이 없는 국가의 언어적 삶도 없다. 비록 그와 같은 활용이 국경에 자리하고, 거의 들리지 않을 때조차 말이다.

외국인이라는 이름이 다른 이름들과 관계하며, 함께 외국인/야만인/부랑자 등과 같은 일련의 언어 연쇄를 형성한다는 것은 누구도 부정할 수 없다. 그리고 그것은 다만 구어적 의미망의 이면일 뿐 아니라, 국경을 만드는 것이기도 하다. 불확실한 이 이름들의 망 안에 방문자/체류자/이민자/망명자/불법체류자/난민/증이 없는 자 등과 같은 다른 이름들이 더해진다. 이 이름들은 실재를 도래하게 하는 것에 그치지 않고 생겨날 수도 있는, 통제할 수 없는 반항하는 경험들과의 불일치를 거부하기 위해 앞서서 실재를 요약한다. 국가는 그래픽 플라스마(법 조항, 정치적 텍스트 등등) 안에서 구성된다. 그런데 국가는, 또한 국가적 이념은 신임하고 그것을 회피하는 것은 불신하는 지시들에서 그 형식을 취한다. 이때 외국인이라는 이름은 언어 안에서 국가가 구성되는 것을 가능하게 한다. 따라서 그 이름을 해체하는 것, 주변적 언어 활용에 의해 그 이름을 파괴하는 것은 의심의 여지 없이 국가를 해체하고자 하는 것과 같다. 그런데 이런 작업은 가능한가? 우리는 '외국인'이라는 기표를 떼어내서 국민 정체성을 불안정하게 하는 데 기여할 수 있는가? 이것이 바로 우리가 지금 검토해야 하는 것이다. 이 검토는, 그런데 여전히 국가에 의해 이미 형성된 언어적 틀 안에서만, 처음부터 정해진 한계 안에서만 일어나며, 국가와의 관계 밖에 놓인 모든 사유의 꿈, 마치 뮌히하우젠 남작*처럼 공중으로, 언어도 국가도 없는 국경을 가로지르는 공간으로 내던져지는 사유를 금지한다.

이제 언어적 국경들이 다른 국경들보다 더 넘기 힘든 것은 아니라는 사실을 검토하자. 다른 말들이 한 언어의 토대 위에서 솟아나며, 국가 언어로 인정될 수 있는 말들에 합류한 침입자들^{intrus}은 담론의 경찰들이 추방할 수 없을 정도로 다른 말들과 공생하며, 무수한 언어적 선회 안에서 씨앗이 퍼지듯 사방으로 퍼진다. 국가 언어에 기초해서 형성된 사비르어**에서 드러나는 언어의 초과^{excès}는 언어가 설정하는 한계에 환원되지 않는 언어 안의 삶을 증명한다. 언어 안의 삶은 침입에 의해 언어가 새로워지는 창조로부터 나온다. 침입은 언어의 문을 열고, 모든 언어가 자신의 허용된 언어망의 지속적인 통제를 거쳐 불가피하게 정착시키는 국경 검문소들을 물러서게 한다.

한 언어는 자신이 억제하고 밖에 놓고자 하는 다른 언어들 안에 살 뿐 아니라, 자신의 언어적 국경을 구축하기 위해 바로 외국인의 이름을 사용한다. 그리고 그 이름과 함께 한 언어 안에 언어적 침입자들이 들어온다. 이 침입자들은 다만 다른 곳에서 온 말이 아

---

* 18세기 독일의 실존인물인 허풍쟁이 남작 뮌히하우젠의 전설을 소재로 한 소설의 주인공. 작가 K. L. 이머만은 뮌히하우젠을 뿌리 없는 현대적 인간의 전형으로 그렸다.

** 사비르어le sabir는 지중해와 북아프리카에서 프랑스어와 아랍어, 스페인어, 이탈리아어가 섞여서 만들어진 혼성어를 지시한다. 이 말은 어떤 특정한 언어를 지시한 적도 있지만 지금은 식민지 프랑스어 안에서 프랑스어와 토착어 혹은 아랍어와의 혼성어를 지시한다.

니라 외국인의 말 그 자체이며, 외국인이라는 이름과 동일화된 말이다. 이런 이유로 한 언어는 자신을 더 잘 보호하기 위해 그 말을 이해할 수 없는 것으로 만드는 데 전념한다.

외국인이라는 이름은 '속임수에 능란한 아시아인' 등과 같은 일련의 가치 평가를 담은 특징들을 설립하면서 타자성의 지배에 동화된 차이를 산출한다. 그런데 타자성은 우선 타자를 외국인으로 지시하면서 변질시키는^{altère} 이름의 사건이며, 지시는 다른 곳에서는 반박되는 차이를 창출한다.

모든 삶은 따라서 같은 인간적 조건에 속하지 않는다. 다시 말해 표지들과 기호들에 따라서 어떤 삶은 국가적 장르 안에서 환대받으면서 동일성을 획득해 인간화되고, 어떤 삶은 낯선 신체를 주변의, 괴상한, 여분의 신체로서 구성하는 모욕적인 명명에 의해 국가적 장르 주변에 놓여서 차별화되어 비인간화된다. 외국인으로 지시되는 것은 그래서 차이의 밤 안에 은폐되는 것이고, 그것은 우선 국가 언어가 산출하고 같이 느끼고자 하지 않는 추방이며, 방치된 상실이다. 외국인은 따라서 지배적인^{majoritaire}❯ 척도의 타자, 즉 "동일자 집단$^{groups\ des\ Uns}$"3과 동일시되는 "주인 집단"의 타자가 된다. 여기서 외국인들이 타자 집단$^{group\ des\ autres}$으로 구성되면서 겪는 억압이 파악된다. 물론 모든 외국인이 억압되는 것은 아니다. 그들은 말하자면

❯ 들뢰즈의 majorité/minorité 구분은 다만 수적인 다수와 소수의 대립을 말하는 것이 아니다. 마조리테는 "판단의 척도로서 지속적인 이념을 전제하는 집단"을 지시한다. 예를 들어 "백인-서양-남성-이성적인-이성애-도시에 사는 거주자-표준으로 말하는 사람 등등"을 지시한다. 그래서 "'남자'가 모기나 아이들, 여자 흑인, 농민 등등보다 수적으로 적다고 할지라고 그는 마조리테다."(Deleuze, "Philosophie et minorité", *Critique n°369*, Minuit, 1978, p.154-155.) 그런 의미에서 majoritaire는 대개 '지배적인'으로 옮긴다. 때때로 '다수자'로 옮기기도 한다.

국가가 행하는 타자화의 곡선들을 따라서 층을 형성하기 때문이다. 외국인은 우선 이 국토에 현재하지 않고 다른 국가들에 속한 타자 집단을 지시한다. '너는 여기 사람이 아니다'라는 판단은 가역적인 형태로 '나는 저기 사람이 아니다'로 진술될 수 있다. 외국인은 '내' 가 보거나 듣고 싶지 않은 이웃이라기보다는 '나'와 선험적으로 아무런 관계가 없는 다른 곳에서 온 이 여자 혹은 이 남자다. 여기서 정말로 문제가 되는 것이 외국인인가? 외국인이 즉자적으로 존재하지 않는다면, 즉 어디에서도 외국인의 체험이라고 말해지는 실재적 성질이 발견되지 않는다면, 외국인이 존재하는 것은 다만 그가 명명의 법칙에 종속될 때이며, 이때 그의 주체적이고 사회적인 삶의 조건은 뿌리째 뽑힌다. 이런 뿌리 뽑힘은 그의 삶이 예기치 않은 이동에 의해 소수자의 형태로 국가라는 '자기 집'에 불쑥 나타날 때 발생한다. 그런데 억압은 그 뿌리 뽑힘이 지시의 상처에 의해 표시될 때 솟아난다. 따라서 난민의 망명, 망명자의 이민은 외국인이라는 이름이 착취의 지배를 지지하는 적의적인 기표로서 유지될 수 있을 때에만 그 의미론적 일관성을 지닌다. 왜냐하면 외국인은 그가 동화할 수 없는 국가적 형태와 항상 분리되어 있기 때문이다. 외국인으로 지시된다는 것은 타자 집단에서 동일자 집단으로, 피지배자 집단에서 주인 집단으로 이동할 가능성이 거부된다는 것을 의미한다.

그 이름은 외국인이 규범에 도달하는 것을 방해하는 타자화의 과정에 의해 그를 표준적인 규범의 주변에 유지한다. 외국인의 삶은 그래서 타자가 겪는 규범의 놀이에 열려 있을 수 없는 동일자의 무능에 의해 항상 타자화된 삶이다.

이 타자화가 언어적인 국경을 정상성의 국경으로 변형시킨다. 국가의 정상을 외국인의 병리와 구분하는 것은 지시의 대표적인 결과 가운데 하나다. 명명의 특권이 타자를 국가의 독점적인 법에 종속시키면서 그를 병리 안에 가두기 때문이다. 개별적인 외국인을 공통의 지시 안에 모아서 명명하는 것은, 독립적인 한 범주를 만들어서 그들을 병리적인 가치 하락에 종속된 하위의 사회적 범주로 만드는 것이다.

여기서 우리는 타자의 계보학을 다루는 크리스틴 델피의 분석으로 돌아가야 한다. 그녀는 타자성이 대부분 기존 집단과 '들이닥친' 집단으로부터 파악된다는 것을 강조한다. 두 집단 사이의 힘적 관계로부터 '들이닥친' 집단에 대한 기존 집단의 지배가 생겨난다. 크리스틴 델피는 이 '상륙' 이론을 정당하게 반박하는 데 이른다. 한 주체를 들이닥친 주체로 간주하는 것은 그를 국가 발생의 요람으로서 (영토, 언어, 문화의) 소속을 유지하는 국가적 장르의 법에 종속시키는 것이다. 더 나아가 들이닥친 자는 편차를 지닌 주체, 소속이 없는 주체로 지각된다. 그가 '우리'와 함께 살 때조차 그는 '우리'처럼 존재하지 않는다. 왜냐하면 그의 소속은 불분명하고, 항상 상륙의 운명에, 소속 이전, 즉 국가의 지리학적 결정 이전의 삶의 운명에 종속되기 때문이다. 외국인들이 실제로 '상륙'했는지는 전혀 중요하지 않다. 그들을 계속 '외국인'으로 부르기 위해서는 언어적, 종족적, 문화적, 사회적 기호가 그들을 상륙의 탯줄로 이끄는 것으로 충분하다. 외국인은 모든 상륙의 기호가 사라질 때에만 외국인으로서 존재하기를 그친다. 그런데 그러한 기호의 전적인 소멸이 일어나는 경우는 아주 드물다.

외국인이라는 이름 아래서, '들이닥친 자'라는 명명 아래서 파악되는 것은 언어와 국가의 법을 위협하는 침입의 사건이다. 이때 외국인은 끊임없이 들이닥치는 자로 '타자화'된다. 더 중요한 것은 들이닥친 자에 대한 지배를 보증하기 위해 외국인을 타자로 설립하는 위계적 분할로부터 타자화가 태어난다는 것이다. 크리스틴 델피가 강조하듯이, "타자는 개인적으로 혹은 집단적으로 그가 드러내는 어떤 특징 혹은 결함 때문에 박해받는 것이 아니라 처음부터, 우리가 그를 '타자'로 지시하는 바로 그 순간부터 박해받는다".[4] 왜냐하면 동일자^{Un}는 그 자체 타자^{Autre}로서 드러나는 타자의 상륙 정도에 비례해서 그의 집을 안전하게 지켜야 하기 때문이다. 상륙은 지배적인 집단에 더 이상 속하지 않음을 의미하며 자격 박탈, 즉 공식적인 계층에서 배제된 자로 분류되어 지배 집단과 분리됨을 의미한다. 이제 들이닥친 자는 상류의 반복적인 기호에 의해 어디에도 속하지 않은 자로 존재한다. 그의 신체는 표시를 더 잘 지우기 위해 표시하는 권력과의 관계에서 부정적인 기호들로 가득 찬 이상한 양피지다. 외국인은 따라서 부랑자처럼 살며, 그를 타자들의 집단에 가두기 위해 동일자들의 법에 따라 배제하는 나눔에 의해 괴리된 주변의 존재로 산다.

그래서 망명이라는 유일한 가시성에서 나타나는 외국인의 명백성^{évidence}[◖]은 차라리 존재하지 않는다고 말하는 것과 같다. 에드워드 사이드는 비록 망명이 "회복할 수 없는 상실로부터 옴"⁵에도 불구하고, "잠재적이고 풍부한 주제로서 현대 문명 안에 쉽게 통합"되었다는 사실에 주목한다. 한편, 망명은 "인간과 그의 고향 사이에, 한 개인과 그의 진정한 원천 사이에 팬 영원한 균열"⁶이다. 다른 한편, 망명은 절대로 외국인이 나타나는 자연적 초석으로 평가될 수 없다. 외국인은 스스로 드러나지 않으며, 가시성의 수수께끼^{◖◗}에도 속하지 않는다. 외국인은 그를 이러이러한 자로 지시하면서 사회적 장르의 변방에 놓는 언어의 소용돌이가 만드는 원 안으로 들어가자마자 그 문을 강제로 열 가능성도 없이 존재한다. 물론 떠나온 나라

<hr>

◖　'évidence'는 말 그대로 봄(videre)으로부터 나온(ex) 존재의 명백함을 의미한다.

◖◗　인용부호 없이 저자가 사용하는 이 표현은 『눈과 정신L'oeil et l'esprit』(Gallimard, 1964) 17쪽에서 "나의 신체는 보는 자이면서 보이는 자"라는 "가시성의 수수께끼"를 말하는 메를로 퐁티를 상기하게 한다.

와 도착한 나라 사이에 놓인 경험, "어디에도 그 자리가 정해지지 않은 자"[7]의 경험으로서, (국가적 성질들의) 상실인 망명의 찬란한 경험이 있다. 그런데 이런 경험은 망명에 대한 유일한 타당성을 내세우는 외국인의 경험을 낳을 수 없다. 두 경험 사이에 일련의 의미의 세계를 투사해서 망명의 영광스러운 경험을 불가능하게 하는 차단막을 만드는 모욕적인 지시가 개입하기 때문이다.

일단 외국인의 성질이 지시의 과정에 개입하면, 명명이 불확실한 지위를 창출하고 외국인을 비가시성으로 몰아넣는 한에서 그 성질은 쉽게 제거될 수 없다. 외국인은 국민에게만 허락되는 참여의 형식들이 박탈된 "아무런 몫이 없는" 개인이라는 이름표로 추방되기를 그치지 않는다. 또한 외국인은 끊임없이 변방으로, 중심에서 변두리로 쫓겨나면서 외국인이 되기를 그치지 않는다. 영원히 들이닥치는 자인 외국인은, 매번 중간 통과 지역들로 추방되는 한에서 절대로 도착지에 도달하지 못한다. 이 지역들은 반드시 그 이름이 지시하듯 규제적이고 물질적인 공간을 말하는 것은 아니다. 그것은 모든 종류의 추방의 중간 공간을 지시한다. 여기서 외국인은 침입자가 되며 영원히 부적절한 존재가 된다. 이렇게 부유하고 방황하는 외국인의 신체는 모든 공식적인 자리를 영원히 초과한다. 장-뤽 낭시가 강조하는 것처럼, 침입자는 "도래하기를 그치지 않는 자이며, 예고

없이 영원히 도래하는 자"[8]다. 그것은 침입자가 절대로 도래하지 않기 때문이 아니라, 그 도래가 그를 변두리에 고정시키고, 또 그가 대다수의 사회적 장르에 지속적으로 참여하거나 속하는 것을 허락하지 않는 사회적 장르의 법칙에 의해 도착이 지연되기 때문이다. 그 결과는 심대하다. 외국인은 결국 비가시적이 된다. 외국인으로 지시된다는 것은 잠재적으로 그 실존이 들리고 보이는 영역 밖으로 추방된 파리아 집단의 구성원처럼 더 이상 보이지 않게 된다는 것을 의미한다.[9] 낯선 목소리는 처음부터 누구의 것도 아닌, 전혀 인정되지 않는 주체의 목소리로 분석된다. 그것은 번역될 수 없는, 처음부터 의미의 공식적인 망이 결핍됨으로써 부재하는 목소리일 뿐 아니라, 그 목소리의 기반이 되는 역사에 의해, 다시 말해 다른 나라, 다른 문화에서 나온 예전 삶의 침묵에서 지탱되는 교환될 수 없는 다른 역사에 의해 자격이 박탈된 것이다. 따라서 유통이 정지된 목소리는 어떤 소리의 깊이도, 어떤 고유한 진술의 지속성도 없다. 그런 목소리는 고려되지 않는 목소리이며, 그런 주체의 유일한 특징은 더 이상 보이지 않기 위해 항상 그 이상으로 스스로를 지우고 검은 돈을 세탁하듯이 자신을 하얗게 하는 것 ●이다. 이제 외국인 집단에, 즉 타자 집단에 속한다는 것은 국가와 언어 공동체로부터 불수리 판정을 받은 것과 같다.

● 저자가 제3장 162쪽에서 언급하는 프란츠 파농의 『검은 피부, 하얀 가면Peau noire, masques blancs』을 참조할 수 있다.

또한 외국인에 대한 질문은 무엇보다도 제작에 대한 질문이다. 우리는 어떻게 외국인을 제작하는가? 어떤 언어적인 활용들로부터 외국인에 대한 지시를 낳는 타자화 과정이 전개되는가? 국가는 언어적 작도作圖를 통해 언어 안에, 안에 속한 자와 밖에 속한 자를 구분하는 국경을 표시한다. 체류증과 노동 증명서 발급부터 국경으로 추방하라는 결정에 이르기까지, 도청 이민 창구에서 전개되는 모든 일은 외국인 주체들에 대한 모든 정보를 그래프로 그리는 것이다. 이 도표로 된 모든 기록은 외국인을 좋은 외국인과 나쁜 외국인으로, 체류 외국인과 방문자로, 난민과 이민자로, 여행자와 밀입국자로 분류한다.

외국인은 결국 자신의 이방성에 대한 고유한 경험을 할 수 없는 자다. 왜냐하면 그의 존재론적 지반은 그를 외국인으로 지시하고, 그에 대한 도표 그리기에 여념이 없는 여러 기관에 의해 흔들리기 때문이다. 우리가 외국인으로 정의되고 기록되자마자, 우리는 긍정적인 이방성으로서 자신의 고유한 이방성을 경험할 수 없다. 이것이 바로 외국인의 조건이다. 외국인의 조건은 인간의 조건condition을 정의하지 않는다. 그것은 분리된 주체, 다시 말해 인간을 생매장하는 지시의 공적 체제와 백일하에 드러날 수 없는 사적 경험의 체제로 잘려진 인간의 제조라는 역설적인 포장conditionnement을 우리에게 알려준다. 따라서 외국인이 자신의 잠재적인 삶이 낯선 삶으로 호명되는 것을 목격하는 것은, 이전 삶의 형식이 갖췄던 위엄을 인정하고 회복하는 실질적인 모든 과정을 방해하는 부정적인 사회적 형식에 고정된 자신을 보는 것이다. 물론, 외국인은 자신의 지위와 상황에 대해 이상화된 형식을 세울 가능성을 항상 지닌다. 떨어진 시선은 100배로 확장된 시선이 아닌가? 이동의 가능성은 추가적인 발견에 기여하지 않는가? 망명은 창조의 조건이 아닌가? 그런데 이것은 외국인의 조건을 넘어서 가지 않는가? 실제로 어떤 순간에도 외국인은 자신의 유일한 현전에 의해 인정되지 않고, 절대로 자신의 고유한 경험의 내용을 보편화하는 데 이르지 못하며, 반대로 항상 다른 편에서 그를 구성하고 그의 고유한 창조성을 부정하는 지시에 부딪히기 때문이다.

우리는 외국인으로 태어나는 것이 아니라
우리는 외국인으로 태어나는 것이 아니라
외국인이 된다
외국인이 된다

누구나 정해진 장소와 시간에 태어난다. 외국인이 된다는 것은 바로 이 장소가 감추어지고 지워지는 것을 목격하는 것이며, 국가적 시간이 지워지는 것을 겪는 것이며, 태어나서부터 육화된 친밀성에서 추방되는 것이다. 따라서 누구나 자신이었던 것이 될 수 있는 것은 아니다. 외국인이 되는 것은 바로 자신이 아니었던 것이, 자신이 전혀 아니었던 그 무엇이 되는 것이다. 어떻게 우리는 새로운 삶으로, 과거 안에 절대로 포함되지 않는 새로운 삶을 향해 떠날 수 있으며, 어떻게 우리가 국가의 변방으로, 그런데 국경의 다른 편이 아니라 국가를 경계짓는 국경 안쪽에 거의 지각되지 않는 문턱으로 쫓겨날 수 있다는 것을 이해할 수 있는가? 이 모든 것을 이해하기 위해서는 삶은 우연적인 사건에 영향받을 수 있어야 하고,[10] 탈출 혹은 도망, 출발과 영원한 이별의 기원에 놓여 있는 사건에 의해 중심에서 분리될 수 있어야 한다. 이때 어떤 정체성도 되돌아올 수 없이 전적으로 다른, 다공질의, 괴상한 삶이 솟아난다. 모든 것은 시간과 공간의 다원화에 의해 산산조각이 난, 고정되지 않은 존재론적 지반으로 향한다. 이 조각들은 이주와 세계화[11]의 역사적인 논리에 의해 사방으로 분산되고 아무것도 그것들의 재구성을 허락하지 않는다.

따라서 인간은 절대로 위엄 있고 찬란한 지상권至上權 안에 존재하지 않으며, 지나온 시간과 공간으로 언제든지 되돌아갈 수 있는 안정된 형태로 간주될 수 없다. 물론 다른 이들보다 더 안정된 사람들, 다시 말해 그 사회적 속성이 불확실하고 배제된 삶의 속성보다 더 자기 자신에 통합된 사람들이 존재한다. 그렇다고 해서 인간이 그를 종속시키고 추방하는 지시의 체계에 의해 절대로 위조될 수 없을 정도로 안정적이라고 말하는 것은 아니다. 반대로 외국인에 대한 질문 안으로 들어가는 것은 한 삶의 사회적 안정은 절대로 보증되지 않으며, 언제든 결핍될 수 있다는 것을 이해하는 것이다. 그런데 그러한 결핍은 그 삶에 감추어진 내적 악에 의해서가 아니라, 그의 주민증을 정지시키고 그렇게 지시된 주체를 외국인 집단으로, 즉 더 이상 몫이 없는 이 여자들과 이 남자들로, 어디에도 존재하지 않는 삶들로 흡수하는 지시의 힘에서 도래한다.

　지시는 그것이 관계하는 사회-정치적 과정과 독립적으로 고려되어서는 안 된다. 그것은 이주자를 불확실한 영역 안에 방치하고 그를 아주 효과적으로 착취할 수 있는 어떤 권리도 없는 상황 안에 유지하면서 그를 받아들이지 않는 아주 효과적인 한 방식이다. 그것은 빈곤과 정치적인 폭력으로 인한 이주와 그 세계화 과정[12]을 고려하지 않고 다루어져서는 안 된다. 지시는 이런저런 이유로 이주한, 우리가 영원한 이주자로서 아무도 아닌 자^{personne}⬤의 지위 안에 가두는 이 여자 혹은 이 남자에게 불수리 판정을 내리게 한다.

　따라서 지시에 이르는 여정이 있게 된다. 아직 외국인이 아닌 이주자의 불안정성은 가난과 정치적 공포로부터 도망치고자 하는 욕망에서 발생한다. 그리고 그 욕망은 코나투스^{conatus} 즉 자기를 유지하고자 하는 욕망에 의존한다. 따라서 이주자는 이주가 인간화로의 새로운 시험을 의미하는 아직 인간이 아닌 '인간' 주변에 자리한 이 욕망의 인간이다. 이주자의 비인간화는 그가 외국인으로 지시되는 바로 그 순간에 완성된다. 이 새로운 지위는 그에게서 여전히 이주자로서 그 자신인 삶의 형식들(세네갈인 혹은 차드인으로서의 삶의 형식뿐 아니라 농민이나 시민으로서의 삶의 형식)과 일상적인 혹은 중요한 경험들을 전적으로 박탈할 뿐 아니라, 인간화의 중요한 몇몇 양

⬤　프랑스어에서 'personne'은 인격으로서의 누군가를 지시하기도 하지만, 부정대명사로 아무도 아닌 자를 지시하기도 한다.

태들─합법적인 노동, 신분증, 국적과 정치적 시민권에의 접근─을 금지하면서, 그가 지속적이고 실현 가능한 새로운 삶의 형식에 접근하는 것을 앞서서 박탈하기 때문이다. 이주자를 외국인으로 지시하는 것이 함축하는 내용은 바로 인간 삶의 중요한 이 속성들의 획득을 앞서서 거부하는 것이다.

이런 이유로 외국인은 우선 외국인으로 나타나는 것이 아니라, 여행 중인 이주자의 모습으로 드러난다. 이동은 외국인을 산출하는 데 충분하지 않다. 외국인은 더 이상 밖에서 들이닥칠 위험스러운 이 여자, 이 남자가 아니라, 그를 착취와 지배, 참여의 부재에 노출시키는 죽음과 같은 자격 박탈을 이미 지불하고 항상 이미 들이닥친 자로 안에 존재하는 이 여자, 이 남자다. 외국인은 자신을 전개할 수 있는 주요한 성질이 이미 금지되었거나 손상되었기 때문에, 상실된 삶의 형식 안에서, 또 이전의 삶으로도(그가 떠나온 나라로 돌아갔을 때를 포함해서[13]) 되돌아갈 수 없는 불가능성 안에서 이중적으로 비인간화된 존재다.

외국인이 되는 것은 따라서 국가의 연변에서 체류자가 아닌 부랑자로서 자신을 발견하는 것이다. 이로써 외국인의 삶은 주변의 삶이 되고, 국가적 지반도 없이 새로운 삶의 지반을 기다린다. 모든 기다림이 같은 가치를 지니지 않고, 기다림 앞에 평등이 없다면, 신분증을 기다리는 것은 일이나 새 거주지를 기다리는 것과 같지 않을 것이다. 남은 것은 이 모든 기다림이 어떻게 서로 연결되어 외국인의 지위를 근본적으로 규정하는가다. 외국인은 도달하지 않는 고도^{Godot}를 기다리듯이, 헛되이 이 기다림이 거두어지기를 기다리는, 외국인이라는 지시의 제거라는 역설적인 지시를 기다리는 순수한 기다림의 존재로서 구성된다. 다만 귀화 요청 뒤에만 올 수 있는 이 지시는 여전히 불투명하고 초월적으로 머물며 절대로 설명되지 않는다. 왜냐하면 신적 빛$^{Fiat\ lux}$만이 이 언어적 저주를 거두며, 불확실한 권리들 안에 놓여 있는 삶을 끝낼 수 있기 때문이다. 귀화와 지속적인 권리 획득을 조건짓는 법적 기준들은 전혀 투명하지 않으며, 거기에 쉽게 빠져나올 수 없는 복잡하게 얽힌 상황 안으로 삶들을 몰아넣는 조건들이 항상 추가된다. 이제 기다림은 법적인 시련 그 자체를 끝없이 연장하거나 혹은 소송의 동기를 제공하는 끝나지 않는 일련의 법들로 향하는 것이다. 고도를 기다리는 주인공과 요제프 K$^{\bullet}$는 자신의 운명이 결정되기를 기다리는 두 명의 불법이민자를 각자의 방식으로 육화한다. 전자는 순수한 기다림 안에서 자신을 상실하고, 후자는 소송에 출두하라는 명령을 받는다. 소송은 경우에 따라서 행복을 가져다줄지도, 이민의 장애를 제거할지도 모른다. 그런데 요제프 K는 고발의 압력 아래 놓여 있기 때문에 소송의 양태

● 　카프카의 장편소설 『소송』의 주인공.

들을 스스로 설명할 수 없다. 하나는 기다리지만 아무것도 도래하지 않아 결국 세계 안에서 외국인이 되고, 다른 하나는 고발되어서 법의 외국인으로 남는다.

불법이민자는 유일하게 그의 불법을 제거해줄 수 있는 법으로 절대로 향할 수 없다. 그는 항상 분리되고 불확실한 주체로 남는다. 그의 비가시성은 법적으로 자신을 회복할 수 없는 불가능성으로 인해 가중된다. 외국인은 다만 외국인으로 지시된 자일 뿐 아니라 외국인이라는 자신의 지위를 스스로 제거할 수 없는 자이기도 하다. 외국인으로 지시된다는 것은, 한편으로 지시된 주체가 스스로 제거할 수 없는 특징에 의해 낙인찍히는 것이고, 다른 한편 이러한 지시를 거두어줄, 그런데 전적으로 불확실한 법적인 인정의 무한한 기다림 안에 떨어지는 것이기 때문이다.

따라서 외국인의 범주에서 정의되는 불안은, 어떤 경우에도 긍정적인 외국인의 지위를 산출할 수 없는 외국인이란 법 이전의 지시의 산물이라는 사실로부터 나온다. 지시는 어떤 살 수 있는 양태에 의해 교체될 수 없다. 반대로 지시는 모슬렘, 크로아티아인, 포르투갈인, 폴란드인 등의 양태를 정지시키고, 또한 외국인을 자신의 지위 제거라는 유일한 기다림 안으로 몰아넣으면서 이주자로서의 그의 양태도 정지시킨다. 한 나라에서 외국인으로 산다는 것은 그래서 지시의 대상이 되어 환대국과 영원히 분리된 존재로 자신을 느끼고 견디는 것이며, 이 분리된 존재 양태가 제거되기를 희망하는 것이다. 그런데 그가 법으로 향할 수 있을 때에만, 법적인 지시가 이 존재 양태를 제거할 수 있을 것이다. 이제 외국인으로 산다는 것은 지시에 의해 부여된 양태 안에서조차 절대로 '자기 집'에 사는 것처럼 자신을 느낄 수 없다는 것을 함축한다.

누가 누구의 이름으로 말하는가?
누가 누구의 이름으로 말하는가?

이런 맥락에서 외국인이 되는 것은 아무 곳에도 존재하지 않는 것이며 일정한 거처 없이 머무는 것이다. 외국인의 정체성은 국가에의 소속과 참여의 결핍에서 산출된, 거의 지각되지 않는 일종의 중간 지대 즉 이차적인 영역의 정체성만을 가질 뿐이다. 이런 이유로 그의 실존은 부유하며, 경계적^{liminale} 존재로서 거의 지각되지 않는다. 사실 주체는 계급과 장르의 분류에 의해, 또 민족적 분할의 대상이 되어 그들 자신에게 그리고 타자에게 알려지기 때문이다. 이 분류는 주체를 긍정적으로 국민으로 승인하거나 그들의 국가적 타이틀을 박탈하는 표지들에 의해 일어난다. 일련의 전기적, 언어적, 사회적, 역사적, 지리적, 민족적 표지들은 국가 구성원으로 적합한 태도를 결정하기 위해 개인의 삶을 샅샅이 뒤진다. 이 주체의 표지들(어떤 역사를 고려해야 하는가? 어떤 일을 했는가? 등등)은 국가의 이야기에 결합할 수 있는 주체의 능력에 따라 분석된 삶의 이야기를 구성한다. 이것은 주체의 표지들을 국가의 이야기 안에 용해해서 국가적 이야기를 재현하도록 하기 위한 목적을 지닌다. 외국인은 국가적 이야기에 이질적인 전기적 표지들을 가진 자이며, 또한 그 자체가 낯선 존재라기보다는 낯설게 된 존재, 다시 말해 그에게 작용하기를 그치지 않는 언어적 지시에 의해 상이하게 된 존재다. 이제 당신이 외국인으로 지시된다는 것은 국가의 이야기와 상이하게 된다는 것을, 당신의 실존은 영원히 국가 구성원이 되기에는 부적절한, 연변에 떠도는 실존일 뿐이라는 것을 의미한다.

표지들은 다양하다. 그런데 표지들은 끝없이 민족적 표지들로, 다시 말해 (배지처럼 핀으로 고정된) 그의 피부 색깔, 종교적, 언어적, 문화적 현시들로 다시 번역된다. 이 표지들 가운데 어떤 것도 그 자체로 외국인에 대한 언어적인 지시를 산출하는 데 적합하지 않다. 반면, 이 표지들 각각은 이미 구별적이기 때문에, 지시에 참여한다. 따라서 언어적인 지시는 외국인의 신체에 대한 재의미작용으로, 재번역이 아닌 재의미작용으로 일어난다. 여기서 실질적으로 문제가 되는 것은 외국인에게 말하게 하는 것도, 또 그에게 국가적인 삶에 참여하라고 제안하는 것도 아닌데, 다만 그 대신에 말하는 것이기 때문이다.

따라서 여기서 제기되어야 하는 질문은 누가 누구의 이름으로 말하는가다. 누가 외국인에게 전기적 역정을 부여하는가? 누가 그를 이주자나 이동한 개인이나 국가 구성원이 아니라, 외국인이라고 다시 의미를 부여하는가? 이 질문에 답하는 것은 이런 지시를 낳는 언어적 권력의 유형이 무엇인가를 질문하는 것이다. 이 언어적 권력은 절대로 하나의 고정된 형식을 지니지 않는다. 이민 창구에서 불법이민자를 국경으로 추방하는 도청에 이르기까지, 언어는 다만 행정적인 결정들을 기록하는 데 만족하는 것이 아니라, "수행의 정치학"[14]을 떠맡는다. 왜냐하면 외국인이라는 말의 모욕적인 역정은 좋은 국민과 나쁜 국민을 구분하는 권력을 배태하고 상처내는 권력으로 거듭나는 언어에 의해 창출되기 때문이다. 누군가를 외국인으로 지시하는 것은 결국 그를 '타자' 상태 혹은 미결 상태로 방치하기 위해, 아무 염려 없이 규칙적으로 그를 언어적인 국경 검문소(공립 직업 알선소, 도청 사무실, 사회보장 사무소, 경찰서)로 인도하기 위해 분리하고 타자화하는 권력을 작동시키면서, 적으로 지시하는 증오의 담론을 키우는 것이다. 언어적인 권력에 의해 창출된 언어적인 국경은 외국인으로서 타자 혹은 타자로서 외국인이라는 이중적 지시에 의해 그의 권리를 찬탈하는 것을 목적으로 한다.

이것은 누군가가 (국가적) 공동체의 이름으로 말하며, 수행적 관습 내에서 긍정적인 속성이 없는 타자를 괴롭힌다는 것을 전제한다. 따라서 외국인은 빠져나올 수 없는 소환^{interpellation}에 영원히 종속된다. 이주자가 직간접적으로 소환될 때, 그는 다만 소환의 근원으로 향해서 그가 아닌 외국인이 될 뿐이다. 미래의 외국인으로서 이주자가 숨어서 자신을 보이지 않게 해 소환을 피한다고 할지라도, 소환의 결과인 지시를 약화시키는 데 이르지는 못한다. 그의 비가시성은 이제 낯설게 된 삶의 타자화 과정을 확인할 뿐이다. 그의 비가시성은 미래의 외국인으로서 이주자를 숨겨진 어떤 것, 공공연히 나타날 수 없는 내적 악이라는 대중적인 평가에 종속시킨다. 국가 공동체가 외국인을 핀으로 고정하자마자, 국가 공동체는 인정된 정상성이라는 집에 국경을 설립하면서 외국인에게는 없는 자신들만의 긍정적인 속성을 창출한다. 게오르크 짐멜이 언급하는 것처럼, 한 집단 내에서 외국인은 한 집단이 집단으로서 존재하는 것을 허락한다. 외국인은 집단의 내적 국경으로서 작동하면서 집단을 안정화하는 관계적 외재성의 기능을 한다. 타자에 대한 지시 과정 없이 그 자체로 인정될 수 있는 국가적 형식이 존재하는가? 외국인 없이 국가적 공동체가 존재하는가? 국가는 반대로 국가를 불안하게 한다고 여겨지는 이 여자들, 이 남자들에 의해 안정화된다.

국가의 몫은 외국인의 모든 몫을 빼앗는다. 누군가를 외국인으로 지시하는 것은 그가 자신의 몫을 취하는 것을 불가능하게 하는 것이다. 그래서 외국인은 언어의 나쁜 주체로서 끊임없이 소환되는, "몫이 없는 자"로 존재할 뿐이다.

전적으로 우리처럼 말하지 않는 자로 구성되는 외국인은 그를 언어적인 부랑자로 만드는 언어의 권력에 의해 상처입는다. 다만 이 상처는 국가의 신체를 강화하기 위해 창출될 뿐이다. 따라서 언어의 질서는 측량되지 않는 것들을 선언적選言的 가치에 의해 분리하는 창조에 의해 유지된다. 다시 말해 언어들을 분리하고 그 언어들 안에서 시적인 것들을 분리하는 것은, 나눔의 가능성도 번역의 희망도 없이, 언어들 혹은 그것의 수준들을 서로에게 이질적이게 만드는 것이다. 만일 정치적인 것이 "권력의 관계들"에서가 아니라 "세계와의 관계들"[15]에서 이루어진다면, 그것은 이 관계들이 비-관계들의 구성의 토대 위에서 이루어진다는 조건에서다. 다시 말해 언어적으로 외국인이라고 지시하는 것, 그리고 그를 그가 아닌 타자로서 소환하는 것은 비-관계를 창출하는 것으로, 분리 안에서 몫이 없는 제외된 자와 국가의 몫을 가진 자, 즉 국가에 속한 이 여자들, 이 남자들의 몫을 창출하는 것이다. 언어의 장은 이제 비非지성체의 장이 된다. 이때 언어가 하는 일은 국가 안에 기입될 수 있는 유일하게 보편적인 국가 언어의 보편성을 더 잘 나타나게 하기 위해, 빛에서 제외된 어둡고 저주받은 주체들을 국가에서 탈퇴시키고 국가 계급과 공식적 분류를 더 잘 보장하기 위해 그들을 국가 안의 모든 분류로부터 제외시키는 것이다.

언어 권력이 표시하고 창조하고 확대하는 차이는 "주체의 이름을 공동체의 동일화된 모든 부분과 다른 것으로서 기입"[16]한다. 외국인의 정치적인 주체화는 국경의 흐름을 단절하는 것이 아니라, 반대로 그 흐름을 강화한다. 왜냐하면 주체화는 국가의 표준과 선험적으로 분리될 때에만 인정되기 때문이다. 이제 이 주체화 자체가 의심스럽게 된다. 주체화는 사실 외국인으로부터 나오는 것이 아니라 그 위에 가해지는 신뢰 상실로부터 유래하기 때문이다. 여기서 문제가 되는 것은 외국인이 아닌 자가 외국인의 이름으로 외국인 대신 말하는 정치적인 주체화다. 외국인의 이름으로! 외국인이 아닌 자가 직접 **말을** 건네는 이 여자, 이 남자의 이류으로가 아니라, 그가 다른 국민에게 말할 때 옮겨진 그 여자, 그 남자의 이름으로 행해지는 정치적인 주체화다. 그래서 정치적인 주체화는 어떤 표명도 산출하지 않으며, 말이 없는 한 장소를 지시할 뿐이다. 따라서 현대의 정치적 동물은, 타자를 지성체와 정치적인 합법성의 틀로부터 이미 추방했던 균열 혹은 간격과 연결하면서, 타자의 정치학, 즉 그의 표명하는 힘을 해체하는 동물이다.

지시에 의해 국민 정체성에서 추방된 외국인을 산출하는 탈정체화는 국가 공동체에 추방하는 경찰의 힘을 부여한다. 언어적 계층에서 낙오된 외국인은 국가적 공동체 밖으로 쫓겨나서 외국인을 모욕하는 관습적인 언어 활용의 다양한 형식과 일정한 거리를 두고 존재하게 된다. 이는 얼마나 "우리가 언어 안에서 형성되는지"를, 결국 얼마나 "언어가 우리에 반해서 작용하는지"[17]를, 또 이 언어를 나르는 우리의 신체가 그 신체적 가능성 안에서 얼마나 상처받을 수 있는지를 우리에게 잘 보여준다. 언어적인 상처는 국가 언어와 분리된, 우리가 아닌 외국인과 관계한다. 그런데 그 상처는 또한 우리 자신이 국가 공동체에서 자격 박탈되어 비-구성원이 되었을 때, 다시 거기 합류하기를 희망해도 그러지 못할 때, 우리가 될 수 있는 외국인과도 관계한다. 더 나아가 그 상처는 외국인이 아닌, 또 외국인이 되지도 않은, 그런데 언어에서 국가로의 이행의 제의^{祭儀}에 참여하고 언어의 징집하는 권력에 사로잡힌 우리 자신에게도 같은 가치를 가진다.

외국인은 근본적인 역경을 이겨내는 영웅이 아니라 일련의 국경을 지나온, 이 국경에서 저 국경으로 쫓겨난, 안과 밖 사이에 놓인 중간 공간에, 근본적인 외재성이 아니라, 둘 사이의 불확실한 틈에 존재하는 부랑자다. 아이들은 도청이라는 국경을 넘지 않고도 학교라는 국경을 지나서, 초등학교 혹은 중학교 책상 앞에 앉을 수 있다. 그들의 부모는 비록 제대로 된 집에서 사는 것은 아니지만, 체류증을 기다리면서 일을 할 수도 있고, 경제적인 국경을 넘을 수도 있다. 따라서 어디에도 자기 집을 결정적으로 혼탁하게 해서 거기에서 새롭고 빛나는 모습으로 나타나기 위해, 선동적인 변신에 의해 갑작스럽게 자기 집에서 솟아나는 근본적인 밖의 영광은 존재하지 않는다. 외국인으로 지시되는 것은 전적으로 '안'도 전적으로 '밖'도 아닌 국경의 망 안에 잡히는 것이다.

　내가 외국인의 조건이라고 부르는 것은 한 삶을 낯선 것으로 지시하자마자 항상 밖에 존재하면서 서둘러서 안에 존재하는 상황으로 떨어지는 것을 말한다. 외국인의 조건은 이미 안과 밖으로 나누어진 인간의 조건이 아니라, 항상 밖에 존재하면서 안에 존재할 (사회적, 법적, 경제적) 가능성을 창출하는 지시에 의존한다.

국가라는 장르
국가라는 장르

외국인의 조건은 따라서 사회적 장르의 법칙에 의존한다. 사회적 장르는 전개되기 위해 자신의 환경 안에서 쪼개져야 한다. 이것은 무엇을 말하는가? 한 주체가 국가 공동체의 구성원이라는 것은 틀에 박힌 사회적 장소들의 구성원으로 인정된다는 것을 말한다. 이 인정은 무엇을 의미하는가? 참여의 힘은 장르의 법칙에 의해 긍정적으로 지시되는 이 여자 혹은 이 남자에게만 부여된다. 장르의 법칙에 대답하는 것, 즉 우리가 프랑스인으로, 미국인으로, 혹은 일본인으로 인정되는 것은 우리가 틀에 박힌 사회적 장소들을 구분하는 형식과 그 형식이 함축하는 활용에 의해 이끌릴 수 있다는 것을 말한다. 그래서 한 삶이 한 장르의 활동에 참여하는 것은 이런 유혹에 대답하는 것이다. 장르의 법칙에 등록하는 것은 국민이 하나의 유일한 활동의 장르에 속한다는 것을 표시하는 것이 아니라, 주체가 국가에 의해 허락된 모든 장르의 활동에 참여할 가능성을 강조한다. 한 주체가, 적어도 긍정적으로 국가 구성원으로 인정된 한 주체가 어떤 장르에도 속하지 않으면서 다양한 종류에 참여할 수 있는 한에서, 여기서 문제가 되는 것은 데리다가 강조하듯이 "속함이 없는 참여"[18]다.

자크 데리다는 제라르 즈네트의 문학 이론의 맥락에서 모리스 블랑쇼에 대해 말하면서, "모든 텍스트가 하나 혹은 여러 장르에 속하는 한에서, 한 문학적 텍스트는 어떤 장르에도 속하지 않을 수 있다"[19]고 말한다. 장르가 없는 텍스트는 없다. 그런데 데리다가 강조하듯이, 한 장르에 참여한다고 해서 반드시 그 장르에 엄격하게 속해야 하는 것은 아니다. 소설이라는 장르는 자신의 법칙에 따라 텍스트를 이런저런 소설로 표시한다. 그런데 이런 언급^{mention} 즉 평가는 그 언급이 지시하는 대상 밖에 자리한다. 소설의 소재가 코드화를 넘어설 때, 속함의 개념 그 자체가 문제가 될 수 있는 듯 보인다. 그런데 이것은 데리다가 주장하고자 하는 것이 아니다. 그에게 '소설'이라는 언급은 '소설적'이라는 것을 뜻하지 않는다. 즉 그 언급은 소설 그 자체 밖에 존재한다. 코드화된 소재에 대한 코드화의 외재성은 장르의 법칙 자체를 흔드는 것과 달리, 보충적인 실효성을 가지고 장르의 법칙을 제공한다. 다시 말해 이 외재성은 특히 장르의 법칙이 자신이 코드화한 것에 의해, 보다 정확히 코드와 코드화된 소재를 분리하는 매 코드화에서 다시 활성화되는 경계에 의해 전혀 문제가 되지 않음을 보증한다. 따라서 한 문학적 텍스트는 기껏해야 한 장르 혹은 여러 장르에, 그런데 그것들과 절대로 같은 토대를 가지지 않고 참여할 뿐이다. 이 속함의 결여에 의해 장르의 법칙은 카프카의 『소송』 마지막에 나오는 법처럼 항상 초월적이며, 그것이 코드화하는 소재를 초과한다.

만일 우리가 이 분석을 국가와 주체들의 관계에 적용한다면, 상황은 다음과 같다. 모든 주체는 한 국가를 특징짓는 장르의 법칙에 의해 고정된 활동 장르들에 참여할 수 있는 존재로서 영원히 파헤쳐지고, 세세히 검토되고, 다시 코드화된다. 주체로서 인정된다는 것은 정확히 틀에 박힌 사회적 장소들과 관계하는 활동 장르들에 참여할 수 있는 능력을 부여받는 것이다. '프랑스인' '미국인' '일본인'이라는 언급은 활동 장르들에 참여할 수 있는 힘의 인정을 가리킨다. 그런데 이 참여는 속함과 같은 것이 아니다. 어떤 주체도(함께 파악된 여러 주체도) 혼자의 힘으로 장르의 법칙에 내재적일 수 없다. 왜냐하면 장르의 법칙은 필연적으로 주체를 앞서기 때문이며, 앞선 법칙이 주체의 구성을 보증하기 때문이다. 국가는 연속적인 지시들,

언어적인 코드들, 그리고 명명하는 힘에 의해, 국가가 사회적 활동 장르들에 참여할 수 있다고 인정한 주체들만을 유지한다. 이는 국가가 다른 주체들에 무관심하다는 것이 아니라, 국가가 인정한 이 여자들, 이 남자들과 국가가 인정하지 않는 타자들 사이에 경계를 나타나게 한다는 것을 의미한다. 외국인은 이때 참여에 적합한 자로서 인정되지 않은 자다. 그럼에도 불구하고 사회적 장르 안에서 외국인은 직업적인 장르들을 작동시킬 수 있다. 예를 들어 불법노동은 불법 일터에서 중요한 역할을 수행한다. 그들이 없으면, 국가 경제는 현재의 상황에서 아주 단순히 존재하지 않는다. 불법이민자는 다만 직업적인 장르들에 공식적으로 참여할 수 없는 것이 아니라, 그를 외국인으로 지시하는 언어적인 힘에 의해 활성화된 장르의 법칙 그 자체에 의해 직업적인 장르들과 분리된다. 따라서 외국인은 그를 부정적으로 코드화하는 사회적 장르들의 주변에 위치한다. 그런데 참여에 적합한 주체들은 유지하고, 거기에 참여할 수 없이 장르들 안에서 흥정되는 삶들은 멀리하는 장르적 언급은 국경과 무관하지 않다. 왜냐하면 국경은 장르적 언급과 무관한 것이 아니라, 그 언급이 가장 정합적으로 현시되는 것을 허락하기 때문이다. 장르의 법칙은 "닫히지 않는 혹은 불완전한 것의 공리"[20]로 조인된다. 장르의 법칙이 지배적인 사회적 장르에 참여하는 이 여자들과 이 남자들은 포함하고, 반면에 합법적인 참여의 형식들 안에 거주할 수 없는 개인들은 여백에 방치할 수 있는 것은, 바로 이 국경을 만들 수 있는 장르의 법칙의 능력에 의해서일 뿐이다.

이제 한 삶을 외국인으로 지시하는 것은 그 삶을 여백으로, 사회적이고 직업적인 장르의 여백으로 이끄는 것과 같다. 그렇게 지시된 사람들은 불법노동을 통해 다른 사람들과 같은 일을 하면서도 합법적이고 공식적인 직업으로 인정되지 않는 이유로 인해 직업적 장르들과 분리되어 그것들에 참여하지 못하고, 그러면서도 그것들과 끝없이 관계하면서 귀신에 사로잡히듯이 그것들에 사로잡히거나, 사회적으로 몇몇 장르들에는 참여하고 다른 것들에는 참여하지 못하는 이유로 인해 공식적으로 그 영토에 체류하는 것은 허락되나 선거 참여 권리는 거부되며, 그로 인해 시민권 장르의 여백에 머문다.

한편으로 장르의 법칙은 지배적인 사회적 장르들에서 동일자들과 타자들의 참여 정도를 정하는 국경과 관계한다. 다른 한편 장르의 법칙은 외국인을 아주 나쁜 장르로 만든다. 외국인이 국경의 그물 안에 잡힌 부랑자로서 여백에 고정된다는 것을 이해하는 것은, 외국인은 외국인의 극과 국가의 극을 연결하는 분류화된 체계 안에서 산출된다는 것을 발견하는 것이다. 그 분류의 규칙은 공식적인 구성원을 산출하는 장르의 축을 따라 비구성원을 고정하면서, 동일자들과 타자들을 분리하는 넓은 지시의 영역들에 의존한다. 국민은 그의 사적인 소유물이 아니라 그가 선호하는 도구들 가운데 하나로 만든 언어적인 권력 덕분에 외국인이라는 나쁜 장르를 산출하면서 장르를 만든다. 국가적 장르와 나쁜 장르의 단일성이 이렇게 부당한 지성체의 실천에 속한다면, 그것은 장르가 영토를 탈영토화하고 그것에 구멍을 내는 특별한 행위들을 여백으로 쫓아내면서 영토를 선택하고 매끄럽게 하는 한에서다.

반박들
반박들

언어적인 요소가 본질적인 장르는 다리미로 다리듯이 영토를 매끄럽게 한다(왜냐하면 언어는 누가 장르에 참여하고 참여하지 않는지를 지시하기 때문이다). 매끄럽게 하는 이 과정은 그것이 연대하는 지시의 형식들과 마찬가지로 전적으로 효과적이지 않다는 사실을 지적해야 한다. 왜냐하면 장르의 법칙과 그것이 동시에 소환하고 고발하는 나쁜 장르는 서로 무관할 수 없기 때문이다.

한편으로, 장르의 법칙은 나쁜 장르를 항상 더 나쁜 장르로 만들면서 그것을 주변화하기를 그치지 않는다. 그런데 한 삶을 외국인으로 지시하는 것으로는 충분하지 않다. 더 나아가 그 삶은 '무법자' '불법이민자' '깡패'와 같은 추가적인 지시들에 의해 고정된 나쁜 장르로서 지정되어야 한다. 이 추가적인 지시들은 지시들 사이에 의미의 연쇄를 영구적으로 작동시키고, 나쁜 장르를 고정하는 일련의 나쁜 지시들의 연쇄를 창조하며, 서로 겹친 의미론적 층을 창출한다. 깡패를 불법이민자와 연결하고 이민자를 무법자와 연결하면, 외국인을 항상 더 나쁜 장르의 연쇄 안으로 이끌어 그에게서 모든 합법적인 연결을 박탈하고 나아가 그를 탈영토화된 주체로 잠재적으로 아무 곳에도 존재하지 않고 들리지 않고 보이지 않는 주체로 만드는 저주받은 의미망이 창출된다.

다른 한편, 그 과정은 한 목소리만을 지니지 않는다. 반대의 흐름 또한 지닌다. 외국인으로 지시된 삶의 형식들은 자신들이 선험적으로 나쁜 장르라는 분모 아래 파악되는 현상을 방관하지 않는다. 그 형식들은 가시적이 되면서, 현시하면서 장르의 법칙에 반하는 힘으로 작용한다. 이 형식들은 사회적 장르들에 구체적으로 개입하면서 지시의 논리에만 자신을 가두는 국가적 분류학을 방해하고, 국가 구성원/비구성원의 이분법적 나눔을 재의미화할 수 있는 전적으로 새로운 가능성을 작동시켜 사회적 장르들과 국민의 분류를 불안정하게 한다. 따라서 외국인은 절대로 그를 전적으로 나쁜 장르로 지시하는 국가의 법에 고정될 수 없다. 데리다가 지적하는 것처럼, "포함과 배제는 서로에 대해 외적으로 존재하지 않으며, 그것들은 서로를 배제하지 않는다."[21] 외국인의 지시 안에서 국가의 장르의 법칙을 소환하는 것은 이어서 "그것이 드러내는 계보학 혹은 종적 성격에 조종을 울리는 것"[22]이다. 예를 들어 프랑스의 계보학은 그것이 낯선 것으로 지시하는 삶에 의해 흔들린다. 낯선 삶의 현시는 그를 배제하는 분류학을 반박하는 데 그치지 않는다. 국가적 공간을 침해하면서, 국가적 분류학이 예견하지 못한 새로운 삶의 형식들을 불러낸다. 이런 삶의 형식들은 물론 대부분의 경우 지배적인 삶의 형식들에 의해 비가시적으로 정해진다. 그런데 그 형식들은 전적으로 비가시적인 것으로 사라지지 않는다. 비록 이 삶의 형식들이 배척되고 비하된다고 할지라도, 문화적 차이들을 실어나르는 혼혈이나 하이브리드의 모습으로, 또는 소수자의 모습으로 새로운 모습들을 발명한다.

국가적인 분류학은 따라서 절대로 전적으로 뿌리를 내릴 수 없다. 왜냐하면 분류학은 공식적인 분류의 틈들에 사는 다른 삶의 가능성들에 의해 위협받기 때문이다. 국가의 법칙은 자신의 분류학이라는 유일한 조건 아래에서만 전개될 수 없다. 그것은 낯선 삶의 형식들에 의해 발명된 미소 규범들micro-normes 안에서 다시 전개된다. 국가적 정향은 자신을 초과하는 것에 의해 사로잡혀 있으나, 실질적으로 그 안에 자신을 기입하는 데 이르지 못한다. 외국인은 따라서 다만 국가적 지시의 다양한 형식에 의해 나쁜 장르로서 고착

되는 것이 아니라, 자신이 나쁜 장르와 연결되어 있다는 사실에 의해 새로운 자리의 가능성을 구성한다. 국가의 틈들에서 형성되어 국가의 외국인으로 지시된 주체들은 여백에서 일련의 창조들, 즉 집단적인 스타일들을 전개한다. 리좀과 같은 이 집단적인 스타일은 국가의 지반 아래에서 전개되며, 특히 수많은 생산적인 정치적 발명에 의해 국가에 구멍을 낸다. 호미 바바의 말처럼, "문화적 차이들의 절합articulation에서 산출된 계기들 혹은 과정들에 집중하기 위해 이론적으로 새롭고 정치적으로 중요한 것은, 본래적인 주체성의 진술들을 극복하는 것이다".[23] 대부분 외국인의 지시와 연결된 새로운 자리의 가능성에 의해 생겨난 틈의 창조는 본래적인 주체성의 이념에 반대하는 것을 가능하게 할 뿐 아니라, 알려지지 않은 주체성들로, 다시 말해 "정체성의 새로운 기호들"[24]로 나아가는 것을 허락한다.

사회 이념의 재규정은 따라서 소수집단의 경험들에 의해 형성되며, 틈 혹은 여백의 대안적인 경험들에 의해 형성된다. 이때 어떻게 주체들이 그들이 몰려 있는 틈과 여백에서 자기를 형성할 가능성을 보존할 수 있는가 하는 질문이 제기된다. 주변이 힘없는 존재를 위해 형성되었을 때 어떻게 주변의 힘을 설립할 수 있는가?[25] 장르의 법칙은 그것이 나쁘다고 지시한 장르에 의해 영향받을 수 있는가? 물론 다행히도 모욕당한 삶의 형식들이 모두 그 지시들로 환원되는 것은 아니다. 그렇지만 장르의 법칙은 언어적인 힘과 경찰력에 의해 외국인이 자신을 전개하는 데 필수적인 힘들을 박탈하면서 그들을 주변에 유지할 소명을 지닌다.

국가의 허구들

국가의 허구들

이제 나쁜 장르 쪽에 외국인을 고정하는 것은 국가에게 필연적이다. 대안적인 리좀들이 퍼지지 않도록 하기 위해 경계들을 강화하는 것은 국가적 장르를 위해 법의 힘을 획득하는 것과 같다. 그런데 이러한 국가적 통제는 가난과 독재 같은 이전 삶의 형식들 안에서 더 이상 살 수 없어 피해서 온 그 여자들과 그 남자들에 의해 산출된 지배적인 국가적 장르들의 불안정화에 부딪힌다. 7와 같은 이동들은 국가 정치를 불안하게 하는 한에서 그것에 구멍을 내며, 지배적인 활동 장르들 안에 침입해 그것들을 뒤집고 자신들에게 유익한 방향으로 돌리려고 한다. 따라서 외국인은 그를 지속적으로 국가적 장르들과 분리하는 지시뿐 아니라, 낯선 것으로 지시된 삶의 형식들의 확산 때문에, 그가 들어간 국가 안에 쉽게 녹아 사라지지 않는 이주자다. 주디스 버틀러가 주장하듯이, 만일 "사회적 장르(젠더)의 단일성이 장르(젠더)의 정체성을 찾는 규칙적인 실천의 결과"라면, 그리고 "이 실천의 힘이 배제라는 산출 장치에 의해 가능한 존재 방식들의 다른 의미들을 감소시킬 수 있는 능력 안에 자리한다"[26]면, 버틀러에게서 성을 매끄럽게 하는 것은 국가를 매끄럽게 하는 것과 같은 가치를 가진다. 규칙에서 벗어난 성들에 양성주의라는 유일하게 타당한 장르를 설립하는 규제적 실천에 의해 수치의 낙인이 찍히는 것처럼, 비국가적인 존재 방식들은 진정한 기준처럼 작동하는 국가적 존재 방식들에 의해 취소되거나 불법화된다. 국민과 외국인을 조정하는 다양한 허구가 성과 장르의 허구들에 의해 "반박에 열린 무수한 의미작용의 장소들"[27]로서 솟아난다면, 그것은 외국인과 국민의 구분이 허구인 한에서다. 물론 이때 이 허구들이 지속적인 형식들로서 파악되기 위해서는 서로를 지지해야 하지만, 그것들은 또한 서로를 불안정하게 한다. 국민은 자신이 허구라는 것을 잊기 위해 외국인이라는 허구를 창출한다. 국민은 허구이기 때문에, 다시 말해 어떤 명증성(영토, 혈통 등등)에도 의존하지 않는 일련의 합의이기 때문에, 자신의 타자로서 외국인을 낳는 사실 안에 포함된 전적으로 수행적인 장르다. 그리고 이런 타자는 합법적인 장르에 의해 나쁜 장르에 부여된 타자성의 극과 다른 어떤 타자성의 극에 의해서도 지지되지 않는다.

국민이 허구라는 점을 지지하는 것은 국가가 허구라고 말하는 것과 같지 않다. 국가는 다만 상상적 실체로서 전개되는 조건에서만 주권적 형식으로서, 정치적인 힘으로서 존재할 수 있다. 국민은 국가라는 상상적 제도에 대답한다. 국민 정체성은 외국인을 명명하고 그에게 주변적인 정체성을 부여해야만 존재할 수 있는 주제들을 전개한다. 외국인의 정체성을 지시하는 방식은 따라서 여느 정체성의 지시와 전적으로 다르게 작동한다. 그 지시는 국가 안에 관용된, 그런데 절대로 합법적이 아닌 여백의 현전을 드러낸다. 이런 맥락에서 외국인의 주변성이 국가적 허구들에 결합될 수 없다고 말하는 것은, 외국인의 정체성은 국가적 허구들을 정상화하는 데 기여할 뿐인 수치스러운 정체성이 된다고 말하는 것과 같다.

그런데 이런 외국인에 의한 국민의 정상화가 외국인에 의한 국민의 고발이라는 가치를 지니지 않는 것은 아니다. 주디스 버틀러가 장르의 정체성에 대해 강조한 것처럼 "정상화된 개념들에 의해 고정된 정체성, (…) 인격의 이념 그 자체는 비일관적이고 비연속적인 장르에 의해 표시된 존재들의 문화적 출현에 의해 고발된다."[28] 같은 방식으로 정체성이 (영토, 혈통, 언어 같은) 국민적 허구들에 의해, 또 법적 지반과 노동 같은 국가의 귀속을 정상화하는 형식들에 의해 고정될 때, 국민의 이념은 필연적으로 국가에 속하지 않고 국가 기준들 밖으로 추방된 존재들의 문화적 출현에 의해 고발된다. 외국인에게 가시적이면서 동시에 유령적인, 문제적인 실존을 부여하는 이 역설적인 표시는 관용된, 또 권장된 국민적 표지들, 국가의 상표^{label}들에 의문을 제기한다. 결국 주변화된 정체성들의 증식은 불연속적인 후광들과 국가 질서를 불안하게 하는 비정통적인 형식들을 깜박거리게 하면서, 국가라는 연속체에 구멍을 낸다.

국민 정체성의 구성은 한편으로 어떤 정체성의 형식들은 공식적으로 존재할 수 없다는 것을 요구한다. 예를 들어 이슬람의 주체성은 국가적 허구들과 양립할 수 없는 낯선 정체성의 경우이고, 반대로 유럽인과 미국인의 정체성은 선험적으로 양립할 수 있는 정체성으로 간주된다. 다른 한편 국민 정체성의 구성은 다루기 힘든, 비전통적인 정체성들에 의해 흔들린다. 이런 동요는 다양한 방식으로 탐구될 수 있다. 한 국가에서 모든 동요의 이념이 비정상으로 간주되는 한에서, 동요는 국가적 허구를 비극적으로 강화할 수도 있고 반대로 새로운 삶을 발명해 국가의 물리적이고 심리적인 삶을 확장하는 계기가 될 수도 있다. 국가의 공적 텍스트는 대개 국가적인 것을 산출하기에 적절한 문화적 모태 위에서 국가의 강화에 기여한다. 반면 국가의 감추어진 텍스트는 공적 텍스트의 여백 혹은 틈들에 머문다. 그 안에서 감추어진 텍스트는 국가 공간 안에서 초^{exter}국가적인 삶의 형식들을 유지하고자 하는 시도이거나 새로운 발명, 즉 비정형적인 방식으로 일어날 수 있는 국가적 삶의 형식들과 초국가적 형식들 간의 하이브리드화일 수도 있다.

이때 외국인의 정치학은 외국인의 삶의 형식들을 국민을 산출하는 패권적인 문화적 모태와 접목하는 데 있다. 그로 인해 지배적인 모태가 불안정해져서 새로움을 산출할 수도, 적어도 여백에 있는 반^{semi} 불법이민자라는 추방된 삶의 형식들에서 태어난 새로움이 인정될 수도 있다. 지배적인 문화의 모태가 불안정해지면서 새로운 것을 창출한다는 것은 무엇을 의미하는가? 이것은 필연적으로 혼혈 혹은 하이브리드를 산출하는가? 그것이 아니라면, 혼혈과 하이브리드는 이미 불안정화의 행복한 측면을 주장하는 모태의 불안정화를 고려하는 후기식민주의 방식들이 아닌가? 이때 우리는 철학적으로 혼혈 혹은 하이브리드의 이념에 어떤 구체적인 모습을 줄 수 있는가? 또 혼혈과 하이브리드는 같은 것인가? 혼혈은 그 근원에서 분리된 문화적 공동체를 낳기 위해 방황과 유랑의 삶의 형식들에 의해 전염되지 않은 충분히 순수한 문화적 모태들을 가질 때 문제가 된다. 혼혈은 만남을 함축한다. 그런데 그 만남은 공동체와의 관계에서 이차적이다. 마치 공동체가 구멍이 나기 전에 우선 닫혀 있는 것처럼 말이다. 그런데 공동체의 열림은 우연히 혹은 이차적 심급에 의해 오지 않는다. 그것은 처음부터 균열이 나 있는 것이다. 왜냐하면 영토는 자신의 실행 그 자체에서 영원히 탈영토화되는 한에서만 존재하기 때문이다. 탈영토화는 유랑자들, 가난한 자들, 거지들, 방랑하는 자들, 모든 외국인에 의해 만들어진 구멍들이다. 반면 행복한 만남의 논리를 함축하는 혼혈은 자기 자신에 갇힌 실체들의 정착된 틀들을 전제한다. 또한 호의적인 범주로서 혼혈은 국가적 공동체와 다양한 이주의 형태를 가진 영토를 연결하는 힘들의 관계를 지울 수 있는 위험을 가진다. 혼혈은 이렇게 민족 간의, 국가 간의 행복한 결합을 전제한다. 따라서 혼혈은 적의적인 영토로 들어온 외국인이 처음부터 환대받을 수 있는 국가 구성원으로서의 자격을 상실한다는 사실을 감춘다. 결국 혼혈은 종속된 이주로부터 나오는 지배의 과정을 과소평가한다. 혼혈은 궁극적으로 국가의 삶의 형식들과 결합하는 사회적이고 상징적인 수단들을 가진 영광스러운 외국인들과 관계할 수 있다. 이때 국가는 자신의 동일한 기반이 위협받지 않을 때에만 열린다. 국가는 처음부터 거시적이고 미시적인 모든 힘의 형식에 의해 국가에서 분리된 치욕스러운 외국인들의 삶은 책임지지 않는다. 반대로 하이브리드화는 외국인의 정치를 위해 더 적절한 듯이 보인다. 왜냐하면 그것은 어떤 종류의 만남의 과정과도 연결되어 있지 않으며, 어떤 힘의 관계들도 은폐하지 않기 때문이다. 그것은 서로를 회피하는 삶들의 지하 논리와 관계할 뿐 아니라, 또한 삶들이 관계하는 문화적 형식들과도 관계한다. 그리고 여기서 삶들은 인위적인 과잉에 의해서가 아니라 압력과 초과에 의해, 그리고 접촉 지대의 확장에 의해 상호적으로 균형을 상실한다.

제2장 지붕도 법도 없이

외국인에 대한 질문은 국가 안에서 솟아난다. 그런데 외국인은 국가에 속하지 않는 이유로 국가 밖에서 발견된다. '국가 밖'은 또한 외국인을 그의 고국으로부터 분리하며, 그 안에 구멍을 낸다. 따라서 지시 아래에서, 사적이며 공식화되지 않은 부재, 뿌리 뽑힌 삶의 세계들이 겪는 박탈의 경험이 솟아난다. 왜냐하면 공적인 지시들은 전혀 다른 텍스트, 부정적 시선, 축적된 결핍들을 산출하기 때문이다. 그렇기에 외국인은 국가, 언어, 거주의 결핍이다. 외국인의 부정적인 정체성은 그래서 일련의 결핍으로, 손상된 삶으로 세워진다. 그 위에 의심스러운 공증에 대한 지울 수 없는 의혹이 가해진다.

따라서 국가의 (사회적, 법적)[1] 지반 밖에서 자신을 유지할 수 있는 빛나는 삶의 명증성은 어디에도 없다. 어디서나 이미 인간 삶의 지성체를 앞서 규정하는 국가의 규범적인 틀이 계급들과 장르들의 다른 요구들과 연대하면서 삶의 명증성을 규정한다. 어떻게 국가의 전제된 규범성들이 앞서서 우리가 인간이라고 부르는 것을 한계지을 수 있는가? 특히 어떻게 그것들은 국가적 인간들은 합법화하고 국가의 여백에 존재하는 타자들은 추방하는 데 이를 수 있는가? 왜 국가는 제도 안의 인간들과 주변의 인간들을 창출하는가? 전자의 필요와 요구에 의해 후자를 소환하기 위해서인가? 국가는 다만 하나가 다른 하나에 봉사하는 인류의 분리에 의해서만 존재할 수 있는가? 이 모든 질문은 배타적이고 모욕적인 언어적 여정을 부당하게 결정하는 지시의 정치가 존재함을 강조한다. 지시가 정치에 봉사한다는 사실은 외국인이라는 언어적 산물은 전혀 임의적인 것이 아니며, 이런저런 사람들의 말들에만 의존하는 것이 아니라는 사실을 말한다. 외국인에 대한 대부분의 모욕적인 지시는 권력을 실질적으로 실행하는 국가의 실질적인 도식들에 의해 가능하다. 이주자들의 처리 과정에서 야기되는 권리 박탈에 의해 국가의 인종주의가 발생한다.[2] 이주자에게서 기본적인 권리들을 박탈하고 그를 국가 중심에 도달할 수 없는 자로 규정하면서 국가에서 추방하는 것은 그의 사회적 실존을 저당—그 말의 강한 의미에서—잡는 것이다. 더 나아가 모든 국가적 지지의 가능성을 제거하면서 한 삶을 비인간화하는 것이다.

그런데 외국인의 조건은 다만 지시에 의해 생겨나지 않는다. 그 조건은 자산의 이동을 사람의 이동보다 더 합법적인 것으로 간주하는 민주주의 국가들의 환대의 결핍에 의해 확대되고 확산된다. 외국인은 잠재적으로 그의 삶의 지반에서 근본적으로 문제가 된다. 이주자의 경험은 우선 도착한 나라에서의 체류 가능성에 대한 의심과 밀접한 관계가 있다. 이어서 외국인의 사회적 실존은 부유한다. 그것은 어떤 추가적인 권리(예를 들어 체류증의 획득)가 그의 실존에 덧붙여지지 않아서가 아니라, 불확실한 권리들이 바로 그 체류증, 즉 체류할 권리의 획득과 밀접한 관계가 있기 때문이다. 거의 아무런 권리가 없는 이런 삶의 영구적인 이동 현상에서, 말 그대로 '지붕도 법도 없이' 전적으로 예측 불가능한 자리에 부당하게 종속될 수 있는 외국인의 조건이 완성된다.

망명자들[1]
망명자들

떠나는 자로서 망명자

외국인은 새로운 에토스를 가져오는 주체라기보다는 대개 이주의 사회적 논리 안에서 파악되는 가난한 존재. 만일 외국인이 환대 사회를 위해 우선 그 사회에 문제를 야기하는 이민자라면,[3] 이주자는 우선 망명자, 다시 말해 이주하지 않을 수 없는 사람이며, 이주는 자기 집의 국경을 문제삼고, 자기 집을 제거한다. 기아와 정치적 공포를 피해서 나온 난민들은 여행자들이 아니라, 다시 집으로 쉽게 돌아갈 수 없이 자기 집에서 쫓겨난 망명자들이다. 이런 외국인은 여행을 파괴하기 위해서만 여행한다. 여행은 그에게 목적이 아니라 수단, 즉 여행을 통해 다른 자기 집, 타자들 집에 자기 집, 고향의 결핍

[1] 외국인이 어떻게 형성되고 다루어지는가를 논하기 위해 저자는 인구의 이동이라는 한 사실을 여러 각도에서 다룬다. 보통 우리말에서 '이민자'는 두 측면이 있다. 하나는 '자신의 나라를 떠나온 자émigré'이고, 다른 하나는 자신의 나라를 떠나서 '다른 나라에 들어온 자immigré'다. 여기에 저자는 어느 나라에서도 받아들여지지 않아서 새처럼 '끊임없이 이동하는 자migrant'를 첨가한다. 이 각각을 망명자, 이민자, 이주자로 옮겼다.

과 상실 같은 본래적인 주름의 상실을 보상할지도 모르는 다른 나라 안에 한 주름[4]을 상상해볼 수 있는 수단이다.

따라서 자기 집을 도망쳐나온 평범한 삶이 스스로를 망명자라고 지시하는지, 아니면 그러한 명명이 외적 지시로부터 생겨난 것인지를 물어야 한다. 이 물음은 아주 중요하다. 그것은 경험과 지시 사이의 관계들에 연루되어 있으며, 망명자의 체험에 의존하기 때문이다. 우리는 망명, 자기 집과의 단절을 이민, 즉 다른 곳에서 일자리를 찾으려는 경제적인 동기로만 환원하는 지시 너머에서 망명자의 체험을 고려할 수 있는가? 여기서 우리는 외국인의 유형학으로 나아가야 할 뿐 아니라, 또한 어떻게 망명자로서 외국인의 지시가 처음부터 너무 무거운 규범적인 논리를 전제하지 않고도 유형학을 고려하는 것을 가능하게 하는지를 물어야 한다. 적어도 부당하게 망명을 이민으로 환원하는 규범적인 논리의 폭력 뒤에는 일반적으로 어떤 진실이, 즉 자기 집과의 단절을 희망과 불안을 동시에 가진 미래의 일과 연관해서 생각하고 싶어하는 진실이 숨겨져 있는 한에서 말이다.

외국인을 망명자로 생각하는 것은 우선 그가 다른 나라에 '들이닥친 자'가 되기 전에 자기 집과 일상적인 삶의 형식들을 떠나온 자라는 사실을 강조하는 것이다. 압델말렉 사야드의 경고를 기억하자.

망명자들이 떠나온 본토의 조건을 무시하는 이주 현상들에 대한 모든 연구는 부분적이고 자기민족중심적인 관점만을 제공할 뿐이다. 이런 연구 안에서 그의 실존은 마치 그가 프랑스에 도착한 순간에 시작되는 것처럼 이민자일 뿐, 그의 사정이 고려되는 망명자가 아니다. 또한 명시적이고 함축적인 모든 문제 제기는 항상 수용하는 사회에서의 적응에 대한 문제 제기일 뿐이다.[5]

떠나는 자의 실존은 들어오는 자의 실존에 앞서며, 떠나는 자의 논리는 적응의 논리를 넘어선다. 망명자를 이민자 안에 흡수하고자 하는 시도는 그를 단지 도착한 나라의 규범에 의해서만 고려하는 것이며, 이민자의 모든 결핍을 명시적이고 함축적인 국가의 규칙들에서 밝히는 것이다. 외국인은 더 이상 욕망의 주체가 아니라 결핍의 주체. 그 주체의 여정은 우선 그가 떠나온 나라의 사람들과 어떤 문제가 있는 삶으로 규정되며, 그를 특징짓는 경제적, 사회적, 문화적 지위들에 의해 결정된다. 그는 잠재적으로 아무도 아닌, 다만 끊임없이 들어오는 자다. 이런 정형화되고 중성화된 외국인은 국가의 영토를 다른 곳의 꿈으로 접으면서 밖으로 이끄는 환원 불가능한 삶들과 대립시켜야 한다. 망명자는 자기 집이 결핍된 자일 뿐 아니라, 국가의 영토에 균열을 창출하는 자다. 이 균열은 가치의 극성들과 관계하고, 구성된 집단들의 일관성 안에서도 사라지지 않는 기이한 삶의 방식들과 관계하는 망명자의 자기 집의 세계 안에서 창출된다.

잘려진 주체로서 망명자

미래의 망명자의 기이한 주체화는 망명의 논리와 함께 새로운 의미를 획득한다. 이러한 주체화는 주체가 주장하는 삶의 형식—정치적 경향, 퀴어적 주체의 존재 방식—을 지속하기 위해 망명으로 이끌리기 때문이다. 이미 그 주체가 고국에서 속했던 집단 안에서 외국인이었다는 사실에 마치 망명이 포함되어 있는 것처럼 말이다. 이런 외국인은 이미 그 자신의 나라에서 잠재적인 망명자다. 사실 외국인은 대개 환대해줄 새 나라로 실제로 떠나기 전에, 이미 자기 나라 안에서 다른 목적지를 향해 고국의 자기 집을 떠난 자다. 다른 이들에 대해 외국인(여기서 우리는 더 이상 지시의 문제와 관계하지 않는다)으로 사는 것은 망명의 가능성과 외국인으로 지시될 미래의 가능성을 조건짓는다. 그런데 주체화는 또한 망명에 의해 어떤 영향도 받지 않을 수도 있다. 다시 말해 망명이 반드시 주체화를 산출하는 것은 아니다. 이는 구직의 경제적 논리가 무엇보다도 우선하기 때문이며, 이 논리는 열렸던 주체적인 가능성들을 미래의 가능성들로 대체하기 때문이다. 이 두 번째 경우를 따르면, 망명은 주체적인 가능성들을 잘라낼 정도로 일과의 관계에서 정상화의 기다림을 강화할 뿐이다. 그런데 이 주체적인 가능성들은 그가 떠나온 나라에서 그를 환대하던 일단의 집단들 안에서 유지되었던 것들이다. 이 경우, 망명은 자신의 고유한 세계로부터 뿌리 뽑힘이며, 결국 망명자의 삶은 최초의 삶과 전혀 관계가 없는 두 번째 삶이 된다.

자신의 나라를 떠나온 외국인은 따라서 자기 삶의 형식에 집착하는, 그래서 망명자라고 불리는 주체거나, 자신의 주체성과 단절하지 않을 수 없는 주체다. 첫 번째 주체의 경우, 탈영토화만이 한 삶을 보존한다. 사이드의 경우가 그 한 예다. 그는 알제리의 풍자적인 신문사에서 일하던 기자로, 경찰에게 잡혀 몇 주 동안 고문당한 뒤 1년 동안 숨어 살다가 고국을 떠나서 프랑스에 피보호권을 요청했다.[6] 또 다른 경우로, 미리암은 이란에서 그녀의 친한 여자 친구와 사랑에 빠졌다. 이 때문에 그녀는 학교에서 쫓겨나서 국영 공장에서 비서로 일하다가 정신병원에 입원하게 되었고, 결국 고문과 심문을 받은 끝에 프랑스에 피보호권을 요청했다.[7] 한 삶은 자기 나라의 삶의 형식 안에서 살 수 없게 되면 결국 자기 나라를 떠나지 않을 수 없게 된다. 망명은 이렇게 이런저런 방식의 거부와 밀접한 관계를 지닌다.[8] 그런데 이 거부는 신체를 경유한다. 외국인은 향수의 멜랑콜리에 의해 죽음에 이를 수도 있는 격렬한 고통에 이미 노출된 환원 불가능한 신체다. 이동은 고국에서 불가능해진 방황의 권리를 국가 밖에서 지속하는 것을 의미한다.

두 번째 주체의 경우, 그가 살던 사회 안의 구멍은 주체 안의 구멍에 의해 강화된다. 정치적인 동기로 혹은 환원 불가능한 개인적인 동기로 고국에서 도망친 이 여자, 이 남자에게 나라의 상실은 또한 자기 상실이다. 어떤 주체도 그가 절대적으로 유지하고자 하는 삶의 형식 속에서 변형과 상처를 입지 않고는 다시 그 삶의 형식에 놓일 수 없기 때문이다. 피보호권 요청은 불확실한 삶의 형식 안에서 주체에 의해 선택되었거나 체험된 삶의 형식을 변화시킨다. 그것은 삶의 형식을 유지하고자 시도하는 그녀 혹은 그를 정상화의 기다림 안에 빠뜨린다. 이 기다림은 삶을 통과 지역$^{zone\ transitoire}$으로, 즉 포기되지도 실현되지도 않는 둘 사이의 공간으로 변화시킨다. 그 결과로서의 주체성은 부분적으로 금지된, 전적으로 자신의 삶의 형식에 기입할 수 없는 주체성이다. 반면 망명한 주체는 이민을 통해 자신의 자아를 긍정하기를 희망한다. 비록 미래의 이민이 그 자아를 부분적으로 법률적인 공증에 의존하게 하고, 또 그 자아를 기다림과 부정적인 가능성에 의해 사회적이고 나르시스적인 상처에 노출시키면서 그 자아를 변형한다고 할지라도 말이다.

경제적인 이유로 자신의 나라를 떠나는 망명자는 생존을 위해 자기를 포기한다. 일 때문에 생겨나는 뿌리 뽑기는 선험적으로 무한하다. 그것은 모든 친근함을 지움으로써 보상받지 못할 상실을 창출하며 고국과의 격리, 모국어와의 단절, 또 그가 살던 곳과의 (그곳이 지방이든 도시든) 지리적 단절을 낳기 때문이다. 결국, 주체적인 모든 삶의 형식, 일상적 삶 전체가 멀어지고 상실된다. 그런데 그것은 우리가 다른 것으로 대신할 수 있는 결핍된 어떤 것이 아니라, 영원히 결핍된 결핍으로서 금지된 삶이다. 그것은 강제로 이끌린 삶의 장르를 억압하고, 금지된 고유한 신체corps propre 안에 육화되어 유령처럼 되돌아온다. 따라서 망명은 육화의 이면으로서 일상이 갑자기 단절된 이방성의 경험으로 이해된다. 이방성은 외국인을 특징짓는 것이 아니라, 과거 안에 육화된 삶의 모든 주름을 뒤에 남긴 채 떠나온 이주자를 특징짓는다. 자신의 나라를 떠나는 것은 그래서 더 이상 예전의 자기의 한계 안에서 새로이 솟아나는 자기를 보는 것과 같지 않다. 그것은 차라리 자기 자신에 대한 불확실한 증인으로서 나타난다.

두 배로 불확실한

불확실성은 여기서 두 가지 의미로 이해된다. 우선, 그것은 자아의 허약성 안에서, 여전히 자기일 수 있는지에 대한 불확실성 안에서 솟아난다. 만일 한 삶이 자기와 분리되어 자기 자신과 일치하지 않는 낯선 삶이 된다면, 이런 경험이 이주의 경험[9]을 넘어서 아주 일반적인 평범한 가치를 가질 수 있는지 물어야 할 것이다. 우리는 삶 안에 이물질처럼 갑자기 침입한 낯선 것에 의해 외국인이 될 수 있는가? 예를 들어 병처럼 삶과 죽음 사이의 경계가 문제가 되는 경우나, 일의 부재처럼 삶과 생존의 경계가 문제가 되는 경우에서처럼 말이다. 외국인의 경험은 외국인으로 지시되는 것을 넘어서 가능한가? 아니면 그런 경험은 낯선 것으로 향하면서 지시를 초과하는 것으로서 지시 그 자체로부터 잉태되는가? 주체로서 불확실한, 낯선 주체의 출현은 이전과 지금, 고국에서의 삶의 시간과 이주의 시간을 일치시킬 수 없는 어려움에서 나온다. 따라서 망명자는 자기 자신과의 관계에서 항상 자신을 초과하며, 그의 현재의 주체성은 이전 주체성의 부분적인 부정에서만 전개될 수 있다. 물론 '그녀' 혹은 '그'는 다른 나라로 여행하면서 고국에서 살 수 없었던 삶을 그대로 다시 살고자 할 수도 있다. 사실 떠남은 더 이상 집에서 가능하지 않은 떠남 자체에 충실하기 위해서가 아닌가? 우리는 자기 집에 대한 지나친 충실에 의해 자기 밖으로 기울지 않는가? 망명은 이렇게 새로운 삶의 기다림 안에 빠지는 것이다. 그런데 그 행복한 기다림은 항상 불확실한 출구의 가능성에 의해 조건지어진다. 왜냐하면 망명자의 삶은 과거의 자기에 대한 현재의 자기가 겪은 초과의 경험인 동시에 현재의 자기를 과거의 자기의 형식 안으로 이끌면서 그 초과를 저지하고자 하는 희망의 경험으로부터 일어나는 불확실한 삶이기 때문이다.

이어서 불확실성은 증언의 어려움과 연결되면서 두 번째 의미를 지닌다. 망명자는 다만 불확실한 출발자가 아니라, 실질적으로 자신이 어떻게 살고 있는지를 말하는 것이 거의 불가능한, 전혀 있을 법하지 않은 화자다. 우선 "내 이야기를 들어줄 당신들이 더 이상 여기에 없다"라고 말하듯, 그것은 가족과 가까운 이들의 죽음으로 그의 이야기를 들어줄 수 있는 귀가 더 이상 존재하지 않기 때문이다. 다음으로, 이주는 남아 있는 자들과 돌아온 자들에 의해 만들어진 "가족을 위해 일하러 떠났다"와 같은 강요된 이야기의 도식을 따라 전개되기 때문이다. 이때 이들은 다른 출발자들에게 들리고 전달될 수 있는 이야기의 논리를 구성하면서 각자 자신의 방식으로 이주의 이야기가 구성되는 지성체의 틀을 결정한다. 고국을 떠나지 않고 떠난 자가 보내주는 돈과 예정된 돌아옴의 리듬 속에 사는 사람들을 위한 이야기가 존재하듯이, 고국으로 돌아온 여자, 남자를 위한 공식적으로 선언된 다른 나라로의 여행 이야기 판본이 존재한다. 이 기대된 이야기는 끝없이 다시 확인된다. 이렇게 이주자들이 고국의 공동체 안에 지속적으로 속하고자 한다면, 존중해야 하는 이주의 이야기 장르가 존재한다. 끝으로, 이주의 경험—불확실성의 경험—은 새 언어의 기다림 혹은 모국어와의 새로운 관계(영어를 쓰는 사람들이 영국으로 이민하는 경우, 혹은 프랑스어를 사용하는 사람들이 프랑스로 이주하는 경우)의 기다림과 조우한다. 망명자는 마치 두 문화와 두 나라 사이에서 아직 존재하지 않는 것처럼, 두 언어 사이에서도 존재하지 않는다. 이것은 아마도 이민자의 운명일 것이다. 반면에 미래와의 강한 연대를 위해 망명자는 자신의 모국어를 저당잡히고, 새 언어의 도래를 위해 모국어를 포기할 수도 있다.

이런 의미에서, 망명자는 사회적 기회를 보존하기 위해 자기를 포기하지 않을 수 없다. 이 자기 포기는 이주하는 주체가 자신에게 강요하는 포기가 아니라 차라리 두 번째 기회로서, 그런데 전적으로 새로운 삶을 시작할 수 있는 가능성으로서가 아니라 다르게 자기 삶을 인도할 수 있는 가능성의 결과로서 체험된다. 망명은 여기서 타불라 라사$^{tabula\ rasa}$의 가능성과 만난다. "성인에게 가장 빈번한 환상들 가운데 하나는 자신의 삶에서 두 번째 기회가 존재한다는 믿음이다"[10]라는 말이 사실인가? 포기와 두 번째 기회 사이에 어떤 관계가 있는가? 실제로 이주자에 의해 지워지는 것은 '되돌릴 수 없음'의 필연성이다. 떠난다는 것은 사실, 한 삶이 빠져 있는 사회적 인과관계를 취소하는 것이기 때문이다. 자기 포기는 자기가 놓여 있는 사회적 조건의 포기일 뿐이다. 이때 두 번째 기회가 존재한다는 믿음은 환상이라기보다는 출발이라는 구체적인 가능성의 상상적인 판본이다. 출발은 (고국의 사회집단과 심지어 자기 가족과의) 단절의 형식을 낳으며, 정감적 관계의 이동을 낳는다. 따라서 자기 포기는 자기의 부정을 의미한다기보다는 이전 삶의 지표가 더 이상 만족시킬 수 없는 두 번째 기회라는 환원 불가능한 욕망을 의미한다. 자기 포기가 유발하는 멜랑콜리는 따라서 치명적이 아니다. 왜냐하면 자기 포기는 심지어 이전 자기의 국경을 넘어서 망명자의 새로운 자기를 낳을 수 있는, 더 나아가 부재의 경험을 넘어서 이전 세계를 다시 살게 할 수 있는 자기와 타자들 간의 마술적인 결합을 만들 유일한 과정으로 간주될 수 있기 때문이다. 이주자는 이때 자신의 가족을 보호하기 위해 가족을 포기해야 하는 것처럼, 또 고국을 보존하기 위해 고국을 포기해야 하는 것처럼, 자기를 보존하기 위해 자기를 포기해야 하는 것처럼 보인다.

어떻게 이 포기의 논리를 이해할 수 있는가? 포기와 보존은 서로를 배제하지 않는다. 반대로 망명은 고국을 넘어서 고국에, 가족을 넘어서 가족에게, 자신의 고유한 자아를 넘어서 자기에게 애착을 갖는 것으로 생각될 수 있다. 망명은 그 본성상 출발에서만 그 관계가 보존되는 타자들 삶 안의 자기 삶이면서, 동시에 본래 자기 삶 안의 타자들의 삶이다. 여기서 중요한 점은 이주자의 삶이 충만한 삶이었다는 것을 긍정하는 것도, 이주가 이 충만성의 취소라는 것을 강조하는 것도 아니다. 모든 삶이 그런 것처럼 이주자의 이전 삶도 부정적인 것 안의 삶이며, 옆에 놓인 삶이며, 심지어 아래에 놓인 삶이다. 반면 망명자는 이주 그 자체 안에서 고국과 타자들, 그리고 자기의 결핍을 긍정해야 한다. 이주는 더 이상 살 수 없는 고국의 상황으로부터의 탈출이지, 어떤 경우에도 고국 그 자체로부터의 탈출은 아니다. 망명자는, 고국을 실질적으로 떠날 때조차 고국을 동반한다. 쿠바에서 도망친 정치적 망명자는 쿠바의 다른 이름으로 행위한다. 이주는 나라를 제거하는 것이 아니라 그것의 특수한 국가적 형식, 다시 말해 한 나라가 국가가 되고 국민을 만드는 그 형식을 제거한다.

자기 밖의 삶

망명은 이제 자기를 포기하는 것이 아니라 자기 밖에 사는 것이다.
다시 말해 자기와의 혼탁한^{trouble} 관계 안에 존재하는 것이다. 자기
밖에 사는 데는 여러 방식이 있으며, 모든 삶은 자기 밖에[11] 존재한
다는 것을 긍정할 수 있다. 우리가 다른 삶들에 의존하고, 허약하
며, 사회적 규범, 권력관계 그리고 인정의 절차라는 그물에 걸려 있
는 한에서 말이다. 정확히 다시 말해, 삶이 자기 밖에 존재하는 것
은 긍정적으로 우리의 삶이 사회의 외적 지반들에 의해 조건지어지
기 때문이며, 동시에 부정적으로 이 지반과의 연결 안에서 불확실해
질 수 있으며, 또 가깝고 먼 폭력적인 주체들에 의해 상처를 입을 수
도 있기 때문이다.[12] 따라서 자기 밖의 삶은 어느 지점까지 자기 삶
의 조건으로서 가족적, 상호 주관적, 사회적 삶의 정상화 절차 모
두를 포함할 수 있다. 그런데 이주를 선택하면서, 망명자의 자기 밖
의 삶에서 이 절차들이 빠져나갈 수 있으며, 이로부터 그의 자기 밖
의 삶은 모든 사회적 비준의 부재와 (법적, 정치적 혹은 경제적) 실존
의 합법적인 확인 절차의 부재로 인해 사라질 수도 있다. 이런 상실
은 우연적으로 발생하는 것이 아니며, 그가 떠나온 조국의 구성 양
태들에 대한 신랄한 비판을 함축한다. 왜냐하면 한 실존을 비준하

는 국가적 양태들은 한 삶의 전개를 위한 충분한 조건으로 기능하지 않기 때문이다. 그 양태들은 다른 영토로 삶들을 이끄는 경제적 비참의 끝에서는 무능하다. 더욱이 그것들은 삶들을 비참 안으로 몰아넣어 결국 국가와의 관계의 단절인 이주로 이끈다. 그렇지 않으면 그것들은 정치적 폭력 안에 실존들을 가두며, 고집스러운 모든 주체성은 이제 그들의 유일한 가능성이 탈출뿐인 그 사회에서 추방된다. 국가를 구성하는 조작자들은 실존들에 자격을 부여하거나 박탈하는, 또 실존들을 남게 하거나 떠나게 하는 비준 혹은 파기의 중심적인 역할을 수행한다.

망명자의 삶은 또한 한 삶을 정당화하는 국가의 기본적인 지반과 단절한다. 그 삶은 국가 구성의 과정을 중단시키며, 국가 구성 안에 그것이 의존하는 책략들을 예측하게 하는 틈을 만든다. 망명자는 국가적인 것의 책략들을 노출시키면서 자신의 국가를 탈자연화한다^{dénaturalise}. 그는 저항하는 신체를 통해 국가의 작은 타협들^{arrangements}을 폭로하면서, 국가와 일치하지 않고 국가를 방해하는 주체가 된다. 망명자는 국가를 떠나는 것에 그치지 않고, 삶을 삶에 반하게 하는 국가의 해악을 폭로하고 국가를 불안하게 한다. 그의 삶이 국가적 형식 안에서 주조되었다는 것을 그가 부인하는 한에서, 그는 국가를 당황하게 한다. 개인은 국가를 초과한다. 그런데 이 초과는 주체적인 공허의 초과가 아니다. 그것은 국가의 형태를 비판하며, 국가적 종속의 패권적 형식들을 거부한다. 이런 이유로 떠나는 자는 언제나 미움받는 존재이며, 결국 조국의 잠재적인 적이 된다. 그는 국가의 자기 집에 거주하기를 거부하면서, 국가가 그를 포함할 수도 수용할 수도 없다는 것을 암시한다. 이때 이동^{déplacement}은 국가의 투자^{placements}에 대한 비판과 같다. 이동은 자신의 조건들에 불만족한 방황하는 주체성하고만 관계하는 것이 아니라, 국가를 형성하는 패권적 형식들을 볼 수 있는 떨어진 시선의 가능성을 설립한다. 이제 국가는 국가가 포함할 수 없는 이동의 희미한 빛에 의해 최종 심급의 위조자임이, 일련의 절차임이, 역사적인 구성물임이 드러난다. 국가는 국경이 되기 위해, 다시 말해 국가를 국가로서 산출하는 일련의 구분하는 기호가 되기 위해, 국민 혹은 땅의 귀속성과 끝없이 관계한다. 사실 국가는 국가로서 반복되면서만 존재하기 때문이다. 국가는 국민을 포함하는 용기^{容器}가 아니라, 일련의 정치적인 수행의 반복들이다. 국가의 표지들의 반복은 국가 실존의 조건이며, 바로 이 반복이 국가를 재현하면서 국가를 산출한다. 대조적으로 떠나는 자는 국가의 통합하는 힘을 넘어서 가는 것에 만족하지 않는다. 다시 말해 그는 국가의 태반에 구멍을 낼 뿐 아니라, 국가 규범들은 다만 반복에 의해서 존재할 뿐임을 강조하면서 규범들을 불안하게 한다. 망명자는 국가의 차단기다. 그는 국가의 토대를 폭로하고, 국가를 침묵하는 자연이 아니라 반복된 구성으로서 나타나게 한다. 망명자의 이동이 비판하는 것은 바로 이 구성이다.

정치적인 망명자

이 비판의 원동력은 무엇인가? 일단 이동의 동기들에 관심을 가져야 한다. 그 동기가 경제적 비참 때문인지 아니면 정치적 지배 집단의 폭력 때문인지에 따라 이동의 의미는 달라진다. 후자의 경우 이주는 다만 경제적 위기를 대처하지 못해서 자신의 나라를 빠져나가는 함축적인 비판이 아니라 명시적인 비판이다. 여기서 말하는 비판은 국가에서 벗어나고자 하는 주체가 조국에 가하는 평가를 함축한다. 다만 이런 비판은 그의 고국에서는 대부분 침묵으로 환원되는 경향이 있다. 그곳에서 망명은 불법적인—병리적이고 범죄적인—이탈로 이해된다. 이때 비판은 기존 질서에 대한 잠재적인 반박을 가져올 수 있을 때에만 일어날 수 있다. "국가의 안정을 지켜야 한다"는 국가적 명령은 고집스러운 주체성을 주변화하면서, 그를 비가시적으로 만든다는 것을 함축한다.

자신의 나라의 패권적인 형식들을 반박하는 미래의 정치적 망명자는 고국에서 이탈자로 나타난다. 망명하지 않을 수 없는 지경에 이르기 전에, 이미 그는 자신의 나라에서 무용한, 길을 잃어버린 자로 간주되기 때문에 어떤 자리도 가지지 않는 자다.

집단에 대해서 그리고 자기 자신에 대해서 '무용한'—그가 속한 집단에 무용하기에 자기 자신에게도 무용한—자는 공동체를 '저버린다'. 그는 더 이상 자신에 대해서뿐 아니라 그가 속한 집단에 대해서 어떤 이익—물질적 혹은 상징적인—도 가져오지 않는다. 그는 '길을 잃어버린', 그 말의 본래적 의미에서뿐 아니라, 비유적 의미에서 길을 잃어버린 자다. (…) 물리적 세계 안에서 혹은 모르는, 또 적대적인 사람들 가운데서 자신을 잃어버린다. 정향을 위해 필요한 범주들이 더 이상 없는 이유로 그들은 더 이상 자신이 어디에 있는지 어디로 가야 하는지를 모른다.[13]

사야드는 국가가 미래의 망명자들의 잠재적인 비판을 손아귀에 다시 넣기 위해 행하는 임시적인 유화정책의 조작을 소개한다. 미래의 망명자는 반드시 국가 공동체와 그를 구성하는 집단 안에서 정향을 위해 필요한 범주들을 상실한 자일 필요는 없다. 그는 국가에 비판을 가하는 자로서 범주들의 뇌관을 제거하고, 그것들의 보편성을 반박하면서 그것들을 우연적인 것으로 만드는 자다.

이런 맥락에서 떠남은 잠재적인 비판을 불법화하는 고국에 대해 궁극적인 비판을 행하는 것과 같다. 왜냐하면 망명은 다른 형태 아래 비판을 계속 수행하는 것과 같기 때문이다. 사야드가 '망명 운동가'[14]의 모습에서 불러내는 망명의 이 특수한 형식은 암묵적이고 체화된 평범한 복종의 세계와 단절한다. 여기서 문제가 되는 것은 궁극적인 망명이다. 대개 개인에 의해 행해지는 고국과의 물리적인 단절은 국가에 의해 공식화된다. 고국을 떠나서 열외에 놓인 망명자는 국가의 가르침을 잊고, 다른 나라에서 비판적인 방식으로 그것을 폭로할 수 있는 지위에 놓인다.

정치적인 망명은 따라서 고국과의 어떤 연계도 끊지 않고 고국을 떠나는 경제적 망명과 전적으로 구별된다. 전자가 사회적 무질서로, 국가와의 계약을 파기할 뿐 아니라 국가의 규범들을 전복한다면, 후자는 정상적인 절차로, 국가와의 계약을 연장하는 것이라기보다는 국가 경제 유지에 필요한 지하경제를 가능케 하면서 국가와의 계약을 제한적으로 실현하는 경험적인 타협들을 연장한다. 전자가 "국가의 원칙에 속했던 것들과의 단절"[15]이라면, 후자는 가족 혹은

한 집단의 생존을 책임지면서 국가와의 연대를 유지한다. 망명은 이
때 국가 질서에 구멍을 내는 비판이거나, 평범한 삶의 병원일 수 있
다. 다시 말해 전복적인 행위거나, 저항구축resilience[•]의 초영토적 형
식으로 볼 수 있다.

첫 번째 경우, 망명자는 피보호권 요청자로서 정의되기를 바란
다. 다시 말해 그는 자신의 이동이 그 혹은 다른 주체들이 겪은 정
치적 악에 의해 태어났다는 것을 강조하고 싶어한다. 망명자가 고
국을 떠나기로 결정하는 순간 그는 아직 난민이 아니다. 그는 정치
적 이유로 그를 환대하는 나라의 동의에 의해서만 정치적 난민이
된다. 그가 정치적 난민이라는 지위의 혜택을 받기를 원한다면, 스
스로 정치적 희생자라고 생각하기 때문이다. 그런데 피보호권 요청
을 가능하게 하는 조건인 이 '희생' 개념은 어떤 정해진 지위를 보증
하지 않는다. 오히려 한 정권의 희생자로 사는 것은 '어디에도 존재
하지 않는 자'로, 장소의 부재로, 비가시성으로 선고되는 것이다. 사
실 정권은 집행 도구, 패권적 지위, 권력의 요람 등을 반복적으로 실
행하면서 복종의 형식들을 민중에게 강요할 뿐 아니라, 그와 같은
종속을 타고난naturelle 것으로 만들기 때문이다. 복종을 타고난 것으
로 만드는 것naturaliser은 모든 권력의 특징이다. 그런데 이 특징은 비
판이 부재하는 곳에서는 더더욱 확산된다. 이러한 상황에서 민족정

[•] 'résilience'는 본래 물질의 탄성력을 의미한다. 심리학에서는 정신적 트라우마 이후
예전의 상태를 회복할 수 있는 개인의 능력을 뜻하는 용어로 사용되며, 더 나아가 정
치-경제적인 용어로는 정치-경제적 위기 이후 재도약할 수 있는 집단의 능력을 의미
하기도 한다. 이 용어는 푸코의 '자기에의 배려'에서 '자기에 의한 자기의 재구축'의 능
력과 연결해서 현대의 생명-정치학의 주제를 형성하기도 한다. 이 말이 이렇게 '저항
résistance'하고 '구축construction'하는 힘pouvoir을 동시에 포함하는 한에서 '저항
구축(력)'으로 옮긴다.

화의 희생자가 되는 것, 사회적 도덕 때문에 남용된 정신 치료의 희생자가 되는 것, 정치적인 견해로 인한 고문 피해자가 되는 것 그리고 임의적인 투옥의 희생자가 되는 것 등은 희생의 주체로서 비가시적이 되는 것이며, 이러한 희생의 범주에 속하는 본질을 평가할 수 없는 불가능성에 직면하는 것이다. 세르비아 민족정화의 희생자들은 집이 불태워져 마을에서 쫓겨나 희생자로서 인정받지 못한 채 이 마을에서 저 마을로, 이 지방에서 저 지방으로 옮겨다니지 않을 수 없는 이주자다. 그들이 국가가 형성되는 방식들을 반박할 수 있는 것은, 다만 조국을 떠나 망명자가 되고 나서일 뿐이다. 독재 정권은 정치적 희생자들에게 어떤 자리도 허락하지 않는다. 당연히 희생자는 국가가 모든 국민에게 약속하는 국가 귀속성이 더 이상 존재하지 않는 주체다. 희생자로서 나타나는 것은 비실존을 반박하는 것이며, 국가의 틀을 탈자연화하고 패권의 요람을 반박하는 것이다. 희생자는 희생자 그 자체로 노출되면서만 희생자가 된다. 그런데 국가 밖으로의 이동은 이런 노출을 가능하게 할 뿐 아니라 그것을 폭로하고 들리게 한다. 물론 국가 안에도 주변의 공간과 연결된 반박의 영역이 존재한다. 희생자로 정의된 망명자는 국가의 국경 밖에서 비판적인 담론을 구성할 수 있으며, 그 담론은 국경들 안에서 대안적인 통로들을 거쳐서 점진적으로 확산될 수 있을 것이다.

그런데 이 희생자는 언제 희생자로 존재하게 되는가? 그가 떠나온 조국에서 희생자는 보이지 않으며, 도착한 나라에서도 그가 난민의 지위를 가지지 않는 한, 그의 목소리는 들리지 않는다. 망명자가 희생자로 존재하기 위해서는 피보호권 요청자의 지위를 획득해야 한다. 그런데 누가 피보호권 요청자인가? 이미 다른 나라로 들어와서 법적 처리에 따라 피보호권 요구가 거부될 수도 있고 추방에 이를 수도 있는, 혹은 1년이나 몇 개월의 임시 체류 허가를 받을 수 있는 법적 서류들과 한정 없는 기다림으로 형성된 법망 안으로 들어온 망명자인가? 아니면 아직 망명자가 아닌, 그런데 피보호권 요청 동기에 따라 곧 망명자가 될 준비가 된 외국인인가?

비참한 망명자

모든 경우에 망명자는 이민의 논리 아래서 사라지도록 정해진 유령적인 주체다. 그래서 망명자를 생각하는 것은 그의 도착지만을 생각하는 것이 아니라, 그의 이주의 원인을 생각하는 것이다. 망명자는 문화와 언어와 가족과 친구들을 떠난다. 그는 보통 도착한 사회 안에서 그가 될 이민자의 입장에서 유령 집단의 한 구성원이 된다. 이민의 논리 안에서, 한 삶은 노동력이 아닌 다른 것으로 말해질 가능성과 가족과 친구와 문화에 의존할 가능성에서 멀어진다. 물론 망명자는 미래의 노동자, 대부분 자격증이 없는 노동자이며, 대개 착취의 대상이다. 그런데 그 기원에서 보면, 망명자는 우선 그의 모든 가족을 부양하기 위해 자기 집을 떠나지 않을 수 없는 가난한 자다. 가난한 자들 사이에서 능력이 있는 자(일 처리 능력, 언어적인 능력, 교섭의 능력 등)는 떠나야 하는 자로 선출되고, 그는 자기 집에 머물 수가 없다. 이주자는 다른 곳을 향한 꿈을 가지고 자기 집을 떠나는 욕망의 주체로서 제시된다. 그런데 집단적인 결정에 의해 떠나지 않을 수 없는 주체에서 보듯이 그는 욕망의 주체라기보다는 국내의 경제 논리 안에 붙잡힌 주체다.

> 우리는 사고팔기 위해 누구를 시장에 보내는가? 당신은 당신이 믿을 만한 사람을 시장에 보내지, '바가지를 쓸 수 있는' 아이를 보내지는 않는다. (…) 프랑스는 시장이다. 아주 다른 시장, 하루가 아니라 몇 달, 몇 년 계속 지속되는 큰 시장이다. 시장이 멀면 멀수록 더 주의해야 한다.[16]

망명자는 가난할 때 자기 집, 즉 그에게 속한 몫을 포기해야 한다. 이제 그는 고향에서조차 추방된 몫이 없는 자가 된다. 그는 그의 문화, 언어, 관계들을 자신의 몸 안에 가지고 온다. 그런데 이 신체는 뿌리 뽑힘이 정해진, 어디에도 존재하지 않는 신체다. 시몬 베유가 상기시키듯이, 인간의 살로 산업을 부양하기 위해 자기의 고향을 떠나지 않을 수 없었던 노동자처럼, 가난한 이주자는 저주받은 주체이며, 주체임에도 불구하고 뿌리 뽑힌 자이며, 그의 실존은 본질적인 실존—그런데 부재하는, 잃어버린 땅으로 멀리 물러난 실존—과 비본질적인 실존—그런데 현재하는, 불법노동의 경제적 생존 안에서 상처받은 실존—으로 잘려진다. 가난한 망명자는 이민 노동자의 옷을 입고, 그와 같은 조건 안에 놓인 다른 실존들—탈퇴한 실존들, 국민에서 제외된 실존들—하고만 나눌 수 있는 실존을 위해 점차로 본질적인 실존을 잃어버리고 유령이 되어간다.

영원한 이주자들

영원한 이주자들

망명에서 이민으로의 이행은 자동적이지 않다. 그의 조국이 이 주자들에게 이미 정해놓은 숙명에 의해 조건지어진다. 이민은 임시 적으로 망명자의 조건을 제거할 수 있는 힘이며(그런데 뒤에서 보겠지 만, 이민자의 모습 안에 망명자의 조건으로의 회귀는 지속적인 현상이다), 또한 이주자의 조건을 제거할 수 있다. 이민자는 사실 그가 도착한 나라에서 최소한의 자리를 발견할 가능성에 의해 망명자의 지위를 넘어서기 때문이다. 따라서 그는 다만 낙오자가 아니라, 새로운 사회 적 계층을 찾는 존재이기도 하다. 그런데 이민자가 원하는 이 새로 운 사회적 조건은 대개 그에게 제시되는 사회적 증명의 형식들에 의 존한다. 즉 그 조건은 망명의 주체가 전혀 체화하지 않은 규범들에 의존한다. 사실 망명의 경험은 많은 경우에 불수리 판정에 부딪힌다. 그것의 가장 극단적인 형태는 추방이지만, 대개의 망명자는 도착한 나라에서 착취의 대상인 새로운 프레카리아트[*]를 양산하는 중간 지위의 영원한 이주자로 해석된다. 이런 조건에서 망명자는 지위가 보장된 이민자라기보다는 전적으로 안에 속하지도, 그렇다고 밖에 존재하지도 않는, 환대국의 여백에, 어떤 법적 실재와도 일치하지 않는 여백에 놓인 불확실한 이민자다. 외국인은 더 이상 이주하는 망명자도, 아직 망명한 이민자도 아닌 자다. 법적 지위의 결핍으로 인해 외국인은 자기 집을 발견할 수 없는 이주하는 이민자가 된다. 이주자는 본래의 자리로 돌아갈 수 없는 옮겨진 자$^{\text{un déplacé}}$이며, 다시 어떤 사회적 지위도 회복할 수 없는 계층에서 제외된 자$^{\text{un déclassé}}$다. 결국 이 둘 사이에 놓인 외국인은 자신의 조국에서도 도착한 나라에서도 한 삶을 살 만한 것^{viabilité}으로 만드는 국가적 조건들을 잃어버린 주체로서 지각된다.

다음은 이주자의 삶, 옮겨진 삶의 예다.

시아올리 린은 중국에 살았다. 한 가족의 셋째 딸인 그녀는 어느 날 집을 떠나야 한다는 사실을 알게 된다. 그녀는 다른 소녀들과 함께 비행기를 타고 다시 며칠을 트럭으로 여행해서 결국 파리의 한 의상 아틀리에에 떨어졌다. 신분증도 없이, 지하에 갇혀서 일곱 달 동안 빛을 보지 못했다. 결국 도망쳐서 됭케르크에 이르러 경

---

[*] 프레카리아트précariat는 précarité(불확실성)와 prolétariat(프롤레타리아)를 혼합해서 만든 신조어로, 일정한 직업 없이 손에 잡히는 대로 일하는 (비정규직의) 모든 종류의 노동자와 실업자를 새로운 사회 계급으로 지시하는 말이다.

찰에게 넘겨졌다. CAP(직업 교육원)에 등록을 하고 이어서 BEP(전문직 자격시험 준비반)에 등록을 했다. 어느 날 프랑스를 떠나라는 통지를 받고, 이어서 석 달마다 갱신해야 하는 임시 체류증을 받았다.

레스토랑 전문직 시험 준비반 학생 리 마오 첸은 어머니에 뒤이어서 17세에 프랑스에 와 상티에의 봉제공장에서 살았다. 2007년 체류 합법화 요청을 했으나 프랑스 영토를 떠나라는 대답을 받는다. 그는 중국 식당에서 검거되어 경찰서에 유치되어 있다가 다시 뱅센의 불법이민자 수용소로 옮겨진 다음 결국 풀려났다.

세네갈에서 태어난 파투 칸은 1999년 다카의 프랑스 영사관에서 부모에 의해 1만6500유로에 팔려 한 프랑스인과 결혼한다. 이 18세 소녀는 학업을 중단하고 리옹에서 남편과 한 아파트에서 살아야 했다. 그녀의 지위가 정상화될 즈음인 2년 뒤에 남편은 이혼을 요구하고, 그 이후로 그녀는 3개월마다 갱신되는 체류증을 받게 된다.[17]

위의 이야기들이 보여주듯이 통합은 실재적이 될 수도 있다. 그러나 통합은 항상 조건적이다. 도착한 나라에서 체류 가능성 그 자체는 체류증의 부재로 불확실해지기 때문이다. 그래서 지붕이 없다는 것은 반드시 집이 없다[18]는 것을 의미하지 않는다. 그것은 체류증이 없다는 것을 말한다. 다시 말해 강제로 이리저리 옮겨질 뿐 아니라, 이런 옮겨짐 그 자체 안에서 항상 그 이상으로 옮겨진다는 것을 의미한다. 도착한 나라에서의 이러한 이동은 이주자를 어떤 안정된 자리로도 인도하지 않는다. 체류 가능성은 이런 옮겨짐과 더불어서 사라진다. 왜냐하면 그 가능성을 조건짓는 법적 지위가 자주 거부되거나 임시적이기 때문이다. 산다는 것은 체류증 획득을 의미한다. 자기 집의 가능성은 따라서 자기 집 아래 놓여 있는 법적 형식들에 의존한다. 이 법적 형식들은 상대적으로 평범한 삶을 보증받은 본토인들에게는 보이지 않지만, 자기 집의 보증이 없는 옮겨진 자들에게는 차단벽이 된다.

통합 개념의 변동은 이주의 논리를 더 극적으로 만든다. 1984년 프랑스에서 창출된, 통합의 이념에 부합해 자동 갱신되는 10년짜리 영주권이 이민자의 정상화에 기여했다면, 이 증을 다시 문제삼은 일은 그들의 법적, 사회적 지위를 더욱 불안정하게 했다. 지난 몇 년간 여러 법적 장치의 개입, 특히 2007년 오르트푀 법의 개입으로 발생한 변화들은 체류-통합의 관계를 해체했다. 이전에 체류증이 최상의 통합을 허락할 수 있었다면, 이제 체류증은 "통합의 담보(프랑스 사회에서 공화국적 통합의 증거를 제시하는 것)"가 되며, 그것만이 "영주권 획득"을 허락한다.[19] 그 법의 직접적인 결과는 피보호권자를 제외한 그녀 혹은 그가 프랑스인을 남편이나 아내로 맞은 사람이든, 프랑스 국적을 가진 아이들의 부모든, 또 열 살 이전에 프랑스에 들어온 아이든 간에 더 이상 예외 없이 영주권을 받는 것은 아니라는 것이다. 그에 따른 간접적인 결과는 체류-통합의 이념과 그 연장으로 영구거주의 가능성 그 자체의 정지다.

이제 외국인은 환대국 안에서조차 계속적으로 옮겨지면서 영원한 이주자[20]가 되어간다. 외국인의 타자성은 이주의 영원성에서 구성된다고 말해야 하는가? 외국인을 주변화하는 지시를 넘어 의미를 형성할 수 있는 감추어진 텍스트가 있는가? 이 경험이 지시를 단절시킬 수 있는 긍정적인 체험으로 바뀔 수는 없는가? 극단적인 형태로 우리는 이민자도 망명자도 아닌, 이주와 함께 동시에 또한 그것을 넘어서 획득한 독립과 인식의 에토스를 가진 '근본적인 외국인'의 모습을 상상하는 것도 가능하다.

외국인, 다시 말해 대부분의 이민자가 접근하지 못하는 특권적인 범주에 속하는 구성원은 가장 좋은 경우에 두 국적과 두 언어, 두 조국, 두 문화와 연결된 이득들을 축적할 수 있다.[21]

두 언어, 두 문화를 자유롭게 넘나들 수 있는 외국인의 삶은 어느 곳에도 애착을 가지지 않는 무관심의 회의주의를 산출할 수도 있다.

망명이 "세계에 대한 시선을 날카롭게 할 수 있다"[22]고 할지라도, 그 수용의 사회적 조건들은 대부분 배제의 질서에 속한다. 프랑스에서 유럽공동체에 속하지 않는 외국인은 어떤 종류의 선거든 참여할 권리가 없다. 이동은 모든 사회적 지위의 박탈로 작용한다. 마치 다른 나라에 합류하기 위해 한 나라를 떠나는 것이 모든 국가와의 계약이 끝나 무국적자가 되는 것을 의미하는 것처럼 말이다. 이동은 조국에서의 모든 지위를 잃어버리는 것이기 때문이다. 다시 말해 가족에의 소속, 사회적 자리, 사회적—직업적, 문화적—환경의 구속이 더 이상 신체 위에 실행되지 않을 뿐 아니라, 한 삶을 인증하는 국가적 권위도 사라진 듯 보인다.

이런 탈출은 추방과 같다. 왜냐하면 이동은 그것이 국가 계층에 봉사하는 예외적인 조건에서만 견딜 만하고, 권장할 만하기 때문이다. 사업차 하는 여행, 직업적인 이동은 국가 경제에 의존하며, 국가 경제의 발전은 그 구성원의 원활한 이동을 필요로 한다. 반면에 정치적 희생자와 빈곤한 자는 국가 계층에 대한 함축적 비판에 의해 평가되는 이동의 정당한 동기에서 그 출발이 좌우된다. 전자의 경우 국경 불법 통과에 의해 고발되는 것은 본국의 정치체계이며, 후자의 경우 다른 곳에서 일을 찾기로 결정하면서 폭로되는 것은 국가의 경제적 과실이다. 이런 이유로 해서 이주자의 이동은 본국에 의해 거의 허락되지 않는다. 그와 같은 비판에 대한 가장 일반적인 고국의 대답은 자격 박탈된 이주자들에 대한 무관심이다. 국가는 그들을 불신하고, 더 이상 그들에게 관심을 보이지 않는다. 이주자는 국적을 상실하며, 국적 상실은 불수리 판결과 같으며, 그들이 다시는 고국으로 돌아올 수 없다는 것을 의미한다. 귀환이 일어난다 해도 그것은 귀환이 아니다. 떠났다가 돌아온 자는 주변화되고, 물리적, 심리적으로 위협받으며, 천민처럼 격리되고, 국가의 계층화를 영원히 위협하는 어디에도 존재하지 않는 자로 간주된다. 떠났다가 돌아온 자는 따라서 이중적으로 외국인이다. 환대국에서의 이방인은 고국에서도 이방인이 된다.

이민자, 따라서 외국인
이민자, 따라서 외국인

들이닥친 자로서 이민자

우리는 실제적으로 이민자가 될 수 있는가? 이민자는 지속적으로 혹은 영구히 외국에 정착한 사람^{personne}이다. 그런데 '이민자'의 지위는 프랑스의 의료보험에서 보듯이 특별한 지급을 받는 자이기도 하다. 실제로 서류상에 나타나는 이러한 연결은 전적으로 동화된 이민자의 이상형에 의존하는 한에서 극단적으로 조건적이다. 이것은 이민이 동화의 자질로부터 나온다는 것을 전제한다. 그런데 충분한 법적, 사회적 지반이 없는 이민자는 그런 자질을 갖추지 못한다.

이민자는 법적으로 통합될 수 있는 주체이기는 하나, 실제로는 불확실한 주체다. 그의 미래의 실존은 이론적으로 그가 도착한 나라와 계약을 맺을 수 있는 능력에 의존한다. 프랑스 이민·통합 사무국^{OFII}은 2005년 이래로 모든 외국인에게 도지사가 서명한 '환대와 통합의 계약^{CAI}'을 제시한다. 이민법 조항 L.311-9 "외국인과 피보호권자의 입국과 체류에 대한 법령"은, 특히 처음으로 프랑스에 체류가 허가된 외국인이나 16세에서 18세 사이에 프랑스에 합법적으로 들어온 외국인 그리고 지속적으로 프랑스에 머물기를 원하는 외국인은 프랑스 사회 안에서 공화국적 통합을 준비해야 한다는 것을 예시한다. 2006년 12월 23일부터 시행된 2006-1791 법령은, 외국인은 국가와 '환대와 통합의 계약'을 맺어야 한다고 결론짓는다. 이 계약은 프랑스와 그 나라에 지속적으로 정착하고자 하는 사람들 사이에 "상호적인 신뢰와 의무"를 세우는 것을 목적으로 한다.

서류상의 외국인은 사회에 잘 통합될 수 있는 조건들을 충족시킬 때만 도착한 나라에서 환대받는 계약자다. 이 조건들, 특히 언어적인 명령(그 나라 말을 잘해야 함)과 경제적인 명령(일을 해야 함)은 이 계약의 공증을 가능하게 한다. 좋은 외국인은 말하자면 환대하는 나라와의 결혼에 부응하는 지참금을 가지고 오는 자다. 이 조건이 충족되었을 때에야 외국인과 그가 선택한 국가의 결합이 선언될 수 있다. 이 제한적인 조건은 우리에게 이민은 절대로 단독적인 행위가 아니라 대부분 이민 정책에 의존한다는 것을 보여준다. 예를 들어

1988년 설립된 프랑스의 국제이민국^{OMI}의 전신인 국가이민국^{ONI}은 1945년 국가 경제 발전을 위해 노동자들을 끌어들이려고 창설되었다. 국가의 이민 논리는 물론 이민자가 가져올 수 있는 경제적인 유용성, 그가 노동시장에 부가하는 가치에 의해 움직인다. 그런데 그것이 점점 더 환대의 개념을 재정의하는 통합과 연관해서 생각되는 경향이 있음을 지적해야 한다. 이제 환대는 이민자를 있는 그대로, 즉 자신의 나라를 떠난 망명자로 받아준다는 것을 의미하지 않는다. 그것은 그를 중성화된 실존적 모습을 지닌 잠재적으로 텅 빈 한 주체로 받아준다는 것을 말한다. 이런 주체는 다만 미래의 주체를 위해 이전의 주체를 지울 수 있는 능력을 갖춘 자일 뿐이다. 통합의 조건에서 행해지는 환대는 국가에 동화될 수 있는 외국인과 그렇지 않은 외국인을 구분하면서 입국의 흐름을 조정하는 것을 허락한다. 이 구분의 기준은 국가의 사정과 기준들에 따라 변한다. 프랑스에서 체류증의 획득은 "인종적 동업조합주의"[23]에 의존한다. 즉 기업의 일자리 제공을 정당화할 수 있는 프랑스 대학에서 학위를 받은 외국인 학생들에게 영구 체류증을 발급하지 않는 방식을 통해 그 자격을 박탈하면서 가장 명성이 난 직종들은 자국민에게만 할당하고자 한다.[24] 더 나아가 그 선별은 국가에 해가 될 수 있는 이주자들의 흐름을 막으면서 통합될 수 있는 좋은 이민자와 추방될 나쁜 이민자를 구분하고 거부하는 국경을 감시하는 정치적 틀 안에서 작동한다.[25] 파트리크 베유가 강조하듯이 이민자는 왔다가 다시 자기 나라로 돌아갈 수 있는 왕래의 권리를 가진 '이주자'다.

　이민자는 법적으로는 계약자고, 실질적으로는 들이닥친 자다. 들이닥친 자란 무엇인가? 그것은 침입한 주체다. 다시 말해 도착한 나라를 혼란스럽게 만드는 자다. 이민에 대한 이전의 담론이 이주 현상을 "단순한 인력 이동"으로 설명했다면, 이제 "이민은 이민자와 함께 다른 나라에 들어오는 이민자의 역사와 전통, 살고 느끼고 행동하고 사유하는 방식, 언어와 종교, 모든 정치적, 사회적, 정신적 구조"[26]라는 사실을 강조해야 한다. 이민자는 대개 가난한 나라 혹은 전쟁 중인 나라로부터 탈출한 망명자들이다. 결국 이민자는 그가 떠나온 나라의 문제에 얽힌 자로, 독재나 전쟁 때문에 그가 거부하는 혹은 생존을 위한 최소한의 경제적 자원도 박탈하면서 그를 거부하는 국가를 자신 안에 간직한 자다. 따라서 이민자는 그 자신의 나라 안에도 밖에도 속하지 않는 자다. 다시 말해 그가 저버린 나라의 형식 안에 전적으로 속하지도, 전적으로 그 밖에 있지도 않은 자다. 그는 조국을 항상 그 자신 안에 지니면서 조국을 초과한다. 그는 자기 나라의 역사와 문화의 주름이면서 동시에 방황하는 모나드, 즉 자신의 고유한 세계를 짊어지는 자이면서 조국과 도착한 나라 사이에서 자기를 발명하기를 열망하는 자다. 이민자는 비록 목소리를 빼앗긴 채 지하에 머문다고 할지라도 참신한 문화의 창발자이며, 새로운 주체성의 양태들을 만드는 자다. 그는 시의적절하지도 않고 두 국가의 종합에 의해서도 조절되지 않는 삶의 양식에 의해 국가의 인종차별적 동기들을 탈구축할 수 있는 참신한 문화적 자원을 제공한다. 이민자에 의해 도입된 다른 문화적 자원들은 "탈구축 작업을 가능"[27]하게 하며, 법적으로 더 열리고 더 환대적인 국가의 새로운 규범들의 창출을 용이하게 한다. 더 나아가 이민자는 더 이상 자신의 문화, 자신의 언어에 의해 정해지지 않을 수도 있다. 왜냐하면 이민자는 대개 현재하는 동시에 금지된, 접근 가능한 동시에 접근 불가능한 삶인 망명에 의해 정의되기 때문이다. 왜 망명자는 이민자가 된 자에게 존재하지 않는 주체성처럼 나타나는가? 그것은 이민자의 지위가 그 자신의 것인 망명자의 조건을 아직도 자신 안에 모두 흡수하지 못했기 때문이다.

잠정적인 체류 외국인으로서 이민자

우리는 이민자를 이민자라는 자신의 지위 안에 망명자의 조건을 다

흡수하지 못한 지속적인 이주자로 간주할 수 있다. 망명이 사라지지 않는다면, 망명이 이민자 안에서 내적 망명의 주제를 제공하기 때문일 것이다. 이민자는 자신의 중심에서 더 이상 존재하지 않는 주체, 다시 말해 예전의 자기로 돌아갈 수 없는 부재로 짜인 주체로서의 자신을 발견한다. 자아에 어떤 연속된 이야기를 제시하지도 못하면서 자아 안에서 부유하는 것은 이민의 여러 후유증 가운데 하나다. 이민자의 '자기'와 망명자의 '자기'는 일치하지 않는다.

   망명자가 친지 혹은 친구들과 관계를 유지하면서 자기에의 일관된 접근을 보존한다면, 이민자는 대개 물리적, 심리적으로(또한 사회적, 문화적으로) 그 관계들 밖으로 던져진다. 그 관계들은 지속되지만 부재의 경험에 의해 변형된다. 아버지와 어머니의 부재, 남편의 부재, 누이의 부재는 무엇을 의미하는가? 고향으로 돌아가는 것은 이 자기와의 분리를 보상하지 않는다. 압델말렉 사야드는 이민자의 삶에 대해 다음과 같이 말한다.

   너는 얼마 동안 프랑스에 머물기 위해서 여기에 왔다. 마치 얼마 동안 여기에 살 것처럼 그렇게 왔다. 잠정적인 것처럼. 그런데 1년이 가고 또 1년이 가고 5년, 10년, 20년. 결국 은퇴할 나이가 되었다! 네가 이 모든 시간을 계산하면, 그것이 바로 우리의 실존이다. 30년 중에 (…) 그들이 실제로 느끼고 산 시간, 내가 '느끼고 살았다'라고 부르는 시간은 얼마나 되는가? 열두 달 중 한 달이다. 그들은 그 한 달을 살기 위해 열한 달을 일한다. (…) 12년을 열두 달로 나누면, 망명자는 1년에 한 달, 12년에 1년을 자기 집에서 자기를 느끼며 살았을 것이다![28]

이런 이민자는 망명자로 남는다. 그의 진정한 삶은 환대국에 있지 않고, 그가 떠난 고국에 머문다. 이민자는 고국에서의 한순간의 진정한 삶을 기다리면서 삶이 아닌 삶을 살거나(그런데 삶이 아닌 삶을 사는 것은 무엇인가?), 그의 가족이 결국 그가 사는 곳으로 와서 같이 살게 되기를 희망하거나, 그것도 아니라면 가족에게 접근하는 것이 금지된 목신과 같은 삶을 산다. 어떤 이민자도 조각난 삶의 형식 아래에서는 자신의 정체성을 유지하는 데 이르지 못할 것이다.

이 비극적인 단절들 아래에서, 이민자는 어떤 나라에도 속하지 않는, "모든 종류의 영구적인 기입의 끝없는 거부와 연루된",[29] 탈정체화된 현대의 이주자가 지닌 주체성의 윤곽을 그리고자 시도할 수 있다. 낯선 삶들을 이민자 혹은 망명자의 지위 안에 가두는 지시들을 넘어서, 부분적으로 예측할 수 없는 낯선 발명들을 낳기 위해 그 경험의 흐름을 벗어나는 이주의 경험들이 솟아난다. 어떻게 이민자로, 망명자로 지시됨에도 불구하고, 어디에도 존재하지 않으면서 전혀 자기 자신을 위해서가 아니라 다른 이들을 위해 사는 이주자로 살 수 있는가? 우리는 지시들을 새로운 경험의 동기로 만들기 위해 그것들을 자기화할 수 있는가?

이주자가 되는 것은 정확히 지시의 흐름을 초과하는 것이며, 욕망되지 않는 주체로서, 즉 파리아로서 나타나는 것이다. 외국인은 그의 삶을 정당화하는 공동체적인 연대도 그의 삶을 드러내는 사회적 지반도 없는 침입자, 즉 무용한 삶으로 나타난다. 이런 삶은 살 수 없는ᐟ invivable 삶의 경계에서 드러난다. 그리고 이런 삶은 목소리의 제거를 통해 가능한 그 끝을 알 수 없는 지움이라는 유일한 수단에 의해 삶을 추방하는 지시를 훨씬 초과한다.[30] 이런 경험의 극단에서, 우리는 두 경계 사이에 끼어서 가고자 하는 곳으로 갈 수 없는 불법체류자가 된 근본적인 이주자의 모습을 발견한다. 상가트의 '정글'에서 발견되는 무용한 삶들, 또 불법체류자 수용소에 억류된 통과 중인 삶들은, 표면상으로 이주 중에 잠시 발이 묶인 것처럼 보인다. 그런데 실제로 이주자는 이민자도 망명자도 아닌 이주자의 상태로 머문다. 따라서 이주자는 지위가 아닌 상태로, 불안한 이민자의 지위에서 시작해서 모든 사회적 지위가 거부되었을 때 누군가에게 일어나는 어떤 것이다. 이주자는 이때 더 이상 움직이는 주체가 아닌 것만이 아니라 면소免訴에, 즉 국가의 법적인 고립 지역에 이르러 이주 상태 안에서 움직이지 않게 된 주체다. 이민과 망명을 초과한 이주는 따라서 국적을 상실한, 이주로 전적으로 몰린 주체들을 솟아나게 하기 위해, 모든 지위의 산출과 분리된 논리적 경향을 지닌 궁극적인 사회적 구성에 속한다.

이제 근본적인 이주자는 거의 자동적으로 이주의 순환 안에 잡힌 영원한 이주자가 된다. 이행의 영역에 머무는 이주자 혹은 검거되어서 결국 임시수용소로 옮겨지는 불법이민자에게 실제로 무슨 일이 일어나는가? 국경으로 추방되는 검거는 고국으로 되돌려보내지는 죽음과 같은 추방의 길이며, 이주자에게 영원한 이주를 선고하는 것이다. 집으로 돌아온 이주자는 다시 떠나는 것 말고는 다른 선택이 없다. 왜냐하면 자기 집에서 그는 더 이상 욕망되지 않기 때문이며, 그는 조국을 떠나 새로운 경제적 자원을 산출할 의무를 남은 이들에 의해 위임받았기 때문이다.

평범한 이주자가 되는 것은 이민자의 지위를 획득하거나 망명자의 지위를 보존하는 데 성공한 그녀, 그다. 지시들은 대개 다투어 외국인의 삶을 모순된 운명들로 찢어발긴다. 어떻게 동시에 이민자면서 망명자일 수 있는가? 하나는 다른 것의 연장으로 나타날 수 있는가? 우리는 실질적으로 둘 중 하나가 아니라, 두 나라에 동시에 존재할 수 있는가? 여기에 발을 내린 사람은 저기에 발을 내릴 수 없고, 이로부터 잠재적으로 분리된 삶이 생겨난다. 평범한 이주자는 어디에도 발을 붙이지 못하고 그렇다고 지위가 없는 것도 아닌 이주자로 남는다. 이로써 우리는 이주의 경험이 외국인의 지시를 초과하면, 외국인은 쉽게 자신이 겪는 방황의 주인이 될 수 없음을 알 수 있다.

예기치 않았던 혹은 확인된 외국인의 존재 양태는 이민자와 망명자에서 만들어진 이주자로의 지정 안에서 태어날 수 있는가? 이 길은, 비록 그것이 아주 예민한 문제라고 할지라도 생산적일 수 있다. 왜냐하면 이 길은 하층의 외국인들로부터 나오며, 새로운 전망을 가져오는 생동하는 가능성들의 탐구로 우리를 이끌기 때문이다.

일단 들이닥친 자로서 지시된 이민자는 주변화의 조건인 하층민의 지위를 부여받는다. 국가 공동체 안의 침입자인 이민자는 언제든지 열에서 이탈할 수 있는 자(이것이 자크 시라크가 말한 그 유명한 "소란과 냄새"[1]다)이기에 '열 안에' 넣어야 한다. 이제 우리는 반항적이고 고집스러운 혹은 그저 우리와 일치하지 않는, 더 나아가 방향을 잃어버린 외국인의 주체성을 국가 안에 끼워넣기 위해, 그런데 환대하기 위해서가 아니라 잠재적으로 치욕스러운 외국인의 주체성을 중

---

[1]   이 말은 1991년 6월 19일 오를레앙에서 있었던 RPR 정당 대회에서, 당시 RPR 당수이며 파리 시장이었던 자크 시라크(1995년 프랑스 대통령으로 당선됨)가 연설 중에 이민자 문제를 지적하면서 나온 외국인에 대한 경멸적인 표현이다.

성화해 결국 잠정적인 체류 외국인으로 마지못해 받아들이기 위해, 가능한 한 외국인의 주체성을 사라지게 하고자 한다. 이때 외국인은 최상의 경우, 새로운 자기 집의 가능성을 부여하는 법적 보호를 받거나 주변적 지위를 가질 수 있다. 최악의 경우, 외국인은 표면으로 드러나기 위한 조건인 자기 집과 법적 지반의 불확실성 안에 떨어질 것이다.

망명자는 이민자와 전적으로 같은 옷을 입고 살지 않는다. 우리는 자신을 저버리지 않으면서 고국을 저버릴 수 있는가? 도착한 나라에 동화되기 위해 이민자의 모습 안에 있는 망명자를 완전히 지우는 것과 망명자로서의 삶의 양식을 보존하기 위해 이민자의 지위를 포기하는 것, 그 사이에 창조적인 '주체'로 고양된 이주자의 지위를 유지시키는 하이브리드화를 위한, 국가적 형식들을 섞는 브리콜라주를 위한 자리가 있다. 이민자는 이중적으로 잠정적인 체류 외국인이다. 이민자는 '잠정적인'이란 말이 가진 그 첫 번째 의미에서, 반드시 '지붕도 법도 없이' 존재한다는 의미에서는 아닐지라도, 거처와 법적 공증이 '잠정적인' 불확실한 체류 외국인이다. 말하자면 방문자보다는 나으면서 (리쾨르에 따르면) 체류 외국인보다는 못하다. 이런 잠정적인 삶의 극단에서 '지붕도 법도 없이' 사는 불법이민자의 금지된 삶이, 체류 허가가 없기에 금지된 삶이 솟아난다. 또한 일상적으로 아주 불확실한 모든 이주자의 삶이 솟아난다. 롬^{Rom} 족[⟩]에서 보듯이 그들의 여행의 자유는 아주 제한적이다. 가난을 피해서 루마니아나 발칸반도를 떠난 집시들은 대개 황무지나, 도시에서 떨어진 오염된 지역으로 쫓겨나며,[31] 유럽인과 같은 법적 지위를 갖지 못한다. 루마니아와 불가리아가 유럽연합에 참여하자마자, 2007년 프랑스 정부는 루마니아인과 불가리아인을 국경으로 추방하기 위한 한 방안으로 그들의 체류 가능성을 제한하는 법령을 제안한다. 그 법령에서 3개월 이상 프랑스에 체류하기 위해서는 직업을 가져야 하고 의료보험이 있어야 한다는 규정은 추방될 수 있는 유럽인의 범주를 창출한다. 이 법령은 특히 루마니아인과 불가리아인에게 유럽 밖에서 들어온 이민자들과 동일한 법칙을 적용하는 것을 가능하게 한다. 이는 원천적으로 그들이 유럽에 체류할 최소한의 가능성과 더불어 통합을 가능하게 하는 사회적, 법적 속성들 전체를 제거한다. 고용 이전에 노동 허가증을 요구하는 것, 고용주에게 이민국에 최소한 190유로를 세금으로 내게 하는 것, 그리고 국립 직업 알선소에 등록하기 위해서는 우선 체류증이 있어야 하는 것 등은 체류증을 얻기 위한 조건으로 직업을 요구하는 것과 연결되어서 그들의 체류 자체를 문제화하며, 루마니아와 불가리아에서 나온 롬족을 유럽의 달갑지 않은 주체들[32]로 만드는 데 한몫했다.

⟩   북부 인도에서 기원한 유랑 민족. '집시'로도 불린다.

이민자는 또한 '잠정적인'이라는 말이 지닌 두 번째 의미에서, 전혀 은유적이지 않은 의미에서 '잠정적인' 체류 외국인이다. 여기서 이민자는 자신의 지위를 초과한 모습으로 나타난다. 후기식민주의 연구자 가운데 폴 길로이는 미국 흑인의 분산^{diaspora}을 연구하면서, 하층의 이민자들은 목소리가 제거된 단색의 집단도, 한목소리로 말하는 집단도 형성하지 않는다고 강조한다. 무수한 삶을 국가의 변경에 위치시켜 주변화하는 패권적인 모든 구조는 역으로 "분산적 전의들^{tropes diasporiques}"[33]에 의해서, 그리고 그들의 삶의 조건들을 개선하고 더 살 만하게 만들기 위해 능동적으로 대처하는 국가에 일치하지 않는 반대의 목소리들에 의해 위협받고 변경된다. 이주자는 이민 안에서 분리된 자신의 망명 경험을 고집스럽게 다시 회복하고자 하면서도, 고국과 도착한 나라의 합법적인 삶의 형식들을 변경하면서 이민자와 망명자라는 공식적이고 허용된 이중의 텍스트를 구조적으로 불일치하게 만든다. 이민자는 전환^{détournement}의 논리를 따라 그가 브리콜라주하는 사비르어 혹은 실천적 전의들^{tropes}을 통해 국가의 규범들 안에 함정을 놓으면서 자신의 일상을 발명한다.[34] 이민자는 시련으로 황폐해진 영토 안에서 삶의 영역을 개선하는 불확실한 브리콜뢰르^{bricoleur}다.

또한 스스로 잠정적인 체류 외국인으로 정의하고, 생각하고 사는 것은 다만 텅 빈 주체로서 정의하고, 생각하고 사는 것만이 아니라, 국민 정체성들의 정식화된 공간 안에서 규정되지 않는 중요한 차이들을 산출하는 것이다. 이민자는 거대도시 안에 그의 삶과 이민자라는 본래적인 조건들이 부적절하고 신경질적인 재생에 의해 정의되도록 방관하는 전적으로 무기력한 주체도,[35] 모든 시련을 삶의 기회로 변경하는 전적인 브리콜뢰르도 아니다. 이민자는 차라리 비참함 이민자의 모습과 행위하고 사유할 수 있는 환원 불가능한 잠재력을 드러내는 분산적인 이민자의 모습이 서로 관계해야 한다는 점에서 이 둘 모두다.

따라서 만일 이주자가 이민자라는 자신의 지위에 함축된 잠재적인 체류 외국인의 지위와 결합된다면, 그는 이 잠재적인 체류 외국인의 경험을 국가 규범들 안 공백의 경험으로 긍정하는 데까지 이를 수도 있다. 이때 우리는 이 공백에 어떤 자리를 만들 수 있으며, 또 이 공백을 어떤 조건에서 국가의 전형적인 틀을 갱신하는 기회로 수용할 수 있는가?[36] 일반적으로 외국인이 새 국가에 등록하는 문제가 자리가 없는 이 여자 혹은 이 남자에게 한 자리를 만들어주는 것이라고 생각된다면, 다르게 질문하는 것이 더 적절해 보인다. 환대는 왜 이주자를 주변화된 이민자의 자리나, 혹은 한 자리를 마련해주어야 하는 이 여자 혹은 이 남자의 없는 자리와 관계시키면서, 이주자의 생산적인 논리를 중성화하고자 하는가? 마치 이주자는 아무것도 아닌 것처럼, 그래서 환대하는 주체는 이주자를 무無에서 끌어내서 빛으로 이끌어야 하는 것처럼 말이다. 그런데 이주자의 실존을 엄밀한 의미에서 환대보다 존중을 요구하는 삶의 형식을 낳을 수 있는 자로 고려하는 것은, (그 삶의 형식들은 국가의 규범들을 탈조건화하기 때문에) 불안을 야기하지만 생산적으로 보인다. 환대는 이미 존재하는 기구 안에 한 자리를 마련해주는 것이다. 이주자를 이미 거기에 존재하는 자로, 환대의 논리를 포함해서 모든 국가의 논리를 초과하는 자로 간주하는 것은, 전형적인 구성 안의 국가 장치를 고발하는 다행스러운 가능성을 파악하는 것이다.

노동자로서 이민자

망명자가 자신의 이주 경험을 보존하는 데 이르지 못하는 불확실한 사람이라면, 대부분 망명자가 이민의 논리로 환원되기 때문이다. 보다 나은 삶에 대한 환상을 가지고 떠난 가난한 자로서 망명자는 불확실한 지위의 이민 노동자가 될 수 있을 뿐이다. 마찬가지로 피보호권 요청자로서 망명자는 통합을 허가하는 법적 지위를 가진 난민이 될 수 있을 뿐이다. 따라서 자신을 뿌리 뽑힌 자로서 생각하는 이주자의 자질은 전적으로 고려되지 않는다. 이것은 도착한 나라의 관점에서 정당화될 수 있는 자질들만을 유지하기 위해 망명자의 소외된 모든 경험을 거부하는 국가 조직에 충실한 통합의 논리에 부딪힌다. 국가적 시선은 마치 이민자의 실존이 국경을 통과하는 지점에서 시작하는 것처럼 그의 삶을 고려한다. "이주자의 흐름을 단순한 이민으로 간주하는 프랑스 중심적인 관점은 알제리인을 전통도 뿌리도 없는 이민자로만 간주한다. 그들의 실존은 마치 배에서 내린 순간 마르세유에서 시작하는 것처럼, 비행기에서 내린 순간 오를리에서 시작하는 것처럼 보인다."[37] 이민자는 이제 그의 집을 떠난 망명자도, 두 나라 사이에 자리하는 이주자도 아닌, 다만 자국민이 하기 싫어하는 일에 동원될 수 있는 주체일 뿐이다. "외국인, 이민자는 노동을 위해 만들어진 자다. 일하지 않는 이민자는 무엇 때문에 존재하며, 무엇에 쓰며, 도대체 여기서 무엇을 하는가?"[38]

그런데 서둘러서 이런 이민 노동자의 모습을 일반적인 것으로 고정해서는 안 된다. 그 모습을 출발점에서부터 복합적으로 만들 필요가 있다. 사실 이민자는 끊임없이 이 노동의 규범을 내재화하는 자이기 때문이다. 다시 말해 그의 이주는 정확히 망명을 통해, 더 이상 일이 없는 망명자가 아니기 위해 또 환대국의 문이 열리도록 하기 위해, 그가 합류하고자 하는 결핍의 본질과 연결되어 있기 때문이다. 사실 이런 규범과 연결된 이민자의 태도는 현지의 부족한 노동력의 수입으로부터만 설명될 수 있다. 즉 망명자는 새 나라에서 자신의 노동력을 사용할 수 있기 위해 노동력을 수출한다. "이것이 바로 우선 실업자로, 이어서 실업자이기를 그치기 위해 망명하는 실업자로 구성된 망명자의 정의다."[39]

이런 노동시장의 법칙에 의해 낙인이 찍힌다는 사실이 함축하는 것은 무엇인가? 우선 그것은 한 삶이 일의 결핍으로 인해 정당화되지 못하면 치명적인 상태에 이를 수 있다는 것을 말한다. 국제적인 이주는 모든 삶이 동등하게 현지에 체류할 수단들을 가지지 않는다는 것을, 그리고 일의 나눔은 일단은 현지에 남고 일단은 떠나야 하는 불평등한 분배로부터 생겨난다는 것을 의미한다. 이어서, 그것은 어떤 삶은 최후의 노동력으로서 자신의 몸을 파는 일에 내몰릴 수도 있다는 것을 말한다. 이때 계급과 민족적 불평등은 사회적 성^{genre}의 불평등과 결합한다. 이런 성의 불평등은 아이들을 돌보면서 수입도 없이 전적으로 남편의 법에 의존하는, 비사회적이고 비직업적인 의무들에 얽매인 여자들이 남편을 따르지 않을 수 없게 한다. 성의 불평등은 또한 여자들이 몸을 팔 수도 있는 이주의 위험을 무릅쓰고 본토에서 남편과 가난에의 이중적인 종속으로부터 해방되기 위해 이주를 감행하게 할 수도 있다. 그런데 이 여자들은 또한 본국에서 어쩔 수 없이 따라야 하는 성의 법칙에 의해, 가난에 대한 한 해결책으로 결국 몸을 파는 일에 내몰릴 수도 있다. 사스키아 사센이 강조하듯이 "성매매의 증가는 여자들이 가난 때문에 그 일로 내몰리거나, 가족의 가난 때문에 직업소개소에서 자신을 판다는 사실로 설명된다."[40]

다시 한 번 이주에 극적인 측면을 부여하는 것은, 바로 노동시장 법칙에의 종속이다. 이민한 외국인은 따라서 반反-관광객이다. 관광객이 자신의 노동 덕분에 외국에서의 체류를 향유한다면, 이민자는 외국에서의 체류를 노동을 위한 필수불가결한 조건으로 만든다.

그렇다고 일의 부재, 가난, 그리고 망명/이민 사이의 기계적인 인과성을 설립할 수는 없다. 가난과 실업이 극에 달한 많은 나라가 모두 망명의 나라가 되는 것은 아니며, 어떤 나라들은 갑자기 망명의 나라가 되기도 한다. 따라서 망명은 오로지 노동시장의 법칙이라는 이유로 설명되지 않는다. 다른 이유들—예를 들어 "기업들, 정부들, 직업 알선소들, 혹은 직업 밀매업자들"의 직접적인 채용, 또 경제적 교환의 세계화 영향 아래 있는 나라들 사이의 상호적인 의존성,[41] 또 불법적인 인력 착취의 증가—이 보충되어야 한다. 이 모든 이유는 망명의 나라들과 이민의 나라들을 연결하고, 사스키아 사센이 "이주의 지리경제학"[42]이라고 부른 이주의 국제적인 순환 안에 가난하고 불확실한 주체들을 삽입한다.

따라서 노동시장 법칙에의 종속은 일단은 필연적으로 떠나고 일단은 필연적으로 남는 기계적인 징집이 아니라, 차라리 이주 논리에 의해 허약해진 주체들은 물론 이미 그 논리에 연루된 모든 주체를 흡수하는 소용돌이 논리로 이해해야 한다. 이는 그들이 가족이나 친지들을 통해 이미 그 논리를 가까이 접하고 있기 때문이거나, 이런저런 방식으로 존재하는 이민의 조직망 안에 이미 가입했거나 가입할 준비가 되었기 때문이다. 이렇게 이해된 이민만이 외국인의 지위의 조건들을 창출한다. 따라서 일반적인 논리는 전복된다. 이제 외국인이 이민자를 창출하는 것이 아니라, 이민자가 외국인을 창출한다.

제3절 번역 불가능한 삶

하층의 삶
하층의 삶

외국인이란, 공적 텍스트가 하층민 즉 공적 분할을 재정의하거나 그것에 영향을 미칠 자리에 있지 않은 여자들과 남자들을 지시하기 위해 정교하게 만든 이름 가운데 하나다. 이런 전망에서 하층민이 된다는 것은 자신들이 나타나는 조건들에 대해 어떤 영향도 끼치지 못하는 일단의 존재 방식에 몰린다는 것을 의미한다. 자신을 변형시키는 것을 변형시킬 수 없는 불가능성은 하층민의 모든 태도를 결정한다. 이런 시각에서 보면, 외국인은 유일하게 하층민에 속하는 자라기보다는, 유일하게 모욕적인 지시의 대상이 됨으로써 타자가 된 하층민이다. 외국인이라는 이름은 지배의 분할을 구성하는 부동의 기표를 하층민에게 부여한다. 외국인이 일련의 수행적인 지시들에 의해 외국인으로 기대되고 소환되는 한에서, 외국인은 '외국인'이라는 이름 아래 자발적으로 참여할 수도 결합할 수도 없는 자다. 외국인은 이제 감시받는 거주자로 자신을 느낄 뿐 아니라, 자기 자신에게 외국인으로 산다. 이로부터 외국인의 삶의 주체성은 감추어지고 간접적인 방식으로만 드러난다.

　여기서 제임스 스콧의 "사적 텍스트와 공적 텍스트의 구분"[1]의 가치를 잘 보여주는 경험과 지시 사이의 분리가 나타난다. 제임스 스콧에 의하면, 피지배자로서 하층민의 공적 텍스트는 지배자의 공적 텍스트의 거울로 기능하면서 (그 거울은 대개 지배자들이 원하는 이미지만을 반영한다[2]) 자신의 사적 텍스트를 감춘다. 그렇다고 해서 감추어진 텍스트가 덜 실재적이라는 것은 아니다. 지배 집단과 마찬가지로 하층민이 사적 텍스트를 가진다는 것은 무엇을 의미하는가? 본질적으로 그들은 지배 집단의 기대에 미치지 않는 정치적인 행위들을 산출할 수 있다는 것을 의미한다. 즉 피지배 집단은 지배 안에 전적으로 머물지 않는다. 제한된 조건 아래에서, 그들은 존중해야 할 공적인 텍스트로 환원되지 않는 행위들을 산출한다. 이런 의미에서, 감추어진 텍스트는 탈선적인 텍스트라기보다는 예외적인 텍스트로, 그 정상성은 피지배 집단 내의 문화적 일관성으로부터 나온다.

　말과 행위와 실천으로 이루어진 감추어진 텍스트[3]는 하층민의 지위를 허용하는 역할을 하는 지배 집단의 합법적인 실천의 여백에서 전개되는 한에서, 필연적으로 소수자의 텍스트다. 그런데 그것이 지배의 연극의 배경 혹은 무대 뒤를 형성한다는 것도 사실이다. 감추어진 텍스트의 주요한 특징은 무엇인가? "감추어진 텍스트는 공적 텍스트 안에서 나타나는 것을 장^{scène} 밖에서 긍정하거나 반박하고 혹은 굴절시키는 제안들, 행위들, 실천들 안에 존재한다."[4] 지배의 관점에서 하층민 집단을 산출하는 권력관계들은 이제 하층민의 감추어진 텍스트를 전적으로 침묵으로 환원할 수 없다. 한편으로 이 권력관계들은 그 실천의 필수불가결한 조건으로서 감추어진 텍스트를 요청한다. 다시 말해 감추어진 텍스트는 지배의 공적인 텍스트에 본질적으로 내재하는 활용을 조절한다. 피지배자들의 간계들, 은닉들, 간격들은, 공적 텍스트가 피지배자들의 탈선적 실천들 위에서 조절되는 한에서 더더욱 길들여진^{naturalisé} 것처럼 보이는 지배의 공적 텍스트를 용인할 수 있는 것으로 만든다. 다른 한편 이 권력관계들은 감추어진 혹은 위장된 형식으로 진술되는 목소리에 귀를 기울이지 않으면서 하층민의 감추어진 텍스트를 포함할 수 있을 뿐이다. 공적 텍스트는 자신의 시나리오를 감추어진 텍스트에 강요할 뿐 아니라, 소수자의 목소리는 불신하고 침묵으로 환원하면서 합법적인 목소리에는 전적인 신뢰를 보낸다. 권력은 그것에 저항하는 이 여자 혹은 이 남자를 저항의 타자성 안에 있는 주체로 추방하거나, "하층민은 자신을 표현할 줄 모른다"[5]고 전제하면서 사유화한다.

따라서 피지배자들은 권력에 직면해서 대안적인 목소리를 솟아나게 할 수 없다. 그런 이유로 대개 그들의 전략은 아첨에 이를 정도까지 지배자들이 지배를 정착시키기 위해 산출하는 공적인 텍스트가 제시하는 이미지를 모방하는 것이다. 하층민의 모방에 의한 이런 고정관념의 재생산은 모방 작품의 조건들을 창출한다. "이런 전망에서 보면, 고정관념은 억압의 기원이면서 피지배자들에게는 자원이다."[6] 제임스 스콧은 노예들을 무뢰한으로 간주하는 주인의 고정관념을 강화하는 데 기여하는 노예들은 그들에게 가해지는 노동의 규범들을 약화시키는 데 성공할 수 있다는 점을 지적한다. 우리는 여기서 피지배자들에게 예기치 않게 나타나는 자원을 발견하며, 어떤 점에서는 조작술일 수 있는 위장술이 강화되는 것을 목격한다. 고정관념을 길들이면서 복종의 제의들을 존중하는 것은 그 제의들의 기원에서 위장의 능동적인 자원을 드러내는 것이다. 즉 위장을 통해 주체들은 가장 피상적인 기호들을 존중하면서 지배적인 규범들과 가장 깊은 곳에서 분리된다.

따라서 하층민은 자신의 고유한 자원이 없는 것은 아니지만, 그렇다고 해서 지배의 공적 텍스트를 변형할 수 있는 것은 아니다.

하층민의 정치학을 조건짓기 위해 필요한 논의는 다음과 같다. 감추어진 텍스트는 어떤 조건에서 하층민의 공적 텍스트와 그 연장으로서 지배의 공적 텍스트를 해체할 수 있는가?

이 논의로 들어가기 전에, 우선 지시와 경험의 관계를 다루어야 한다. 이미 언급한 것처럼, 지시에 앞선 외국인의 존재 양태는 없다. 외국인의 실존은 그의 본질을 앞서지 않는다. 사정은 그와 정반대다. 외국인은 그를 존재하게 하는 존재론적 작동자면서 그를 모욕하는 사회적인 차별인 외국인이라는 이름에 잡혀 있다.

외국인의 지시는 한편으로 한 삶을 더 매끄럽게 하기 위해서만 그 타자성이 지각되는 그런 삶의 자격을 부여하고, 다른 한편 지시는 항상 불법과 연루되어 부정적으로 평가되는 외국인의 경험 체제의 잠재적인 자격 박탈로 작용한다. 외국인이라는 이름은 외국인을 명명하는 것에 그치는 것이 아니라, 외국인을 언어 정치 안에 삽입한다. 그 안에서 외국인은 비록 그 이름을 모욕으로 변형하는 불법적인 경험들로 이끌림에도 불구하고, 그를 합법화해주는 통합의 경험들에 집착한다. 외국인은 따라서 이름을 받는 것에 그치는 것이 아니라, 받은 이름에 의해 이중적으로 생성된다. 이제 그의 모든 행위는 이중적인 가치, 즉 통합이라는 긍정적인 가치와 불법이라는 부정적인 가치에 의해 인도된다.

이렇게 긍정적으로(통합) 그리고 부정적으로(불법) 지시되는 외국인은 결국 일상을 상실한다. 일상이 사라지기 때문이 아니라, 일상에서 감추어진 텍스트의 대안적인 보고寶庫가 지워지기 때문이다. 이때 외국인은 자신의 고유한 텍스트에 직면해서 그것을 자원으로 가지지 못한다. 하층민의 감추어진 텍스트는 권력관계들에 내재하는 명령들에 의해 재가공되기 때문이다. 감추어진 텍스트는 자신의 집요하고 환원 불가능한 외재성을 지배의 형식들을 회피하는 사적 보물로 형성하지 못한다. 제임스 스콧이 강조하듯이, 감추어진 텍스트와 공적 텍스트는 "권력과 이익의 장소들"[7]이다. 외국인들의 감추어진 텍스트는 그들이 복종하는 권력관계들과 분리되어서 일상적인 삶의 사적 동기들에 의해 규정되지 않는다. 감추어진 텍스트는 외국인들을 그늘에 가두는 그들 자신의 내적 제약들에 복종하게 만든다. 따라서 감추어진 행위들, 말들, 실천들은 외국인들의 보이지 않는 침묵의 반란을 도모하는 것이 아니라, 우선 지배 형식들의 명령에 복종한다. 이는 그 실천들이 반동적이라는 것을 의미한다. 그것은 하층 집단의 실천을 지하의 비가시성에 가두는 억압적인 통제의 형식들에 대한 한 대응으로서 그 형식들과 분리된 방식으로 일관된 텍스트를 솟아나게 하는 것이다. 그래서 감추어진 텍스트는 대개 반박이라기보다는 위장과 간계의 질서에 속한다. 이것은 권력의 제거가 아니라, 권력을 우회한 실천이다.

모방의 삶
모방의 삶

이제 우리는 외국인이라는 지시는 외국인들의 표상과 문화적 (공적) 행위 양식들을 변질시키는 데 그치는 것이 아니라, 그것에 대응하기 위해 외국인들이 자신들의 가장 깊이 감추어진 문화적 자원을 동원하는 방식까지도 변경한다는 것을 알아차릴 수 있다. 정체성 논리는 여기서 새로운 의미를 획득한다. 외국인들은 같은 민족끼리 모여서 자신들의 일관된 감추어진 텍스트를 유지하고자 한다. 그들은 공중된 문화적 삶의 양식들, 민족적 실천들, 또 감시의 특수한 유형(대개 남성에 의해 여성에게 가해지는 감시)과 관계하면서, 복종 현상에 의존적인 신체적, 심리적, 사회적인 내적 일관성을 유지하고자 한다. 복종은 평범한 삶들의 내밀한 문화적 보고들을 유통시키면서 복종의 기반이 되는 감추어진 텍스트를 창조하고자 한다. 사실 이 평범한 삶들이 없이는 복종 그 자체는 견딜 수 없는 것이 될 것이다.

이제 질문은 이렇게 지시된 외국인은 타자로서 하층민인가다. 그들에 대한 지배는 어떻게 실행되는가? 중성적인 지위로 존재하는 외국인은 없다. 그는 사회 주변에 살며, 체류증이 없거나 제대로 된 거처가 없어서, 혹은 일정한 일이 없어서(비정규적인 일, 불법노동), 그의 소속은 항상 불안하다. 하층의 외국인은 (모든 외국인이 하층민은 아니다) 위성衛星적 지위 안에서 사회적 삶의 연변을 배회한다. 피지배자지만 상대적으로 안정적인 노동자들과 달리, 외국인은 잠재적으로 여러 종류의 사회적 계급에서 제외되고, 결과적으로 자리 획득을 위한 공식적 투쟁에 참여하는 것이 불가능하다.

이로써 하층민으로서 외국인의 삶이 새로이 밝혀진다. 외국인으로 지시되는 것은 그의 삶의 형식 안에서 부정되는 것이며, 자신의 삶을 자신의 것으로 할 능력과 분리되는 것이다. 하층민으로서 외국인의 삶은 점적인 삶이다. 그 점들로 만들어진 윤곽들은 어떤 가독성도 주장할 수 없다. 그런 삶은 모방적인 명령에 못 박혀 있는 한에서 이중적으로 자기 자신에 속할 수가 없다. 외국인은 한편으로 자신의 공적인 텍스트를 규범적인 기대들에 부합시키려고 하면서, 다른 한편 그런 공적 텍스트가 삶들 위에 가하는 대가代價에 대한 한 대응으로서 감추어진 텍스트에 부합하려고 하기 때문이다.

외국인은 이렇게 그를 우리와 떼어놓는 타자화의 기입과 우리에게 접근시키는 모방주의의 요구 사이에서 둘로 잘려진다. 첫 번째 경우, 외국인은 대개 개선될 수도, 교정될 수도, 측정될 수도 없는 타자가 된다. 두 번째 경우, 외국인은 국가 규범을 위험에 빠뜨리지 않으면서 약간의 변형만 가하는, "거의 같으나 정확히 일치하지 않는 차이의 주체로서 개선된, 인정될 수 있는 타자의 욕망"[8]을 번역하는 거의 동일한 타자가 된다. 외국인은 가장 깊이 감추어진 삶의 형식들 안에서 자신 안에서 용인될 수 있는 것과 절합할 수 있는 자잘한 이국적인 차이들이 선택될 때에만 통합될 수 있다. 또한 외국인의 감추어진 텍스트는 전적으로 식민화된 텍스트가 되는 수도 있다. 이 경우 외국인 주체는 외국인이라는 딱지의 난관을 제거할 수 있는 전적으로 개선된 자처럼 나타날 수도 있다.

주변의 삶
주변의 삶

중심과 주변

따라서 외국인이 가장 견딜 수 없는 지배의 형식들을 반박하기 위해 자신의 고유한 문화적 악보에 의존할 가능성이 전혀 없는 것은 아니다. 외국인의 문화적 악보는 대개 외국인의 삶에 대한 클리셰의 세트에서 선택된 신식민주의적 속성들일 뿐이, 용인될 수 있는 이국적인 상투적 표현들로 끊임없이 환원된다. 이로부터 (이국적인 속성만을 선택하는 상동증常同症에 의해 왜곡된) 표출될 수 있는 것과 추방된 삶의 형식 안에서 지하에서만 유통되는 것 사이의 분리가 생겨난다. 이때 다음과 같은 질문들이 제기된다. 어떻게 지하에서 유통되는 것이 밖에서 번역될 수 있는가? 외국인의 텍스트는 그의 고유한 서명의 모든 가능성을 제거하는 공적인 텍스트에 의해 교정되지 않고 나타날 수 있는가? 어떻게 이런 상투성을 극복할 수 있는 대안이 하층민에 의해 산출될 수 있는가? 저자로서 절대로 나타날 수 없다는 것은 어떤 텍스트에도 접근할 수 없는 위험에 노출되는 것이며, 그로 인해 용인된 삶의 형식들 주변으로 추방될 수 있다는 것을 의미한다. 불행하게도 이런 일은 실질적으로 일어난다. 작품^{œuvre}을 만드는 낯선 타자성의 놀라운 이야기는 작품의 부재화^{désœuvrement} ●라는 사회적 논리로 변형된다. 외국인은 이제 망명한 위대한 타자가 아니라, 우리의 사회적 삶의 국경들로 끊임없이 되돌아오는 부랑자다. 주변에 사는 것은 대안적 행위의 실제적인 가능성 없이 선험적으로 불신되는 것이다.

　　외국인의 삶은 사회적 삶을 규제하는 규범들 안에서 지속적으로 리셋될 때에만 지속될 수 있다. 이 지속적인 리셋은 외국인에게 그의 모방적인 태도가 규범들과 일치하는지를 모든 면에서 주의 깊게 검토할 수 있는 일련의 시험을 강요한다. 외국인의 삶은 이제 명백한 수행적 가치를 지니는 테스트의 삶이 된다. 테스트는 교정될 수 있는 외국인을 낳으며, '좋은' 외국인, 즉 국가의 삶의 형식들에 합류하고자 하는 욕망이 확고하게 공증된 자를 나타나게 한다. 반면 테스트는 교정 불가능한 외국인을 낳을 수도 있으며, '나쁜' 외국

●　'désœuvrement'는 우리가 뒤에 발견하게 되겠지만 무위, 즉 외국인이 '아무것도 하지 않는다'는 의미가 아니라, 외국인이 비가시성 안에서 행하는 일 혹은 그 결과인 작품은 지배 집단에 의해 발견되지도 인정되지도 않는다는 의미이기에 '작품의 부재화'로 읽어야 한다.

인은 병든 삶의 형식 안에서 영원히 자신을 잃어버린다.

이 테스트들은 다수이며, 다양한 형식을 가진다. 크게 그 형식은 우리에게 강요되는 법적 요구들(체류증이나 노동 허가증 등의 획득)과 같은 형식적인 절차와, 우리가 국가적 삶의 방식들(이웃과의 삶에서 또 직장에서 요구되는 다양한 예절을 거쳐서 기대된 신체적 태도에 이르기까지 국가 안에서 통용되는 시민성의 규칙들)을 존중하는지 아닌지를 감시하는 일상적이고 비형식적인 절차가 있다. 이때 외국인을 받아줄 수 있는 외국인으로 혹은 정반대로 금지된, 위험한 외국인으로 변형시키는 것은 바로 외국인에 대한 모든 비형식적인 규율이다. 두 종류의 시험이 이렇게 구분된다고 할지라도, 국가의 삶들이 될 수 없다고 의심받는 삶들에 지속적으로 가해지는 폭력이라는 점에서 둘 다 같은 하나의 사회적 논리를 형성한다.

한 외국인이 도착한 나라의 한 구성원으로 충분히 법적으로 인정받기 어려운 것은, 앞서 열거한 일련의 법적인 시험들이 불확실한 권리들을 낳기 때문이다. 그 어려움을 벗어날 수 있는 가능성은, 법에 접근하기 위해 기다리다가 결국 법의 문을 지키는 문지기 앞에서 늙어가는 남자처럼[9] 극단적으로 희박하다. 아비탈 로넬이 말하듯이 "여기서 중요한 것은 결과가 아니라 그치지 않는 시험, 일련의 지연, 인간과 드러나지 않는 법과의 관계"[10]다. 법은 항상 모든 현시

이전으로 물러선다. 법은 절대로 실제적으로 자신을 드러내지 않는 순수한 초월성으로 주어진다. 외국인은 법 앞에 현전할 수 없다. 그가 법 앞에 출두할$^{se\ présenter}$ 가능성은 끊임없이 지연된다. 따라서 법의 비-현전과 이런 부재를 부추기는 일련의 법적인 시험들 사이에는 밀접한 연계가 있다. "법은 파악되지 않으며 현시되지 않는다. 법은 아마도 자신을 표상하는 부분적인 형식들—경찰, 감시원, 판사, 감시 카메라, 우리가 서명하는 계약서 등등—을 제외하고는"[11] 자신의 현전을 회피하는 것이 그 본성일지도 모른다. 법적인 시험은 국가 영토에서 외국인의 현전의 불법적이거나 불확실한 본성만을 인증하는 데 그치는 것이 아니라, 앞서서 외국인의 미래의 현전을 불법화한다. 법적인 시험은 그를 통과 심사에 규칙적으로 소환하면서 한편으로 그를 감시에, 다른 한편 처벌에 노출시키면서 길들인다. 푸코에게 검토, 감시, 처벌은 모두 외국인의 신체를 국가의 엄격한 규범에 구겨넣으면서 종속시키는 훈육적인 세 종류의 규범적 도구[12]다. 그런데 이러한 국가 규범에의 노출은 외국인의 합법성이 아니라 불법성을 산출하도록 이미 정해져 있다. 왜냐하면 법적인 시험은 그것의 가독성과 일관성에 의해 국가적인 것과 외국인 사이의 간격을 제거하기보다는 임의적인 기준에서 그 성공 여부를 결정하면서 이 간격을 강조하기 때문이다. 더 정확히 말하면, 법적인 시험은 항상 시험 그 자체에서 법의 철회, 그것의 부분적인 삭제를 증언하면서만 법을 표상하기 때문이다. 그래서 법은 시험의 기준으로서의 가치를 가지는 것이 아니라, 반대로 부재의 현전으로서 솟아난다. 얼마나 많은 외국인의 삶이, 학교에 다니는 아이들, 공식적으로 직업을 가진 외국인들의 삶이 지난 10년 동안 프랑스 영토에서 법 앞에 출두하는 데 이르지 못했으며, 언제든지 추방으로 이어질 수 있는 법적인 시험들에 정기적으로 불려갔는가! 또 얼마나 많은 불확실한 삶이 법 앞에 출두할 수 없는 그 불가능성으로 인해, 그리고 법적인 시험에서 벗어날 수 없는 그 불가능성으로 인해 불확실해졌는가!

외국인에게 감시, 처벌, 시험은 서로 혼동되며, 그것이 아니라면 적어도 상호 보완적인 것으로 보인다. 여기서 우리는 2005년 유럽연합의 여러 나라가 비자를 획득하고자 하는 외국인들에게 지문을 요구한 것을 예로 들 수 있다. 유럽연합의 국가 가운데 한 나라로 옮겨지는 피보호권 신청자들이나 비자를 신청하는 모든 사람에게 지문을 요구한 것은 새로운 '이민 통제'의 한 수단으로, 이주자들에 대한 감시의 새로운 형식을 도입한 것이다. 또 증명사진의 디지털화와 지문을 통한 신분 확인은 새로운 법적 시험들에 종속될 수 있는 새로운 개인 제시의 틀을 창출했다. 이와 같은 유럽의 조치들을 예비했던 2003년 프랑스의 법 제정 계획이, 개인의 정보와 자유에 대한 국가 심의 위원회의 견해에 따라, 그 구체적인 실행에 있어서 적용 양태들과 정보 보관 시간 등을 자세히 하기 위해 최고 행정재판소에 회부된 사실은 중요하다. 사실 정보 보관은 법적으로 그 정보의 사용 기간이 법 초안에서 정해지지 않은 국가의 특권이었기 때문이다. 다시 말해 비자 신청자의 서류 보관은, 당시 내무부 장관 니콜라 사르코지가 원했던 것처럼 3개월의 짧은 비자로 프랑스에 들어온 여자들, 남자들의 신분과 그들이 어디서 왔는지를 확인하는 것을 허락하고, 비자 기간을 어기고 프랑스에 남고자 하는 사람들을 찾아내는 것을 가능하게 했기 때문이다. 감시는 여기서 외국인의 신분 확인 그리고 처벌 가능성과 전적으로 혼동된다.

외국인 삶의 사회적 통합 논리는 법적인 테스트들의 구성에 의해서 산출될 뿐 아니라, 국민이 되는 방식과 관련된 테스트들 안에서 전개된다. 후자는 비공식적인 시험들로서 적절^{convenance}과 밀접한 연관을 가지며, 국가의 규범에서 벗어난, 국가의 신체로부터 분리된 상궤에서 벗어난 주체, 잠재적인 불량배로 지각되지 않을 수 있는 평범한 삶의 가능성을 확정한다. 그런데 '적절하다^{convenir}'는 것은 도대체 무엇인가? 그 말의 본래적 의미는 같이 와서 서로 화합될 가능성을 지시한다. 이 말은 또한 무엇에 적합하게 될 가능성을 함축한다. 이런 적합성은 협정들에 의해 비준되어야 한다. 그런데 상호적인 동의 위에 기본적인 규칙들을 정하기 전에 우선 협정들이 체결되어야 한다. 적절은 따라서 공동체의 가능성을 정하는 협정들로부터 나온다. 적절, 협정, 공동체는 국가의 복제double, 아니 차라리 국가의 대역doublure이다. 그런데 이것들은 국가를 이중화하는 데 그치지 않고, 국가를 국가로서 산출한다. 국가는 법적인 문자들의 종합일 뿐 아니라, 적절한 것과 그렇지 않은 것을, 적합한 것과 그렇지 않은 것을 정하는 적절들로 이루어진 신체다. 이런 의미에서 국가는 부적절한 것으로 지각된 모든 행위로부터 나온 실망들에 노출된 적절한 신체다.

무시할 수 없는 신체, 이해할 수 없는 신체

외국인들은 국가라는 적절한 신체 안으로 들어갈 수 있는가? 그들은 항상 국가의 훌륭한 행위들의 코드 중심에서 점점 더 멀어지는 찢겨진 사지이며, 위성처럼 방황하는 삶들이며, 괴물 같은 괴상한 삶들이 아닌가? 문화적 이질성은 억압되고, 이 억압은 이질적인 신체들을 금지하는 형식을 취한다. 많은 사람이 낯선 신체들로부터 나오는 배출물에 의해 국민 정체성이 오염된다고 생각한다면, 반대로 우리는 무엇이 국가에 대한 오염의 형식을 정하는 규범적인 틀인가를 물어야 한다. 국가적 형식을 책임진다는 것은 다만 법적 테스트가 공인하는 법적인 성질을 지닌다는 것을 의미하지 않는다. 그것은 또한 국가를 노출할 수 있는 신체적 능력이 긍정적으로 승인된다는 것을 의미한다. 그런데 이런저런 사람들이 신체화되는 방식들을 승인하는 권력은 어디서 오는가? 이것은 우리의 신체가 국가의 기표들에 잡혀 있는 한에서, 우리의 신체는 우리 자신에게 속하지 않는다는 것을 의미하는가? 이런 조건에서 국가의 신체를 책임진다는 것은 무엇을 의미하는가? 만일 우리가 진정으로 한 신체라면, 우리가 자신의 행위할 수 있는 잠재력의 능동적인 요람으로서 전前-술어적인 정체성과 관계하듯이, 우리는 자신의 신체와 관계할 수 있는가? 반대로 신체는 이미 설명이 필요한 해석이라는 사실을 긍정해야 하는가? 신체는 삶에 대해 어떤 "토대적인 지위"[13]를 가지지 않는다. 그것은 반대로 일련의 경험의 산물이다. 신체는 따라서 개인의 행위를 고정하는 전前-담론적인 물질성이라기보다는, 차라리 신체에 말을 건네고 그것을 지지하는 데 이르는 다양한 사회적 화자에 의해 알려질 수 있는 형식이다. 이웃들이 정숙함의 한계 안에 머물 수 있는 자신들의 능력, 즉 (강요된 자세를 존중하면서) 신체들 사이의 공간적 거리를 제거하지 않을 수 있는 자신들의 능력을 측정하면서 자신들의 신체의 내밀한 합법성을 인증하는 한에서, 일터에서 만나는 동료들은 함께하고 신체적 우애를 실질적으로 만드는 또 다른 신체적 명령들의 가치를 강조한다.[14]

이웃들, 동료들, 관료들, 익명적인 주체들은 평범한 삶들의 경험을 수용하고 관계하는 것에 그치는 것이 아니라, 그 경험들을 국가의 장 안으로 이동시킨다. 국가의 장이 항상 우선하기 때문이다. 이웃과의 관계는 공통된 삶의 공간의 법적인 창조가 아니면 무엇인가? 이웃은 이때 주체들 간의 암묵적 합의가 법적인 성질에 의해서 조건지어진 주체들이다. 이웃의 원형은 마치 국가의 소속이 기적적으로 두 사람 사이의 암묵적 합의를 만드는 것처럼 두 국민의 원형처럼 나타난다. 우애는 이제 국적의 한계들 안에서 특권적인 방식으로 일어난다. 일과의 관계는 신체들이 체화하는 정해진 규칙들 전체, 다시 말해 신체들이 하나가 되는 규칙들 전체가 아니면 무엇인가? 또 국민의 질은 신체적 통제에 따른 일의 분배 안에서 앞서 획득된 듯이 보인다.

이 모든 것은 신체들이 평범한 삶의 장에서 긍정적으로 나타나고 국가적인 존재 방식들로 받아들여지는 조건에서만, 전적으로 합법적인 태도들의 담지자일 수 있음을 지시하는 듯이 보인다. 국가는 평범한 삶의 다양한 장을 정하는 원형임과 동시에 매번 이 장들 각각에서 재투자된다. 다시 말해 국가는 평범한 경험의 틀을 정하고, 이어서 자신이 합법화한 경험들에 의해 다시 활기를 찾는다.

따라서 우리가 신체라면, 우리는 절대로 다만 이 신체일 수 없다. 신체의 경험들은 모든 종류의 해석들에, 사회적, 가족적, 국가적 해석들에 의해 조건지어지기 때문이다. 이 해석들에 의해 우리의 신체는 가능한 신체 혹은 불가능한 신체, 건전한 신체 혹은 기이한 신체가 된다. 신체들은 다만 해석들을 통과하는 것이 아니라, 이어서 이 해석들을 해석한다. 역사학자 조앤 W. 스콧이 강조하듯이 "경험은 이미 해석인 어떤 것이면서 동시에 해석되어야 하는 어떤 것"[15]이다. 푸코에 의하면, 만일 해석이 "폭력적으로 혹은 부정하게 더 이상 본질적인 의미를 가지지 않는 규칙들의 체계를 지배한다면, 그리고 해석이 그 체계에 방향을 제시하고 새로운 의지에 그것을 복종시키고, 그것을 다른 놀이 안으로 들어가게 하고, 그것을 이차적인 규칙에 복종시킨다면",[16] 신체들은 마치 해석의 갈등에 열린 장소들처럼 분석되어야 하는 듯이 나타난다. 한편으로 신체는 해석들에 의해 그 활동성과 가시성을 획득하는 듯이 보인다. 다른 한편 신체는 이 해석들을 해석한다. 다시 말해 신체는 이 해석들을 전개의 근원으로, 존중해야 할 요구로만 받아들이는 것이 아니라, 자신의 고유한 관점으로, 즉 생존을 가능하게 하는 제대로 혹은 잘못 지각된 배치들agencements로 이끈다. 신체는 자신의 나타남을 조건짓는 이 해석들의 실현이 생존과 그 용이함을 허락하고 삶의 행위할 수 있는 잠재력puissance d'agir을 유지하는 한에서만 그것들을 받아들이기 때문이다. 따라서 신체는 자신이 체화한 해석들을 생존 가능성과 그 해석들에 의해 힘을 얻거나 잃을 수도 있는 행위를 할 수 있는 잠재력에 따라 해석해야 한다. 푸코는 우리가 해석들의 충돌 안으로 환원되지 않는 우연성의 영역을 생각하도록 도와준다. 이 우연성의 영역은 신체들을 기대된 태도들로 접는 국민이 되는 여러 방식에 의해 깨어난다. 그런데 이 영역은 또한 기대된 태도들에 대한 신체들의 놀이에 의해, 다시 말해 신체들의 방향 전환 능력에 의해 깨어나기도 한다.

한편으로 국가는 신체를 길들이고, 공적 공간에서 어떤 태도, 어떤 냄새, 어떤 몸짓을 취해야 하는지를 고민하게 만드는 허용된 태도들의 놀이에 신체를 복종시킨다. 다른 한편 각각의 삶은 무시할 수 없는 신체로, 좋은 존재 방식들의 국가적 분할을 반복하는 데 만족하는 것이 아니라, 이 방식들을 이동시키고 전복할 수 있는 가능성과 행위할 수 있는 생명의 매듭으로, 더 이상 불가능한 신체로 나타나기를 그친다. 우리가 자고, 고통을 느끼고, 먹고, 움직이고, 성적 쾌락을 느끼는 이 모든 신체의 일상적인 행위는, 그것들이 국가 안에서 이해되고 계층화되는 다양한 방식과 관계하는 한에서, 다만 개별적인 신체의 채색에 속하지 않는다. 그래서 신체를 신체로서 나타나게 하는 '우리' 없이 신체를 생각하는 것은 어떤 의미도 가지지 않는다. 반면 신체의 국가적 가독성은 신체의 행위할 수 있는 잠재력을 고갈시키지 않는다. 우리는 주디스 버틀러가 초대하는 다음의 질문에 열려 있어야 한다.

> 어떻게 우리는 권력의 관계에 의해 구성된, 더 정확히 다양한 신체적 존재를 산출할 뿐 아니라, 이 신체들을 조절하는 규범적인 구속을 통해서 구성된 장르의 잠재성을 끌어낼 수 있는 가?[17]

만일 우리 신체의 장르가 신체를 가공하고, 그것을 살 수 있는 신체로 만드는 데 기여하는 문화적 지성체에 전적으로 의존한다면, 어떻게 "다른 신체들─그 물질성과 그 무시할 수 없는 중요성이 다른 것들과 같은 방식으로 인정되지 않는 신체들─의 영역을 생각할 수 없는 것, 살 수 없는 것으로 만들면서, 신체들의 '필연적인' 영역을 구성하는 항목들을 변형하는 것"[18]이 가능한가를 물어야 한다.

왜 신체의 '필연적인' 영역을 변형해야 하는가? 정확히 이 영역은 실제로 다른 해석들에, 특히 국가의 명시적인 특징을 반박하는 해석들에 열린 '우연적인' 영역이기 때문이다. 그리고 신체는 신체를 법적으로 유효하게 하는 다양한 해석 안에서 사용될 수 없는 것이 될 때, 살 수 없는 혹은 이해할 수 없는 것이 되기 때문이다. 한 신체가 사용될 수 없다는 점을 강조하는 것은 그 신체는 어떤 긍정적인 해석의 가능성이 없다는 것을, 그 자체 신체로서 위협받는다는 것을 의미한다. 또한 이것은 그 신체의 해석들은 국가의 해석들 안에 거주할 수 없다는 것을 의미한다. 이때 신체는 잠재적으로 괴물스럽고 과장된, 희화적이고 기괴한, 한마디로 퀴어적인 것이 된다.

위와 아래

낯선 삶은 주변적인 삶으로 보내지기를 그치지 않고, 결국 법적 테스트들과 국가를 형성하는 존재 방식들을 존중하지 않는 자로 간주된다. 국가와 연결된 이 어려움은 지난한 신체적 어려움이 된다. 국민이 무시할 수 없는 신체를 가져야 할 자격이 있다면, 외국인은 대개 기생적인 신체로서 지각되며, 항상 다른 곳의 초과로 이끌린다. 주변으로 외국인을 추방하는 것은, 이제 외국인에게 가장 낮은 자리를 부여하는 과정 안에서 완성된다. 주변을 앞서서 마련하는 것은 또한 어떤 대가를 치르더라도 위와 아래의 국경을 유지하고자 하는 것이다. 외국인은 최소한으로 용인되고 비준되는 삶의 형식들이 머무는 주변으로 추방되고 동시에 가설적 위에 대립하는 사회의 아래에서 유지된다.

중심과 주변의 분리를 위와 아래의 분리로 번역하는 것은 사회적 삶의 공간적인 좌표 위에서 행해지는 단순한 놀이에 속하지 않는다. 이러한 변형은 외곽으로 추방된 삶들의 주변화에서 구성되는 상징적인 가치들을 인증하는 것을 가능하게 한다. 외국인의 삶을 국가를 형성하는 가설적 중심에서 분리하는 것은 세속적인 외국인의 삶과 환원 불가능하게 분리된 국가를 성스러운 (법적, 상징적, 윤리적) 초월성의 담지자로 간주하는 것이며, 결국 이 분리를 실행하는 행위 그 자체에 의해 국가를 초월성으로 설립하는 것이다. 국가는 이때 국가에 속한 삶과 그렇지 않은 삶을 구분하고, 국가의 서명을 반복하는 국가적 삶들과 처음부터 위조된 삶들, 즉 국가의 텍스트 아래 페이지에 서명을 위조하면서 국가의 텍스트를 거짓으로 만드는 삶들로 간주되는 외국인의 삶들을 구분하는 통제적인 허구에 의해 최상의 형식으로 나타날 수 있다. 이것은 중심이 항상 '아래'를 설립하는 '위'로서 솟아나는 한에서, 중심은 아래에는 없을 뿐 아니라, 아래에 반해서만 긍정되는 상징적인 가치 전체를 주변에 강요한다고 말하는 것과 같다.

따라서 위와의 관계에서 아래에 속하는 외국인의 지위, 국민적 삶의 형식들과의 관계에서 외국인의 삶의 형식들을 강조해야 한다. 하이브리드화는 이때 '위'와 '아래' 간의 상징적인 거리를 반복하는 중심과 주변 사이의 국경을 저지해야 한다는 것을 의미한다. 그런데 '위'는 '위'로서 정의되기 위해 '아래'에 의존한다. 이때 '위'가 '아래'에 참여하지 않음은 역설적이게도 '위'를 '위'로서 정의한다.

반복적인 다음의 도식이 솟아난다. 위엄과 지위 때문에 '아래'를 거부하고 제거하고자 하는 '위'의 모든 시도는 (…) 대개 위는 아래의 타자$^{Autre-bas}$에 의존한다는 것을 발견하는 데 이를 뿐 아니라, (…) 또한 위는 자신의 상상적인 삶에 본질적인 성화된^{érotisé} 요소로서 아래를 상징적으로 포함한다.[19]

외국인은 국민에 의해 국민이 아닌 자로 그 권리를 박탈하기 위해 그리고 이에 맞서 국민의 수행적 정의$^{la\ définition\ performative}$를 정착시키기 위해 요청된다. 그런데 이런 행위는 역으로 외국인을 국민 정의의 장으로 들어오게 한다. 외국인들의 삶이 놓인 주변은, 국민의 높음을 가능하게 하는 부정적이고 비천한 한 극이 되어 악의를 가진 환幻처럼 자기 자신에 갇혀서 국가의 중심을 에워싸는 것에 만족하지 않는다. 주변은 국가의 텍스트를 주변에 의존적으로 만들면서 중심 쪽으로 휜다. "이런 이유로 사회적으로 주변적인 것은 상징적으로 중심이 된다."[20]

주변의 '아래'로의 전환은 비록 외국인의 삶이 여백의 삶으로서 주변에서 유지될 때조차 국가의 허구에 기여한다는 것을 함축한다. 국가는 따라서 혼합과 하이브리드화를 제안하고 기존 나눔의 방식이 띠는 폭력성을 비판하면서 국가를 실추시키는 모든 경험적, 역사적, 비천한 현상에 환원 불가능한 자신의 언어, 자신의 법, 자신의 용인된 민족적 형식, 문화적, 종교적 코드 등의 상징적 탁월함의 가치를 강조하면서 자신의 자연성의 환상을 창조하는 허구에 전적으로 의존한다. 국가는 이렇게 '아래'에서 떨어져 나온 '위'의 허구를 전제하며, 이 허구는 위가 분리되어 나오는 자신의 타고난 자질génie의 탁월함을 상기하는 데에서 그 절정에 이른다.

타자처럼 살기
타자처럼 살기

외국인의 조건은 다만 그 삶들이 타자로 지시되자마자 외국인이
된다는 사실로부터만 오는 것이 아니라, 그 삶들이 타자처럼 산다는
피할 수 없는 사실로부터 온다. 스튜어트 홀은 흑인에 대해 다음과
같이 말한다.

> 우리는 다만 사이드가 말하는 '동양적'이라는 의미에서 체제
> 들(표상의 지배자들)에 의해 서양 지식의 범주들 한가운데서 타
> 자들과 차이들로 구성되는 것만이 아니다. 이 범주들은 또한
> 우리가 스스로 자신을 타자로서 보고 사는 것의 결과이기도
> 하다. (…) 따라서 지배적인 담론 안에서 민족 혹은 주체를 타
> 자로서 놓는 것과, 이 민족 혹은 주체를 강요된 지배와 의지에

의해서 뿐 아니라 내적 강요와 규범과의 주체적인 일치에 의해서 이 '지식'에 종속시키는 것은 같은 것이 아니다.[21]

스튜어트 홀은, 지시는 외국인의 삶의 타자화 과정으로 환원되지 않는다는 것을 시사한다. 차이는 다만 일단의 여자들과 남자들은 국민으로, 다른 이들은 타자로 만드는 패권적인 표상들에 의해서만 생겨나는 것이 아니다. 다시 말해 차이는 모욕적인 지시의 인식론적 유통 안에 한정되지 않는다. 차이는 또한 외국인의 에토스 안에서, 삶의 방식 안에서 확산된다. 외국인임은 타자로서 자신을 경험하는 데 이르는 것이다. 어떻게 한 삶은 생존의 한계 안에서 항상 타자의 삶으로서 자신을 경험할 수 있는가? 그것은 규범과 자신을 주체적으로 일치시키는 내적 강요에 의해 가능하다.

어떻게 이런 내적 강요가 나타나는가? 왜 외국인은 그에게 가해지는 외국인이라는 지시를 제거하고자 하지 않는가? 왜 한 삶은 지시를 해체하는 순간을 만날 수 없는가? 한 삶 안에서 무엇이 지시에 다시 힘을 주는가? 그런데 주의하자. 여기서 말하고자 하는 것은 한 삶이 쉽게 지시에 반대할 수 있다는 것을 긍정하고자 하는 것이 아니다. 어떤 지시들은 한 삶이 더 이상 삶을 이끌 수 없이 불확실해질 정도로 지워지지 않는 상처를 가한다. 외국인이라는 지시는 바로 그런 지시들에 속한다. 왜냐하면 그 지시는 그에게 불확실한 권리와 불확실한 거주와 불확실한 환경을 부여하면서, 그의 삶을 불확실하게 만들기 때문이다. 그래서 스튜어트 홀이 상기시키듯이, 한 삶을 타자로서 놓는 것은 그 삶이 타자성의 상처를 스스로 해체할 수 있는 모든 능력을 박탈하면서 실질적으로 그 삶을 지배하는 것이다. 이로부터 한 삶은 타자들의 손에 놓이고, 그의 삶은 인질과 같은, 유괴된, 강탈된 삶이 된다. 이 강탈은 최초의 강탈인 고향의 제거를 확대한다.

이러한 조건들 안에서 타자로서의 삶은 모욕을 극복하지도, 이 모욕과 자신이 일치한다고 자연스럽게 느끼지도 못한다. 외국인으로 지시된 사람에게 있어 지시 안에 머물기를 거부하는 것은 사느냐 죽느냐의 문제다. 모욕을 받는다는 것은 다만 사회적 집단 밖으로 추방된다는 것이 아니라, 모욕에 반해서 살아야 한다는 것을 말한다. 만일 "우리를 단독화하는 듯이 보이는 이 이름, 이 지시에 의해 존재하기 위해 우리가 서로 의존한다"면,[22] 그리고 바로 이 사실로 인해 우리를 모욕하는 이 지시의 과정에 반대할 수 없다면, 우리는 모욕과 그것의 사회적 가공 양식에 열려 있으면서 동시에 그것에 대답해야 할 필연성 안에 열려 있는 것이다. 그 필연성은 어디에서 오는가? 상처 입은 삶 안에서도 유지되는 삶의 욕망으로부터 온다. 모욕적인 지시는 대개 비판적인 대응의 가능성을 파괴하는 상처로서 일어난다. 따라서 모욕당함은 반박의 고유한 욕망을 더 이상 욕망할 수 없는 치명적인 가능성에 노출되는 것이다. 외국인에 대한 모든 명명이 다 상처를 입히는 것이 아니라면, 명명은 국가의 언어의 형식들 안에서 그 언어가 외국인에게서 박탈되는 바로 그 순간에 외국인 주체를 구성하는 데 기여한다. 그 명명은 따라서 극복할 수 없는 역설을 제공한다. 다시 말해 외국인이란 명명에 의한 "소환"은 외국인이 동원하는 언어적 자원들이 국가적 관점에서 전적으로 받아들일 수 있는 자원이 아니라고 의심하면서, 외국인과 환대국의 언어와의 관계를 주변화한다. 외국인 주체는 이때 벗어난 주체로 특징지어진다. 모욕적인 명명에 저항하기 위해 그가 내놓을 수 있는 언어적인 자원들은 국가 언어의 집에 거주하지 않는다. 비록 그 언어적 자원들이 자신의 언어가 아닌 다른 언어와 관계하는 외국인의 놀라운 능력을 증언한다 할지라도, 그것들은 항상 국민적 결함으로 판단되는 언어적인 불일치를 드러낸다.

주디스 버틀러가 상기시키듯이 "담론 안에서 자율성은, 그것이 존재하는 한에서, 언어에 대한 근본적이고 본래적인 의존성에 의해 조건지어지며, 그 역사성은 모든 면에서 말하는 주체의 역사를 초과한다."[23] 환대국의 지붕, 법, 언어 안에 거주하지 않는 외국인의 삶은 담론에서 배제된 삶이며, 외국인은 담론들의 국가 경찰에 의해 긍정적으로 평가될 때만 언어적인 면에서 생존할 수 있다. 그런데 이 언어적 생존은 모국어와 그 안에서 자기 구성의 양식들을 제거하는 대가를 치르고서만 일어날 수 있다. 이런 모국어 상실은 하나의 허구다. 어떤 삶이 이것에 동의할 수 있는가? 어떤 삶이 다른 삶들의 규범적인 기대에 의해 전적으로 조정될 수 있는가? 따라서 외국인의 삶으로 지시된 삶은 그가 결합하고자 노력하는 국가의 규범 안에 사는 것을 수락할 수 없다. 외국인의 삶은 더 나아가 그 삶의 자격을 박탈하는 모욕을 수락할 수 없다. 다만 용인된^{autorisé} 주체가 아니라 자신의 권위에 의존하는$^{s'autorisant}$ 주체로 나타나기 위해 도착한 나라의 규범적인 기대를 해체하는 것은, 낯선 환경 안에서 살아남기 위한 가장 중요한 조건이다. '자신의 권위에 의존함'은 자기 허구의 저자가 됨을 수락하는 것이다. 용인된 주체로 지시된다는 것은, 법의 힘을 가진 권위에 의해 합법적인 주체로 평가되는 것이다. 만일 용인된 주체를 창출하는 권위가 자기 허구의 가장 지배적인 조건이라면, 권위는 이 허구를 혼자 창출할 수 없다.

자기일 수 있는 능력은 다만 권위를 만드는 다양한 합법화에 의해 긍정적으로 지지되는 사회적 가능성만을 전제로 하는 것이 아니라, 또한 '전'과 '후'를 연결하는 시간적 경험인 심리적 구성에 의존한다. 이 능력은 정체성에 의존하기보다 최소한의 정체성을 낳기 때문에 대부분 수행적이다. 외국인의 삶의 맥락 안에서 이러한 활동을 어떻게 해석할 수 있는가? 반드시 자기일 수 있는 가능성을 칭송할 필요도 없으며, 그 가능성을 사회적 경험에 의해 훼손되지 않은 보고^{réserve}로서 고려할 필요도 없다. 또한 그것을 사회적 경험의 단순한 결과로 이해할 필요도 없다. 왜냐하면 그것은 지배의 공적 텍스트와, 그것에 의해 조건지어져 있음에도 불구하고 그것으로 전적으로 환원되지 않고 심지어 그것을 부분적으로 손상시킬 수도 있는 사적인 악보를 혼동하는 것이기 때문이다. 공적인 텍스트와 사적인 텍스트의 불일치는 이제 우리가 외국인의 삶의 경험을 분석하고 그 삶의 수행적인 능력 안에서 그 삶을 이해하기 위해 따라야 하는 것이다.

언어 밖에서
언어 밖에서

외국인이 그가 결합해야 하는 지시들 혹은 그가 겪는 모욕들에 직면해서 반응하지 않는 것은 아니다. 그는 통합될 수 있는 외국인으로 보이기 위해 그가 행하지 않을 수 없는 공적인 텍스트로 전적으로 환원되지는 않기 때문이다. 만일 당신이 당신의 언어로 소환되지 않을 때, 또 당신이 받은 이름이 모욕적인 이름일 때 무슨 일이 일어나는가? 모두가 당신에게 증오의 말만 건넨다면, 무슨 일이 일어나는가?

이때 언어 안에서의 삶은 항상 언어 밖의 삶으로 변한다. 외국인의 삶은 이제 언어가 박탈된 삶이 된다. 물론 우리는 너무 서둘러서 외국인과 결합할 필요도, 외국인이란 이름의 거울이 반사하는 부정적인 세계로 서둘러서 갈 필요도 없다. 원리상 행복한 외국인의 삶도 있을 수 있다. 그런데 그런 삶은 더 이상 그 자체로 지시될 수 없다. 의심할 바 없이, 모든 외국인의 꿈은 두 개의 국가, 그가 떠나온 고국과 도착한 나라 사이에서 잘려지지 않은 삶의 영광에 오르는 것이다. 그런데 의심할 바 없이, 그 희망의 끝에서 이탈과 위반의 에토스가 그 꿈에 상처를 낼 것이다.' 율리시스의 꿈은 무국적자의 꿈이 아니었던가? 외국인의 근본적인 타자성은 한밤에 밝은 그림자처럼 빛난다. 그런데 사회적인 타자성이 비-자리$^{\text{non-place}}$, 공허, 고독, 증오를 더 깊이 팔 때, 어떻게 이런 타자성에 도달할 수 있는가? 외국인에게 자리가 아닌 자리$^{\text{la place de la non-place}}$를 정해주고, 더 나아가 그에게 영원한 침입자의 얼굴 혹은 부끄러운 체류 외국인의 얼굴을 부여하는 모든 상투적인 행위 너머에는, 생존의 분노와 밀접한 연관을 가지는 만들어가는 삶$^{\text{une vie à l'oeuvre}}$의 상실이 있다. 이때 외국인은 인정된 어떤 사회적 소속도 없이 존재하는 사람들의 이름일 뿐 아니라, 다양한 형태의 사회적 소속에서 배제된 집단에도 속하지 않는 이 여자, 이 남자의 기이한 이름이다. 외국인은 한 집단에 속할 수 있을 정도로 충분히 통합되지 않는다. 비록 그가 파리의 아프가니스탄 공동체 소속이라 할지라도, 이 공동체는 제도화된 집단들의 그림자 안에서만 존재할 뿐이다. 외국인 집단들은 많지만 그중 어떤 집단도, 그것이 제도 안에 속하는 집단인 한에서, 외국인의 조건을 제거할 정도로 충분히 강하지 않다. 따라서 외국인은 그가 마지막으로 이른 집단 안에서조차 그 안에 끼어드는 것이 거부된 자다. 그는 항상 현전과 일치하지 않는 어떤 양태에 의해 이미 자신의 현전에 얼룩이 칠해진 파리아다. 여분$^{de\ trop}$의 삶, 이 여분의 우연성은 어떤 정체성에 의해서도, 심지어 부정적인 정체성에 의해서도 절대로 줄어들 수 없는 것이다. 외국인은, 엘레니 바리카스가 지적하듯이 "추방된 인종처럼 그의 언어는 절대로 들리지 않으며, 감정은 고립되고, 그의 욕망들은 절대로 실현되지 않는"[24] 자로서 구성된다.

프란츠 파농이 강조하듯이 "내 영혼의 가장 어두운 부분에 난 틈 사이로 갑자기 백인이고자 하는 욕망이 솟아난다". 왜냐하면 이동 안에서 이동되고 지배되는 인간은 모든 자리 없음$^{les\ sans-places}$을 제거할 수 있는 한 자리를 꿈꾸기 때문이다. 전적으로 계급 안으로, 장르 안으로, 인종 안으로 들어가고자 하는 것은 계급 밖에, 장르 밖에 인종 밖에 존재하는 여자, 남자의 역설적인 욕망 가운데 하나일 것이다. 그런데 이 욕망은 곧 자격 박탈의 인종적 판단에 의해서, 또 장르적 지배의 폭력에 의해 반박된다. 또한 외국인은 외국인으로서 자기 자신에 대한 판결, 즉 어떤 몫도 가지지 않은 어디에도 존재하지 않는 주체와 연결된 자기 성실의 경험에 참여한다. 이때 '나'는 자신을 존재의 결핍과 우울하게 연결된 상실된 주체로서조차 표상할 수 없다. 왜냐하면 이는 나를 마치 세계 안에 가난한 주체로, 더 나아가 비-주체non-sujet로 간주하는 것이기 때문이다.[25] 다른 한 편, 나는 자기 자신과 일치하는 주체로 표상할 수도 없다. 역설적인 외국인의 조건과 연결된 나의 경험을 부정하는 데 이르기 때문이다. 그래서 자기 상실은 비극적으로 삶의 가능성을 저하시키는 생명력의 상실로 보일 수 있다. 그런데 그것은 동시에 이 생명력의 상실을 파괴하는 치열한 삶의 형식을 끌어내는 것으로 생각해야 한다. 자기와 자기 것의 실현을 위해 노력할 가능성의 상실은 그 자체 상실되어야 하는 상실로서 체험된다. 이는 상실을 지우는 것을 의미하는 것이 아니라 상실의 장애를 제거하는 작업이다. 만일 "세계 안에서 겪은 상실이 자아 안의 특징적인 결핍이 되는 것"[26]이 사실이라면, 이 결핍은 상실 그 자체에 반항하는 폭력을 끌어낸다. 생존의 분노는 이 때 상실 안에서 삶의 방식으로 변형될 수 있다.

우리를 방해하는 것을 가지고 우리는 무엇을 할 수 있는가? 또 우리는 우리를 파괴하는 것을 파괴할 수 있는가? 이 질문들은 관계를 상실했다고 느끼는 삶, 또 한 나라에서 불확실한 방식으로 유지되는 모든 삶에서 제기된다. 한 삶을 인간적인 삶으로 만드는 일련의 선험적인 능력들의 목록을 여기서 불러낼 필요는 없다. 차라리 사회적 폭력을 산출하는 맥락들을 살펴보는 것이 더 나을 것이다. 우리는 "사회적 담론이 자신의 고유한 법을 강요하면서 자신의 권력을 형성하고 조절한다는 것"[27]을 안다. 그런데 이렇게 형성된 주체는 특히 사회적 담론에 의해 조정된 주체이며, 자신의 권위를 사회적 권위에서 빌려온 주체다. 다만 한 사회적 담론이 주체의 가치를 박탈하면서만 주체에게 부과될 수 있을 때, 주체는 더 이상 어떤 종류의 권위에도 의지할 수 없다. 혼자임은 매번 허가의 순간에 자신을 고아로 발견하는 것이며, 저자를 찾는 인물이 되는 것이다. 사회적 자리는 한편으로 사회적 허가의 다양한 형식에 의해 산출된다. 다른 한편, 자리를 기다리는 이동된 삶들은 자리를 잡은 주체들의 눈에는 용인된 삶들로 보이지 않는다. 이런 삶들은 따라서 모든 얼굴을 잃어버리고, 탈영토화되고, 더 이상 목소리도 가지지 않는다.

외국인은 시간과 공간 안에 그의 자리를 정해주는 이름을 받는다. 이 이름은 비록 실질적으로 중립적이 아닐지라도(외국인, 이민자, 망명자) 중립적이고자 한다. 이름은 그것이 주체의 민족적 혹은 지리학적 기원을 희화화할 때 모욕적일 수도 있다. 그런데 이름은 자기 혼자의 일이 아니다. 이름은 삶들의 단독성을 길들여진 표현들을 산출하는 언어적인 태도들에 통합하는 일반성을 반복한다.

한 이름을 받으면서, 우리는 (…) 사회적으로 시간과 공간 안에 자리한다. 우리를 단독화하는 듯이 보이는 이 이름, 이 지시에 의해 존재하기 위해 우리는 서로 의존한다.[28]

외국인은 또한 자신의 언어의 가능성을 빼앗긴다. 외국인의 언어적 자원들이 국가의 언어를 제대로 말할 줄 모르는 낯선 울부짖음의 인상만을 강화한다면, 더더욱 외국인은 그에게 쏟아지는 모욕적인 지시에 저항할 수 없다. 국가 문자의 권력은 국가에 참여하지 않는 여자, 남자에게 확대된다. 수수께끼 같은 두꺼운 행정 서류들과 국가를 형성하는 말들의 미궁 안으로 빠져들 가능성에 의해 공식적인 인정과 분리된 한 삶은 벗어난 삶으로 선언된다. "담론 안에서 자율성은 (…) 언어의 역사성이 말하는 주체의 역사를 모든 면에서 초과하는, 언어에 대한 근본적이고 본래적인 의존성에 의해 조건지어지기 때문이다."[29] 언어는 말하는 주체를 초과하며, 그럼에도 불구하고 말하는 주체는 언어의 주체로서 인정받고자 노력한다. 다만, 언어의 주체가 됨은 주체가 섬기는 국왕의 신하^{sujet de sa Majesté}, 즉 국가의 국민^{sujet de la Nation}이 되는 것과 같다. 언어와 국가의 이 순환, 말의 권력과 정치적 권력의 이 순환은 그 안에서 제대로 숨을 쉴 수 없는 실존의 극단적인 허약성을 드러낸다. 지방 혹은 전국 선거에서 외국인들의 투표권이 거부되는 것은 그들의 실존이 오염된 주체들로서 생각되고 조정된다는 것을 드러내며, 특히 그들의 언어적 잠재성이 '우리의 것'이 아니라고 생각되기 때문이다.

이러한 전망에서 당신의 언어적인 자원들이 번역 불가능한 것으로 간주되는 지점에까지 이를 때, 어떻게 당신에게 쏟아지는 모든 지시에 저항할 수 있는가? 정상적인 언어의 장에서, 주체들은 "서로에게 말을 건넬 수 있으며, 주소를 주고받을 수 있다". 그래서 "서로 말을 걸 수 있는 능력은 주소를 받았다는 사실로부터 나오는 것처럼 보인다".[30] 허약한 언어적 장에서는 우리가 받는 이름과 말을 걸 수 있는 가능성이 분리된다. 외국인으로서 간주되는 외국인은 주역으로서 언어적 장으로 나아갈 수 없다. 외국인은 한편으로 이 언어적 장 안에 산다. 그런데 다른 한편 그는 모국어로 되돌려보내지면서 국가의 언어적 장에서 거부된다. 그가 안과 밖에 동시에 존재하기 때문이다. 두 번째 언어, 즉 밖의 언어는 안의 언어로 침투해서 안의 언어를 식민화하고, 결국 안의 언어를 밖의 언어로 만든다. 비록 도착한 나라의 언어인 이 두 번째 언어가 안의 언어로 재정의될 때조차도 말이다. 안과 밖의 두 극은 뒤집히고, 외국인의 심리적 삶은 혼란스러워진다. 언어들의 이 소용돌이로부터 비-언어[no-langue], 누구의 것도 아닌 언어, 다시 말해 불행하고 고독한 뮌히하우젠 남작처럼 국가의 성벽 밖으로 내던져진 자들의 언어가 생겨난다. 그런데 어떻게 어느 하나도 자신의 것이 아닌 두 언어를 가진 자들이 가능한가!

비-언어로 사는 것은 정확히 무엇을 의미하는가? 그것은 어떤 소속도 없는 자신을 발견하는 것이며, 잠재적으로 낯선 외국인의 조건에 처한 이민한 외국인이 되는 것을 의미한다. 두 개의 국어를 사용하는 사람은 한 언어에서 다른 언어로 자유자재로 이동할 수 있으며, 두 언어에서 그 능력을 인정받을 수 있다. 그런데 비-언어 안에서 사는 사람은 어떤 언어에서도 안정된 언어적 토대를 가질 수 없고, 자신의 언어적 능력에 대한 모든 믿음을 상실한다. 비-언어는 이국어주의와 전적으로 반대다. 어떤 언어도 자신의 것이 아닌 두 개의 언어를 가지는 것은 사회적 계층 밖에 놓인 외국인의 숙명이며, 이런 외국인의 모국어는 그의 모국어가 될 가능성이 전혀 없는 공식어와의 접촉에서 언어로서의 가치를 상실한다. 공식어와 분리된 외국인의 모국어는 유령의 언어, 금지된 언어가 되며, 삶의 언어라기보다 죽음의 언어가 된다. "어린 시절의 말들은 문자 그대로 외국어가 된다."[31]

이제 기회가 될 때마다 외국인에 대한 지시들을 반복하는 지배적인 언어의 구조와 연관해서 몇몇 질문들을 제기할 수 있다. 만일 한 언어가 그러한 지시들을 반복한다면, 그 언어는 환대적일 수 있는가? 반복의 의지는 (언어적, 정치적) 권력의 영토화로부터 나오는가? 이 의지는 어떤 얼굴을 구성하는가? 이러한 질문들을 제기하는 것은, 외국인에 대한 지시의 반복이 국가의 얼굴이 출현하는 근본적인 조건이 아닌가를 묻는 것이다. 한 언어를 다른 언어들에 선험적으로 닫힌 것으로서 또 그 언어에서 만들어진 소수자들의 활용에 대해 선험적으로 적대적인 것으로 고려하는 것은 영토, 국가, 언어 사이의 연계를 최소한의 열림도 허락하지 않는 한계의 양태 위에서 설립하는 것이다. 이런 전망에서, 외국인은 모국어 안에서도, 도착한 나라의 언어에서 형성된 소수자들의 활용 안에서도 거의 진지하게 취급될 사회적 기회를 지니지 않는다. 외국인은 앞서서 제대로 말할 줄 모르는 하층민으로 취급된다. 왜냐하면 그들은 항상 밖에 속한 안이기 때문이다. 여기서 우리는 스피박이 제안한 "하층민"이라는 말의 정의와 관계한다.

> 누군가 "그들은 말할 줄 모른다"라고 말할 때, 이 진술의 '말하다가 말과 그것의 들음을 함축한다면, 그에 대한 대답의 가능성, 즉 책임은 하층민의 영역 안에는 존재하지 않는다는 것을 의미한다.[32]

한 언어가 다시 발명되고, 비판되고, 탈식민지화될 수 있음에도 불구하고, 외국인에 대한 지시를 반복하는 것은 언어의 식민적 구조의 재생산, 즉 그 구조와의 연대와 지속을 목적으로 한다. 지시의 반복은 앞서서 다른 언어 혹은 자신의 언어의 다른 활용인 언어적 자원을 정지시켜 결국 하층민의 세계를 고립된 집단 안에 가둔다.

우리는 이러한 모욕적인 지시에 반대하거나 그 지시의 반복에 대항해서 투쟁할 수 있는가? 그리고 누가 이것에 대항해서 투쟁하는가? 언어는 권력의 표시다. 언어는 "언어의 유통에서 (…) 어떤 순간에 명령어들에 의해 규정된다."[33] 사회적 의무들과 관계된 명령어들이 국가의 얼굴을 결정한다. 이 말들이 다수를 설립하고 권력의 모습을 형성한다. 명령어가 규범을 상기시키는 바로 거기에서, 이 명령어를 먹고 자라는 권력 그 자체가 자신의 얼굴인 국가를 해체하고 탈영토화할 수 있는 잡초, 기생적 돌출부가 되는 생동하는 기이한 변형이 도래한다. 이것은 지배에 대해 피지배의, 권력에 대한 하층민의 아주 이상한 설욕이다. 생존의 분노는 소수자 되기를 창출하고 국가라는 다수자의 상태를 흔드는 데 기여한다.

다음 장에서 규범들의 동요에 대한 완벽한 분석에 이르기 전에, 외국인의 비-언어가 국가의 언어에 아무 영향도 끼치지 않는 것이 아니라는 것을 말해야 한다. 노마드의 특이성들의 배치는 국가의 얼굴을 만드는 조임 장치에 의해 잡히지 않는다. 그 배치는 다른 곳에서 온 하부정치학으로서 명령어들 아래서 살아 있는 물처럼 순환하며, 이주자들의 흐름으로부터 나오는, 더 정확히 이주 안에서 다른 흐름들과 관계하고 그 흐름에 따라서 "도덕과 정치, 더 자세히 가족, 국민, 국가의 도덕과 정치"[34]의 영토 분할을 고발하는 모든 흐름으로부터 나오는 길들여지지 않고 국가화되지 않은 에너지와 같다. 이 흐름들은 전적으로 진압될 수 없으며, 세계 위에 절망의 궁극적인 에너지가 아니라 가난한 자들의 흔적, 그런데 하나의 민중을 만드는 것이 아니라 하층민의 비밀스러운 삶, 여행의 흐름, 노동의 흐름, 비참과 사랑의 흐름을 형성하는 미시 역사들을 새긴다. 이 흐름들은 이주자들 안에서 요동하며, 국가 요새들의 건설에 의해 중단될 수 없다. 왜냐하면 국가는 다만 일련의 국경들[35]일 뿐 아니라, 이 국경들을 유반하고, 국가의 얼굴을 다르게 만들기 위해 그것을 지속적으로 해체하는 생명의 흐름들의 모음^{collection}이기도 하기 때문이다. 이 생명의 흐름들은 국가의 기준들 안에 거주하지 않는다는 아주 단순한 이유로 국가 안에 다른 장소들을 솟아나게 하며, "이질적인 장소들",[36] 다시 말해 국가 안에서 국가의 규범들에 따라 기능하지 않는 장소들을 솟아나게 한다. 이 이질적 장소들은 갱신된 '세계국가' 이념의 기원으로서, 해체된 국가의 유토피아와 연결되는가? 그렇다. 다만, 르네 셰레의 경고를 주의한다면 말이다. "노마드들에게— 민족이든 개인이든—, 또 집이 없는 자들에게, 추방된 자들에게 말을 건넴이 없이는 현재 어떤 유토피아도 생각할 수 없다."[37] 유토피아는 외국인의 삶들의 사소한 역정들을 제거하지 않는다. 이 역정들의 단독적인 생성들은 비가시적이지만 실재적인 다른 장소들을 산출하고, 여백의 문화에 영양을 공급한다. 배제의 끝에, 배제된 자의 독특한 창조가 남는다. 다시 말해 그를 무위의 인간으로 만드는 사회적인 비가시성에도 불구하고 제거할 수 없는 작품의 욕망이 남는다. 노마디즘의 끝에, 점적인 독특한 스타일이 남는다. 왜냐하면 실재는 다만 현실태화된 힘들 전체, 다시 말해 얼굴을 만드는 가능성들의 엄격한 연속만이 아니라, 고려되지 않은 소수자들의 활용들의 긍정, 즉 일어날 것 같지 않은 생성 전체이기 때문이다. 생성은 국가의 이차적인 성질이 아니다. 왜냐하면 "생성 그 자체는 내재하는 삶의 꺾을 수 없는 운동"[38]이며, 사건 그 자체를 형성하기 때문이다. 비록 이 사건이 국가 구성 안에서 평가 저하되고, 더 나아가 비가시적이 될 때조차 말이다.

다음 장에서 우리가 보다 자세히 전개할 이 언급들은 다른 관점에서 말들의 권력을 밝히기에 충분하다. 물론 언어 안에는 국가의 지속적인 경고가 있으며, 국가의 명령들을 구성하고 소환과 서류들로 그 명령들을 검토하는 직접적인 스타일이 존재한다. 그런데 또한 언어 안에는 언어적 생존에 대한 호소도 있다. 그것은 비-언어 안에서, 다시 말해 개개의 외국인의 삶(억양, 구문, 단어의 차이)이 도착한 나라의 언어 안에서 겪는 소수자들의 변형 안에서, 또한 동시에 도착한 나라의 언어 안에서 고국어의 활용의 지속성 안에서 드러난다. 비-언어는 국가의 언어 안에서 작동하지 않는 것이 아니라, 그 언어에 고리들을 만든다. 이 고리들은 물론 국가의 언어 안에서 불신된다. 그런데 그것들은 외국인의 고유한 삶의 고리들을 생성하는 말의 형식들을 산출한다. 이제 국가는 명령들과 명령어들의 직접적인 스타일로만 환원될 수 없다. 국가는 또한 국가의 주름들 안에 통합되는 것에 만족하지 않고, 국가의 '유동자산'을 변형하는 하층민의 간접적인 담론들에 의해서도 파악되어야 한다. 비-언어의 말의 고리들은 잃어버린 말의 고리들이 아니다. 그것은 미국 작가 존 더스패서스가 그의 책 『미국』의 서언에서 말하고자 한 것이 아닌가?

미국은 대륙의 한쪽이다. 미국은 지갑 사회들의 집합이며, 노동조합들의 모임이며, 가죽끈으로 연결된 법들의 묶음이다. (…) 그런데 미국은 특히 사람들의 말들이다.[39]

한 국가는 절대로 한 얼굴, 한 영토가 아니다. 그것은 얼굴을 탈영토화하는 평범한 목소리들 전체다. 이 목소리들 덕분에 국가는 그의 정체된 형식들 안에서 해체될 수 있으며, 다르게 될 수 있다. 우리가 요청하는 것은 이러한 규범성이며, 지금 우리가 명시하고자 하는 정치적인 행위는 이러한 규범성과 떨어질 수 없다.

제4장 국가의 해체

국경

국경

안과 밖을 분리하고 외국인에 대한 체험을 믿을 만한 것으로 만드
는 행위는 안에 사는 그녀들과 그들의 내적 응집을 산출하는 행위
와 같으며, 그들의 정체성은 국민적 형식과 더불어 주어진다. 국민
정체성의 정착은 외국인 정체성의 고착의 조건으로 나타나며, 타자
의 타자성 정도를 규정하는 것은 자신이 타자가 될 가능성을 포기
하는 것과 같다. 외국인으로 말해지는 삶들의 타자성 계수의 구성
은 따라서 정체성의 방패로서, 국민적 소속의 재무장 요소로서 요
청된다. 그런데 이런 한정은 절대로 완벽할 수 없다. 왜냐하면 이 한
정은 절대로 그것을 가능하게 하는 국민적 형식에 전적으로 일치할
수 없기 때문이다. 만일 모든 한정이 국가의 기준으로부터 나온다
면, 그리고 그 기준은 역으로 한정에 의해 재활성화된다면, 국가의

동기에서 태어난 모든 한정이 국민 정체성에 이르는 것은 아니다. 국민 정체성은 국가 안에 존재해야 할 것으로, 명석 판명한 자연적 소질들을 솟아나게 하는 안정된 지반의 가치를 지닐 수 없기 때문이다. 더 나아가 국민 정체성은 외국인을 자신의 외국인으로 지시함으로써 국가라는 실체를 강화하는 한정에 의해 태어나는 허구일 뿐이다. 국민 정체성은 한정을 앞서는 것이 아니라, 바로 그 한정으로부터 나온다. 이런 사실로 인해 국민 정체성은 불안정한 허구이며, 그 허구를 활성화하는 대립하는 한정의 유형들에 의해 필연적으로 혼탁해진다. 국민 정체성의 반복은 국가들이 국경을 두고 서로 경쟁하는 시장 안에서 두드러지게 드러나는 한정의 유형에 크게 의존한다. 국경들의 적분기 역할을 하면서 반복되는 국민은 모든 한정이 그 존재로 수렴되는 조건에서만 보장된다. 타자가 주체의 등에서 솟아나는 것은 물론 이러한 경우가 아니다. 그것은 국민이 특수한 한정의 유형에 의해 부정적으로 승인될 때에만 가능하다. '내'가 외국인으로 지시되기 위해서는 '내'가 '그(들)'에 의해 자기 집에서 분리되는 쓰라린 경험을 겪는 것으로 충분하다. 이런 점에서 타인을 외국인으로 한정하는 것, 즉 자기 자신을 외국인이 아님으로 한정하는 것은 절대로 안정적이지 않다. 외국인으로서 자기 자신은 항상 일어날 수 있는 것으로, 국가의 허구를 확산하면서 실질적으로는 국가에서 명백하게 설립된 모든 정체성을 박탈하는 다양한 한정의 우연적인 결과다. 따라서 '나'는 항상 외국인이 될 수 있다. 국가란 그 근저에서 다양한 한정과 그로부터 결과하는 국민 정체성들의 반복으로부터 나오는 수행적 장르와 다른 것이 아닌 한에서 말이다. 합법적인 것으로 간주되는 일련의 반복들만이 국가를 형성한다. 왜냐하면 이러한 반복은 직접적으로 국가적 상표(도청, 이민국 창구, 국민 정체성 장관 등등)를 산출하는 권력관계들에 의해 요청되거나, 간접적으로 사회적 관계들(일, 이웃과의 관계 등등) 안에서 요청되기 때문이다.

국가는 이제 이상한 역설을 나타나게 한다. 아무것도 국가를 만들지 않으며, 국민 정체성은 어떤 본질도 주장할 수 없다. 그렇다고 해서 아무것이나 국가를 만드는 것은 아니다. 국가는 초월적인 가치를 지닌 국가의 계보학을 국가에 부여하고 반복하는 일단의 권력관계로부터 나온다. 이런 권력관계들은 국민 정체성을 국경들의 선 긋기와 떼어놓을 수 없는 것으로 만들면서 국민 정체성의 이념을 강화한다. 에티엔 발리바르가 지적하듯이 "모든 종류의 국경에 대한 논의는 정확히 규정된—국민적이고 또 다른—정체성들의 설립과 관계한다".[1] 엄격한 의미에서 정체성은 국경의 한정에 의해서만 설립될 수 있다. 따라서 정체성은 국가를 형성하는 국경의 정치적 행위들과 분리될 수 없다. 이로써 우리는 국가(국경)의 가장자리는 국가의 전제된 핵심, 즉 상상에 의해 만들어진 안의 환상과 내밀한 관계를 가진다는 것을 확인한다. 국경을 유지하는 것은 따라서 영원히 국민 정체성의 허구를 활성화하는 것을 허락한다.

이제 평범한 삶들과의 관계에서 국가의 메카노[*]를 재구성해야 한다. 익명적인 삶에 대해 말하는 것은 필연적으로 "국적을 가진 사람들의 자유를 말하는 것이며, (…) 특히 그들의 삶이 주권에 의해 지배되는 국가의 영토 안에 속한다"[2]는 것을 말하는 것이다. 이 과정은 어떻게 일어나는가? "국가의 독재"[3]는 국민의 신체 안에 각인될 뿐 아니라, 주체들을 국가의 기준들로 변형시키면서 지속적으로 국민으로 만든다. 셍겐 조약은 유럽적 지평에서 피보호권, 이민 양식, 가족 재결합의 조건을 개혁하면서, 또 모든 부정행위에 저항하기 위해 경찰을 동원하면서 각 국가에 속한 국민의 유형을 재정의한다.[4] 각각의 국가는 국민에 대한 유사 소유권을 가지며, 국민 정체성의 허구는 바로 이 독점권을 합법화하는 것이다.

국민국가가 재외 자국민을 자신의 소유처럼 생각하는 것은 아주 본질적이다. 이것은 적어도 상대적으로 그리고 상징적으로 외국인들의 배제와 원리상 짝을 이루는 것이다.[5]

---

[*] 금속으로 된 조립 완구의 이름이다.

국민의 발생은 국가의 전제된 초월성에 의해 지지되며, 이 초월성은 역으로 국경의 선 긋기와 국민 정체성의 상호적인 반송 덕분에 국가에 그 원기를 다시 부여한다. 이러한 발생은 다만 법 밖에[6] 존재할 뿐 아니라 규범 밖에[7] 존재하는 외국인의 추방 동기에서 완수될 수 있다. 외국인이 영토 안에 존재할 때조차 외국인의 배제와 추방은 공동체 구성의 진정한 조건이 된다. 만약 추방이 "집단 밖에서 느끼는 고독, (…) 공동체 안에서 다른 이들과 함께하지 못하는 데서 느끼는 고통"[8]이라면, 국민과 외국인을 나누는 선을 그리는 국경은 국민 바깥에만 존재하는 것이 아니라 국민 내에도 존재하며, 국경은 "주체들의 집단적이고 공동체적인 감정의 본질적인 지표, (…) 그들의 정체성의 지표, 즉 조건"[9]이 된다. 국경은 따라서 국민 정체성하고만 관계하는 것이 아니다. 더 나아가 권력의 놀이는 국민 정체성을 지속적으로 활성화하고, 그것을 내적인 선으로 즉 심리적 자원으로 변형한다. 심리적 삶은 국경의 지반 위에서 전개되며, 국경은 내재화되면서 "국가의 시민-주체"[10]를 구성한다. 이제 국경을 드러내는 추방을 말하지 않고는 외적인 국경도 내적인 국경도 존재하지 않는다.

첫눈에 국경이 국가의 전제된 중심과 국가의 지배를 낳는 권력관계들의 매듭을 한정짓는 한에서, 국경은 영토를 만드는 힘으로서 긍정되는 듯이 보인다. 그런데 국경은 명석 판명한 실체가 아니다. 에티엔 발리바르가 강조하듯이, 실제로 국경은 다양한 요소들에 의해 규정되며, 이질적이며, 다의적이다. 첫째로, 국경은 그 규정의 다양성에서 보면 물 샐 틈도 없이 닫힌 것이 아니라, 국민국가의 지정학적 배치에 따라 다양하게 변화하는 역할에 따라서 더 외국인으로 혹은 덜 외국인으로 간주될 수 있는 이주자들의 유형을 구성한다. 예를 들어 1950~1960년대에 유럽 국민국가들의 요구에 의해 경제적 이주를 가능하게 했던 국제조약들은, 북쪽의 잘사는 산업국가들의 노동력 요구에 따라 남쪽의 못사는 나라들에서 나온 이주자들이 통과할 수 있는 국경을 창조했다. 국경은 항상 닫혀 있는 것이 아니라 국가의 이익에 따라서 열릴 수도 닫힐 수도 있다. 유럽이 다시 참호로 둘러싸인 진지처럼 되었을 때도 국경의 개방 체제는 전적으로 제거된 것이 아니라, 한편으로 '감시하고 처벌하는' 국가 논리를 따라서, 다른 한편 국제 이주 요청에 의해 유발된 국경의 실질적 통과에 따라 엄격하게 법제화되었다. 국경은 닫히지 않는다. 국경은 반대로 폐쇄와 개방의 법적 절차들을 활성화하면서, 국경의 이념에 정치적인 실재성을 부여하는 감시와 처벌의 기구를 추진하면서, 국민 정체성의 전제를 강화한다.

둘째로, 국경은 이질적이다. 국경은 다만 영토를 구분하는 공

간적 표시가 아니다. "어떤 국경은 더 이상 지리적, 법적 의미의 국경
에 자리하는 것이 아니라 다른 곳에, 선택적인 통제가 행해지는 어
디에나 존재한다."[11] 국경들은 더 이상 국가의 변방에서 행해지는 감
시 체계에만 머무는 것이 아니라, 국가 안정장치의 영역에 속한다.
이 "국경의 편재"는, 필연적으로 영토 내에 금을 긋고, 주체들의 위험
성 정도에 따라서 또 다양한 삶의 형식들(바이러스 혹은 또 다른 삶의
형식들)에 따라서 사회적 공간을 분할하는 새로운 안정장치의 편재
에 일치한다. 따라서 선택은 더 이상 안과 밖 사이에 존재하는 것이
아니라, 안 그 자체에서—법적, 경제적 배치의 유형 사이에서, 이런
저런 상품의 유통 사이에서—행해진다.[12] 각각의 국경은 살 수 있는
장소와 살 수 없는 장소를 창출한다. 그런데 모든 국경은 그들 사이
에서 살 수 있는 장소들은 서로 연결하고, 살 수 없는 장소들은 검
사관, 통역인, 기능이 다양한 경찰이 필요한 주변으로 응집시키면서
서로 관계한다.

셋째로, 국경은 다의적이다. 국경은 사물과 사람에 대해 같은
의미를 가지지 않으며, "모든 사람에 대해 같은 의미를 가지지도 않
는다".[13] 우선 국경은 우리가 한 나라를 떠나느냐 한 나라에 들어가
느냐에 따라 두 방향에서 통과할 수 있다. 국경의 이런 비규정성은
국경의 주관적인 활용들과 떨어질 수 없다. 이로부터 나오는 법, 통

행, 자유의 다양한 경험은 개인들의 계급, 장르, 민족적 강제와 그것과 연결된 차별적 실천에 따라 다양화된다.

보통 세계화의 경향을 가진 잘사는 나라의 부자에게 국경은 도착의 형식적 절차, 아주 쉽고 빨리 지나갈 수 있는 곳으로 그의 사회적 지위를 인정받는 곳이다. 반면 가난한 나라의 가난한 자에게 국경은 전혀 다른 것으로 나타난다. 그것은 다만 통과하기 아주 힘든 어떤 것일 뿐 아니라, 그가 끝없이 부딪히는 장애이며, 추방과 가족 결합에 의해 끝없이 지나가고 다시 지나가는 곳이며, 결국 그들이 머무는 곳이다.[14]

따라서 삶들은 다양하게 국경과 연계된다. 어떤 삶은 국경을 통과하면서 국경을 제거하고, 다른 삶은 국경들로—다양한 권력관계에 의해 만들어진 내적 국경으로, 혹은 추방과 불확실한 통과의 저주받은 순환과 이어진 불확실한 왕래의 외적 국경으로—추방된다. 한편으로 국경은 다양해지고, 영토의 "주권, 행정, 문화적 통제, 통관"[15]과 같은 유일한 방식으로 요약되지 않는다. 다른 한편 국경을 통과해 국경을 잊어버린 삶들은 국경에서의 삶을 선고받은 삶들과 대립된다.

이제 외국인은 다만 일탈자, 부랑자, 불량배 등의 성질을 구성하는 주변화 과정에 의해 누군가에게 지정된 양식이 아니다. 불량배에 대한 데리다의 지적처럼, 그러한 성질들은 항상 해석이면서 동시에 지정인 부여들이다.[16] 외국인이란 "대개 규범적인, 더 나아가 수행적인 평가, 즉 무시하거나 위협하는 욕설, 소송으로 시작해서 결국 법 앞의 시련을 예비하는 명명을 투사하는 경멸과 비난의 성질을 가진 형용사나 속성"[17]이 되도록 정해진 이름이다. 외국인이란 명명은 따라서 항상 잠재적인 소환으로서 드러난다.[18] 명명은 그래서 누군가에게 그의 자리는 여백에 정해지며, 그는 자신의 자리를 영원히 설명하도록 선고되었다는 것을 알려준다. 불량배처럼 외국인은 "법 앞에 출두해야 한다".[19]

외국인은 따라서 남용, 위조된 삶, 반-국가적인 삶과 일치하는 속이는 자로 전제된 주체다. 그래서 외국인은 피할 수 없이 시민성이 결핍된 교외 거주자, 모리배, 부랑자, 파괴자, 테러리스트, 범죄자 등등 여러 방식으로 규정된다. 한편으로 모든 위험스러운 개인이 국가의 외국인들로 지시된다면, 다른 한편 위험하게 된 외국인은 그를 국가 구성원으로 만드는 시민성에의 접근이 원천적으로 거부된다. "신분증 발급이 사회 안에서 한 지위, 한 자리의 획득을 표시한다면",[20] 반대로 그것의 발급 거부는 사회에서 외국인의 자리가 그의 시민성과 마찬가지로 보장되지 않는다는 것을 말한다. 시민성의 거부는 직접적으로 외국인을 위험스러운 주체로 결정하는 것과 연결된다. 그래서 위험스러운 삶의 존재 양식은 더 이상 권리에 의해서가 아니라 소송, 법 앞에 출두에 의해서 조절된다.

하층문화

하층문화

우리는 배타적인 국경에 반대할 수 있으며, 국가의 정체적이고 배제적인 질서를 해체하는 데 기여할 수 있는가? 국민 정체성은 차이들을 통합한다. 그런데 그것은 차이들을 변방에 유지하거나, 그 차이들을 이국적인 것으로 돌려 틀에 박힌 것으로 만든다. 외국인의 차이에 대한 이 두 전제는 외국인의 극단적인 구성을 알려준다. 외국인의 차이는 차이를 수용하는 국가에 의해 다시 틀이 만들어지고 다시 정의된다. 거부되거나 받아들여진 차이는 항상 차이의 에너지를 끌어모으는 사회적 환경에 의존한다.

국가를 만드는 다양한 방식이 존재하며 국경을 만드는 다양한 방식이 존재한다. 영국은 프랑스가 아니며, 미국은 캐나다가 아니다. 여기에 다문화주의가 있을 수 있고, 저기에 요청된 단일성이 유지될 수도 있다. 어떤 나라들은 다른 나라들에 비해서 더 통합적이다. 이 모든 것은 내국인으로 사는 이 여자들, 이 남자들과 외국인으로 지각되는 모든 삶 사이에 형식적인 혹은 비형식적인 경계를 파는 국경의 놀이에 의존한다. 그런데 국경은 국민 정체성에 단일한 내용을 주고자 하는 의지를 제외하고는 본질화되어서는 안 된다. 실제로 안과 밖을 고정하는 대립은 존재하지 않는다. 한편으로 국경은 다양하고 다의적이기 때문이며, 다른 한편 국경은 그것에 저항하는 보이지 않는 삶들에 의해 다시 교섭되고 다시 만들어질 수 있기 때문이다. 국경은 타자성의 체제들을 창출한다. 그런데 국경은 그 체제들을 본질적인 것으로 만들 수는 없다. 왜냐하면 국경은 저항의 능동적인 형식들에 부딪히기 때문이다. 한 삶을 격리시키고 정지시키는 것은, 그 삶을 추방하고자 하는 국경과 생명적 접촉을 유지하면서 역작용할 수 있는 삶의 능력을 제거하지 않는다. 국경은 한 삶을 주변에 놓을 수 있을 뿐이지, 그 삶이 국경을 통과하면서 혹은 국경에 저항하면서 바로 그 국경에 달라붙을 가능성을 제거할 수는 없기 때문이다. 국가는 외국인을 국가의 국경 밖으로 추방하거나 국가 주변에 머무는 하층민의 지위 안에 가두면서도, 국민과 외국인 사이의 연계를 설립한다. 국민은 외국인이 아님으로서만 솟아날 수 있는데, 그로 인해 역으로 외국인이 높은 규정적 가치를 획득한다.

국민 집단은 외국인과 다른 자들로 정립되어야만 자신들의 집단성을 유지할 수 있기 때문이다. 차이는 그 집단이 외국인에 대해 유지하는 배제의 관계 안에서만 존재한다. 따라서 국민 집단은 게오르크 짐멜이 이해한 것처럼 존재하기 위해 그의 외국인들을 필요로 한다.

> 외국인이 국민 집단과 맺는 연대가 자연적으로 조직되는 것이 아니라고 할지라도, 외국인은 그 집단의 구성원이며, 그 집단의 일관성은 그 집단이 이 요소와 유지하는 특별한 관계에 의해 규정된다.[21]

국가는 국가로서 정의되기 위해 외국인들에 의존한다. 이렇게 하면서 국가는 외국인을 국가 안으로 들어오게 하며, 외국인과 거리를 취할 수 없게 된다. 따라서 영토는 그것을 탈영토화하는 삶의 잠재성에 연결되어서만 존재하며, 반면 삶의 잠재성은 들뢰즈가 소키우스Socius라고 부르는 기록을 위한 사회적 표면을 전제한다. "어떻게 탈영토화의 선들이 영토화의 회로들 밖에 놓일 수 있는가?"[22]

따라서 더 이상 국가의 쇠퇴한 양태들이 아닌 대안적인 삶들의 긍정적인 잠재성을 강조해야 한다. 국가적 질서 안에서, 주변에서 솟아나는 외국인의 독특한 잠재성이 존재한다. 국가의 영토는 외국인을 배제하고, 외국인은 영토를 해체하며 다른 영토를 발명한다. "탈영토화는 정도와 문턱들을 가진, 항상 상대적인, 또 재영토화 안에 이면과 보충을 가진 절대적으로 긍정적인 잠재성으로 생각해야 한다."[23] 어떤 종류의 국가적 지반도 없다. 다만 국가의 삶을 창출하는 결합과 분리의 관계만이 있을 뿐이다. 그리고 국가의 삶은 본래적인 것으로 전제된 중심 밖에서 항상 다르게 다시 형성된다. 국가는 자기 자신과의 동일성을 꿈꾼다. 그런데 그런 국가는 궤도 밖에서만 존재할 뿐이다. 이 동일성의 꿈은 "배타적인 부족의 정의"[24]에 초점을 맞춘 동질적인 국가의 신화를 끌어낸다. 그런데 베네딕트 앤더슨이 밝히듯 국가는 다만 "상상의 공동체"[25]가 아니라, 권력관계들과 국경의 활용에 의존하는 실질적인 정치적 공동체다. 따라서 국가를 사유하는 것은 한편으로 국가를 구성하는 상상적인 것의 전개 양태들과 그것들의 정치적인 지배와의 연결을 결정하는 것이며, 다른 한편 "크레올화"[26]의 양태들, 즉 한 문화를 넘어서는 차용들을 회복하는 것이다.

한 국가는 문화 적응과 문화 변형의 과정 안에 존재한다. 지배적인 문화 안에서 소수자가 사라지는 과정들(문화 적응)이 존재한다. 그런데 또한 피지배 문화가 지배적인 문화의 일련의 소재들을 빌려서 사유화하고 독자적인 방식으로 활용하는 차용의 논리도 존재한다. 문화 적응은 문화 변형을 주변화한다. 그런데 문화 적응은, 쿠바의 인류학자 페르난도 오르티스가 백인이 흑인음악을 차용하는 것을 강조하면서[27] 보여주듯이 모든 접촉, 모든 차용, 모든 파종을 피할 수 없다. 이 변형의 과정은 또한 언어의 교차에 의해서도 일어날 수 있다. 국경 지대에서 언어들이 접촉하면서 태어나는 하이브리드화의 한 예는 아이티의 크레올어다. 그것은 아프리카의 언어들과 프랑스어, 더 나아가 지방어들이 역동적으로 교차하면서 태어난 언어다. 섞임이 없는 언어는 존재하지 않는다. 만일 언어가 지금까지 대개 주변에서의 변형만을 인정하는 변화하지 않는 구조로서 이해되었다면, 언어가 실어나르는 문화 변형적 차용의 사실로부터 이제 언어를 "본질적으로 이질적인 요소들로 형성된 실재"[28]로서 이해하는 것이 중요하다. 각각의 언어는 그 언어가 부딪히는 밖에 의해 안에서 촉발된다. 만일 다수가 소수를 식민화한다면, 소수는 자신의 집을 다수 안에 만들며, 그것을 되돌릴 수 없는 방식으로 변형한다. 사회학자 윌리엄 푸트 화이트가 뉴욕의 코너빌에 정착한 미국의 이탈리아인에 대한 연구에서 보여주듯이, "코너빌에 정착한 이탈리아인은 몸만 온 것이 아니라, (…) 그들의 언어와 관습을 가지고 왔다."[29] 함께 모여 사는 이탈리아인은 자신들의 축제를 거기서 다시 풀어내고 이탈리아어를 유지하면서 공동체를 형성한다. 이탈리아어는 그 지역에 고립된 것이 아니라, 대도시의 톱니바퀴에 완전히 통합되어 영어와 결합하기에 이른다. 미국 흑인 공동체 안에서 '흑인이 쓰는 영어'는 아프리카-아메리칸이라는 특수한 그들만의 문법을 보여준다. 윌리엄 러보브의 연구서 『평범한 말투』는 아프리카-아메리칸의 평범한 말투가 과거의 사건들을 이야기하기 위해 얼마나 "능란한 구어들"(진술적 구문의 풍성함, 의태어와 의성어, 비유 등을 통한 강조법의 활용 등등)에 의존하는가를 강조한다. 이야기들은 같은 문화 안에서 완벽하게 자신의 언어적 자원들을 전개하며 그 문화에 일관성을 제공한다. 이로써 이 책은 "가장 탁월한 언어 형식은 체험을 번역하고 그것을 극적인 작품으로 변형시키는 형식"[30]임을 확인한다.

국가 안에서 솟아난 차이들이 동일한 영토성이라는 구습을 떠나게 한다면, 그 차이들은 어떻게 구성되고, 어떻게 국가의 품 안에 자리하는지 물어야 한다. 아마도 그것은 우리가 지배의 가시적인 형식에 놓이는지, 아니면 반대로 하층민의 비가시적인 방식에 놓이는지에 따라 세 종류의 기입으로 나누어질 수 있을 것이다. 사실 지배의 힘을 강화하고 지배의 패권적인 문화 설립에 기여하는 차이들의 정치가 존재하며, 또한 피지배자들의 하층문화를 강화하는 차이의 사회학이 존재하며, 끝으로 권력관계들의 분할에 부분적으로 기여하고 하이브리드의 형식들을 산출하는 차이들의 파종이 존재하기 때문이다.

여기서 우리는 앞서 공적인 담론과 감추어진 담론에 따른 권력의 분석을 전개하면서 이러한 분리를 분석했던 제임스 스콧으로 다시 돌아온다. 권력관계들은 여기서 다만 그것들이 전개되는 가시적인 나타남에 의해서만 이해되는 것이 아니라 감추어진 자원들, 지하의 해석들을 동원한다. 푸코가 길들이는 권력에 대해 말하듯, 권력이 소통을 위한 최고의 가치를 지니는 기술技術 전체라면,[31] 그것은 동시에 분리자로서 생각해야 한다. 제임스 스콧은 "지배자들은 공적으로 폭로할 수 없는 자신들의 권력 실천과 권력의 이면을 포함하는 감추어진 텍스트를 정교화한다"고 말한다. 그런데 그는 "모든 피지배 집단은 각자의 조건에 따라 지배자의 눈에 보이지 않는 감추어진 텍스트를 산출하며, 그것은 권력 비판을 지향"[32]한다고 지적하는 것을 잊지 않는다. 지배자들에게 감추어진 텍스트의 존재 이유가 은닉에 있다면, 피지배자들에게 그 이유는 비판의 가능성에 있다. 따라서 권력관계들은 가시적인 부분과 비가시적인 부분을 가능하게 한다. "각각의 권력 형식은 특별한 장식 기술을 가질 뿐 아니라, 더러운 속옷을 가진다."[33] 지배자들은 '주인들'로 나타나고 피지배자들은 '노예들'로 나타나는 공적 지위에만 관심을 가진다면, 권력관계들을 충분히 설명하지 못한다. 그 관계들에 패권적 문화 혹은 분리된 하층문화의 비밀 안에서 실천되는 알려지지 않은 감추어진 텍스트를 덧붙여야 한다. 스콧이 지적하듯이 "각각의 참여자는 자신의 공적 텍스트와 감추어진 텍스트를 안다. 그런데 다른 집단의 감추어진 텍스트에는 접근할 수 없다."[34] 이 두 부분에서 각각이 얻고자 하는 것은 같지 않다. 지배 집단은 정확히 그들의 공적 텍스트를 하층 집단의 공적 텍스트나 감추어진 텍스트보다 우월하게 만드는 능력으로 인해 지배 집단으로 규정되기 때문이다. 피지배자에게 강요되는 지배자의 공적인 텍스트는 "일련의 이념적인 정당화로 흡수되고 그들이 보여주고자 하는 지배적인 엘리트의 초상화"[35] 안에서 그 절정에 이른다. 스콧이 지적하듯이, 지배자의 공적인 텍스트의 기능은 다양하다. 그것은 불안을 흡수하고, 지배적인 집단 안에서 만장일치의 인상을 창출하고, 중요한 사회적 사실들이나 해고와 같은 사회적으로 심각한 사실들을 감추기 위해 존재한다.[36] 모든 경우에 공적인 텍스트는 "피지배자들의 복종이 정당한 것이라는 것을 그들에게 납득시키기 위해"[37] 존재한다.

　　스콧은 하층민의 공적인 텍스트와 대립하는 감추어진 텍스트에 대한 분석에 집중한다. 전자가 복종을 표시하는 공손한 태도와 언어적인 표현들을 함축한다면, 감추어진 텍스트는 경우에 따라서는 이탈적인 실천이 될 수도 있는 은밀한 실천들에서 드러난다. 지배자의 공적인 텍스트와 피지배자의 감추어진 텍스트의 연계는, 스콧이 지적하듯이 "감추어진 텍스트가 권력의 실천에 의한 하층민의 공적인 텍스트와 구별되는 행위, 말, 실천을 통해 담론을 표상하는 한에서, 지배는 감추어진 텍스트를 창출한다".[38] 달리 표현하면 하층민은 권력의 이중적 구조에 의해, 즉 한편으로는 복종의 공적인 시나리오를 강요하고 다른 한편으로는 명령에 의해 매끄럽게 될 수 없는 모든 실천을 지배적 무대 뒤로 추방하는 권력 구조에 의해 둘로 나누어진다. 따라서 감추어진 텍스트는 필연적으로 모두 탈선적 텍스트가 되는 것은 아니다. 다만 그것은 권력의 삶 안에 포함되지 않고 복종의 명령으로부터 솟아나지 않는 모든 것을 번역한다는 점에서 비판의 잠재성을 가진다.

감추어진 텍스트는 하층민이 지배자의 공적 텍스트에 반응하지 않을 수 없는 필연성으로 나온다는 점에서, 자신의 근본적인 일관성을 지닌다. 이런 의미에서 감추어진 텍스트는 두 영역을 가진다. 다시 말해 그것은 지배 안에서 견디기 위한 생명적 필연성의 대답이며, 또한 지배에도 불구하고 살고자 하는 욕망의 대답이다. 감추어진 텍스트는 복종과 욕망을 연결한다. 즉 복종에 반대하는 욕망에 기여하는 것처럼 복종의 강화에도 기여한다. 첫눈에 대립적인 것처럼 보이는 이 두 영역이 하층문화를 규정한다. 하층문화는 같은 운동 안에 복종 안에 사는 것과 그것 밖에 살기를 욕망하는 것을 동시에 가능하게 하는 공통된 태도 전체다. 따라서 하층민의 감추어진 텍스트는 두 가지 기능에 복종한다.

우선 감추어진 텍스트는 강제력을 지닌다. 하층민은 자신이 속한 집단과 결별하지 않고는, 감추어진 텍스트의 실천, 태도, 행위 등을 회피할 수 없다. 이런 강제는 비록 하층민의 개인성을 희생시킨다고 할지라도, 하층민이 지배를 견디는 것을 허락하는 수단들을 제공한다. 다시 말해 신화, 도덕적 규범, 민족적 영웅[39]과 같은 일련의 정체적인 코드들로 수렴되는 '세계를 보는 공통된 하나의 방식'을 제공한다.

두 번째로, 감추어진 텍스트는 저항의 집단적인 기입들이다. 저항은 결국 허용되는 것으로 끝이 나기는 하지만, 더 중요한 사실은 그것이 하층민의 사회적 조건에 의해 촉발된다는 것이다. 노예들 사이에서 행해지는 좀도둑질과 농작물 도둑질, 또 농부들이 행하는 밀렵, 불법적인 토지 사용, 무단 이삭줍기는, 하층문화를 결속하는 이러한 실천이 저항의 실천을 포함한다는 것을 시사한다. 감추어진 텍스트는 복종의 내적 형식을 조정하는 것에 만족하지 않고, 보이지 않는 저항의 유형들을 드러낸다.

　제임스 스콧의 가설은 특히 국가 안에서 발생하는 차이의 다양한 형식을 분석하는 데 아주 유용하다. 특히 결핍된 존재인 외국인의 특수성을 비판적 방식으로 다시 고찰하는 것을 허락한다. 외국인은 대개 텅 빈 존재로서 파악된다. 그런 존재의 조건은 그가 기입된 공동체의 소속에 따라서 정해지기 때문이다. 다시 말해 그 조건은 항상 권리, 체류증, 주거, 일 등의 결핍과 같은 환대국에 의해 표시된 결핍 안에서 이해되기 때문이다. 동시에 이 결핍들은 기록들로 등재된다. 이때 외국인이란 끊임없이 자국민의 정보를 구성하면서 타자들은 국가의 유령으로 만들어 탈실재화하기를 그치지 않는 공동체에 의해 결핍으로 표시된 존재다.

　국가의 어떤 정치도 데리다의 용어를 취하면 '유령론' 즉 국가의 유령들에 대한 학學 없이는 존재할 수 없다. 유령들의 출현은 항상 낯설고 "사유화될 수 없는 것"[40]이다. 외국인들은 선언된 유령들이다. 한편으로 외국인의 유령화는 국민 정체성을 본질적인 것으로 만들기 위해, 그것에서 모든 역사적 우연성을 제거하기 위해, 또 그것을 완벽하고 빛나게 하기 위해 국가에 의해 창출된 것이다. 다른 한편 외국인의 육화는 전적으로 제거될 수 없으며, 국경에 구멍을 낸다. 외국인의 유령화는 국가의 창조, 즉 외국인을 비가시적으로 만들고자 하는 정신의 개념une vue de l'esprit이다. 만일 "유령이 탁월한 정신의 현상이라면"[41] 국가의 정신은 가시적인 것을 비가시적인 것으로 만드는 자신의 방식에서, 그어진 선을 넘어서는 모든 것, 그 경계를 불안하게 하는 모든 것을 "사라지게 하고, 불명확하게 하는 기술"[42]에서 자신을 알아차린다. 누군가는 항상 부재일 뿐이며, 그런 삶의 유일한 정치적 출구는 사라지는 것이다. 우리는 상가트에서 추방된 자들, 국경으로 추방된 자들, 더 이상 체류할 수 없어서 영원한 이주의 회로 안으로 떨어진 모든 삶을 생각한다. 그런 삶들은 영토를 떠나거나, 이미 유령적인 외국인들을 더 비가시적으로 만들기 위해 철거된 불확실한 거주지(상가트의 '정글')를 떠난다.

삶은 그 삶을 유령으로 만드는 이런 몰이로 환원될 수 있는가? 삶은 삶의 사라짐, 삶의 지연과 동일화될 수 있을 뿐인가? 이것은 외국인은 결국 멀어진 타자와 동일시되고, 유령은 장 안으로 들어올 수 없다는 것을 의미한다.[43] 데리다는 아주 설득력 있게 유령에 대해 "모든 타자는 전적인 타자tout autre est tout autre"[44]라고 말한다. 유령화는 육화에 부딪힌다. 외국인의 기대된 부재는 그의 서명에 의해 반박된다. 그 서명은 국가 그 자체 안에서, 그를 배제하고자 한 집단 내에서 솟아난다.

외국인의 육화는 다만 삶의 정해진 프로그램에 속하는 것이 아니다. 그것은 더 나아가 세계 안에 살고자 하는, 또 그들의 것이 아닌 언어와 국가에 적응하면서 세계를 자신의 것으로 만들고자 하는 무수한 욕망에 의존하는 세계와의 무수한 얽힘의 긍정이다. 부정적으로는 육화는 생존하기 위한 연변의 거부[45]다. 긍정적으로는 육화는 결국 최상의 익명$^{\text{un anonymat souverain}}$ 안에서, 데리다가 '증여'라고 부르는 것 자체 안에서 솟아날 수 있는 욕망을 알려주며, "게다가 증여란 익명에, 이름의 망각에, 이름 없음에, 이름의 부정에 양도되는 이것으로만 정의된다는 것을 상기"[46]할 수 있는 것이다. 외국인은 출발의 빚으로 인해 그를 외국인으로 지정하는 이름으로부터 도망치면서 아무도 아니고자 하는 이 증여를 간직한다. 나라^{pays} 자체 안에서 겪는 무수한 낯설음^{dépaysement}은 가까움과 멂의 분리를 흔들고, "미로처럼 성마른, 미로의 구조를 가진"[47] 걸음/부정^{pas}❶으로 드러난다.

외국인이 불량배, 부랑자 등등으로 명명된 자로서 나타난다면, 그것은 그 명명 안에 명명되지 않은 자의 잠재성이, 모두가 누군가로 지시될 때 아무도 아닐 수도 있는 익명적 삶이 유지되기 때문이다. 자기 자신을 외국인으로 지시하지 않는 것은 이것과 다른 이름들이, 다른 지시들과 관계하는 이름들이 존재한다는 것을 알려준다.

---

❶ 프랑스어에서 'pas'는 '걸음'이라는 명사이면서 부정문을 만드는 부사이기도 하다. 이 'pas'의 이중놀이는 블랑쇼에게서 온 것으로, 데리다가 여기서 차용하고 있는 것이다.

외국인의 삶은 외국인에 대한 정치(국가)에 속한다기보다는 하층 집단의 하부정치학에 속하는 다른 이름들(일반명, 고유명)을 경유한다. 하층의 외국인들이 그늘로 추방되어 "역사도 없고, 말할 수도 없을 때",[48] 그들이 저항의 진술을 전개하지 않는 것은 아니다.

이와 관련해서 세 형태를 고려해야 한다. 첫째, 국가의 정치는 그것이 국경 너머로 내던져버리는 동화될 수 없는 차이들과 국가의 서술적 순환에 통합되는 동화될 수 있는 차이들을 창출한다. 관용된 차이들은 외국인의 에토스가 그와 더불어 가져온 받아들여질 수 없는 차이들을 중성화하는 기능을 가진다. 이런 중성화는 받아들여질 수 없는 차이들은 더 강화하고 관용된 차이들은 피상적인 차이로 드러내면서만 가능하다. 국가는 자신의 외투에 민족적인 배지들을, 국가 질서를 전혀 불안하게 하지 않는 작은 이국적인 장치gadget들을 붙인다. 이 타자성의 장치들은 표면상 이방성을 있는 그대로 받아들이는 듯이 보이지만, 실제로는 이방성을 포획한다. 이 장치는 자신을 더 잘 보호하기 위해 외국인의 어떤 요소들을 통합하는 국가의 '자기 면역' 전략에 속한다. 데리다가 지적하듯이 민주주의의 보호는 "민주주의 내의 적들"[49]의 배제를 동반한다. 민주주의의 배제는 민주주의의 동기에서만 일어날 수 있다. 그 배제의 주장을 정당화할 수 있는 것은 민주주의의 공적 공간이 그 공간과 함께할 수 없는 삶의 형식들에 의해 혼탁해진다는 것을 증명함으로써만 가능하다. 그래서 동화의 논의와 배제의 사실 사이에 공모가 존재한다. 동화와 배제는 공적인 공간의 한정과 그것의 사유화를 나타내는, 같은 제스처의 대답이다. 외국인의 동화 가능한 차이는 이미 사유화된, 교정된, 개선된 외국인으로 보내지며, 그러한 외국인의 특징은 전혀 문제가 되지 않는다. 반면 외국인의 동화될 수 없는 차이들은 항상 사유화될 수 없고 개선될 수 없는 외국인으로 보내진다. 그러한 외국인의 특징은 항상 과장되게 현시된다. 외국인들의 반송은 따라서 국가가 자신의 공적인 공간을 확인하는 방식이다. 타자의 반송은 이제 여러 형식—한 영역에서 배제, 수용소로 추방, 선거 참여 금지 등—을 취하는 "민주주의 그 자체에 기입된 자기 면역의 불가피성"[50]으로 나타날 수 있다.

둘째로, 하층 집단의 하부정치학은 집단 귀속을 강화하는 역할을 하는 차이들을 지속적으로 산출한다. 외국인들은 도착한 나라에 종속되는 것에 만족하지 않고, 고국에서의 습관들을 솟아나게 하거나 다시 나타나게 하면서 그들에게 삶의 이유를 제공하는 실체에의 귀속을 확인한다. 다시 여기서 제임스 스콧이 전개한 '감추어진 텍스트'의 이념이 개입한다. 국가의 공적인 텍스트의 관점에서, 좋은 외국인이 동화될 수 없는 차이들을 제거하고 국가의 질서에 동화된 자라면, 나쁜 외국인은 국경의 질서를 불안하게 하는 위험으로 지각된 자다. 그런데 이 동화의 논리는 하층 집단의 감추어진 텍스트의 관점에서 보면 차라리 육화의 논리다. 육화된다는 것은 무엇을 말하는가? 한 신체의 삶의 가능성들을 마련하는 것, 삶의 꺼지지 않는 욕망과 밀접한 관계를 가지는 것이다. 육화는 모든 삶의 욕망들을 잘라내지 않고는 동화로 환원될 수 없다. 실제로 육화는, 국가의 공적인 장은 뒤에 있는 하층민의 삶의 양식 없이는 존재할 수 없음을 시사한다. 이 배후는 대개 밀폐되어 있으며, 특히 부분적으로 지배의 장과 대립할 수 있는 내적 응집력에 의존한다. 지배의 장에서 지배자의 공적 텍스트는 피지배자의 감추어진 텍스트에 의존하며, 그것을 요청한다. 따라서 국가의 공식적인 문화에 외국인들로 구성된 하층 집단의 하층문화가 대립된다.

끝으로, 국가의 공적인 텍스트에서 산출된 차이들과 하층 집단에서 긍정된 차이들이 서로 등을 맞대고 있는 것처럼 보일 때, 하층민의 삶의 양식들이 공적인 텍스트를 부분적으로 탈정체화하고 자기 자신에게 낯선 것으로 만들면서 공적 공간을 혼탁하게 하지 않고 다만 무대 뒤에서만 긍정된다고 믿는 것은, 길을 잃어버리는 가장 좋은 한 방식이다. 외국인은 육화된 유령이다. 국가의 정치는 하층민의 하부정치학을 사라지게 할 수 없을 뿐 아니라(전자는 후자에 의존하기 때문에), 하부정치학은 국가를 해체하는 데에 이를 정도까지 국가 안에 파종된다. 나는 이 논리를 '하이브리드화'라고 부른다.

하이브리드화
하이브리드화

하이브리드화는 전혀 신화가 아니다. 하이브리드화는 이탈리아 요리, 미국 문학, 동양적 명상 등에서 빌려온 세계화된 문화와 혼동되지 않는다. 그것은 익명의 형식들이 만나서 태어나는 결합의 과정으로 이해해야 한다. 한 언어는 다른 언어와 결합하고 다른 언어의 활용에 의해 영향받는다. 통제되지 않는 차이들과의 접촉에서 새로운 삶의 양식들이 발명된다. 하이브리드화는 따라서 타자성에 열리고자 욕망하는 동일자와 관계하는 것이 아니라, 반대로 흐름으로부터 나온 결과로 생각해야 한다. 그리고 그것은 국가들 간의 관계의 역사적 틀 안에서, 또 국가들 내에 다른 민족적 차이를 지닌 집단들 사이에서 확산된다는 것도 잊어서는 안 된다. 19세기에 식민지를 개척하면서 자신의 힘을 형성한 유럽은 특히 풍부한 관계적 흐름의 극장이었다. "근대사는 유럽과 다른 나라들 사이의 관계들의 역사 안에 기입된다."[51] 흑인 문제와 이주자들의 흐름이 있는 미국도 이 관계적 지진들에 의해서 흔들린다. 국민국가의 둑을 쌓고자 한 차이의 체제는 다양한 하층문화에 의해 확산된 차이들의 형식 아래로 되돌아오기를 그치지 않는다. 스튜어트 홀이 강조하듯이, "우리는 순수한 문화적 전통 안에서가 아니라, 그 형식들의 하이브리드화 안에 살아야 한다. 우리는 이 문화적 형식들이 흐려졌다는 사실 안에, 이전의 문화와 새로운 문화의 혼합 안에 살아야 한다."[52]

어떤 종류의 차이의 체제를 받아들이고 어떤 종류의 차이의 체제를 거부해야 하는지를 아는 것이 문제라면, 차이들을 판단하는 '우리'를 먼저 밝혀야 한다. 차이들에 대한 모든 평가를 다 제거해야 하는 것은 아니다. 다만 한쪽으로 치우침이 없이, 우리는 여성들이 쓰는 베일, 많은 문화 속에서 여자의 하층민적 지위에 대해 평가해야 한다. 또 잘못된 것이든 아니든, 이유가 있는 것이든 아니든, 우리와 병행할 수 없는 것으로 지각된 차이들을 무효화하고자 하는 오만한 정체성을 평가해야 한다. 차이들에 대한 그런 비판은 자신의 고유한 차이를 보편적인 규범으로 형성하기를 포기하는 관용적 비판이 될 수 있을 뿐이다. "세계 안에 차이들이 존재한다면, 개인들이 나와 다른 삶을 가진다는 사실은 합법적이다."[53]

그런데 차이의 문제들은 다만 주관적인 방식으로 해결되지 않는다. 그런 방식은 미리 한정할 수 없고 서로 연결되는 흐름 전체로서 차이들이 산출되는 자리를 보지 못하는 것이다. 하이브리드성, 크레올화를 창출하는 것은 이 흐름들의 생동성이다. 이 하이브리드성은 타자가 되고자 노력하는 한 주체의 개인적인 의도로부터 일어나지 않는다(이 점에 대해서는 이 책의 마지막 장을 보라). 그것은 피에르 페디다가 "외국인의 자리"라고 명명하는 본래적인 자리로부터 긍정되는 삶의 힘에서 이해된다. 이 자리는 무엇인가? 그것은 정해진 한계가 있는 정해진 장소라기보다는 "기원의 장소", 잠재적인 공간이다. "그 자리는 관점을 위한 어떤 자리도 가짐이 없이 모인 무수한 장소들의 잠재성이다. 왜냐하면 그 자리의 고유성은 현실태화되지 않은 장소성으로서 무수한 관점의 생성이기 때문이다."[54] 하이브리드화는 이제 공간들 안에 흐름들의 확산을 강화하면서 또 다른 공간들을 가로질러 새로운 흐름들과의 접촉 안으로 들어갈 수 있을 정도까지 공간들을 서로 연결한다.

하이브리드화는 따라서 한 삶의 형식과 다른 삶의 형식들을 결합하는 생명의 전략에서 일어나며, 기쁨과 슬픔의 정감들로부터 끌어내는 결합과 분해의 관계로 생각되어야 한다. 다른 삶의 형식들에 열림의 기쁨이 존재의 잠재력을 증가시킨다면, 열림의 슬픔은 존재의 잠재력을 감소시키고, 최상의 정체성으로 인도함이 없이 정체성의 벽을 강요하며, 결국 두 삶의 국경 사이의 일종의 무인 지대^{no} $^{man's\ land}$에 이른다.

외국인은 따라서 다만 지시일 뿐 아니라 하이브리드화, 잡음 내기에 참여하는 삶의 잠재력이다. 이것은 외국인은 본래적인 순수성의 면^{plan}에서 존재하지 않는다는 것을 의미한다. 모든 면을 고려할 때, 하이브리드화는 삶의 내재성으로 드러난다. 스피노자가 말하듯이 "자신의 존재 안에서 자신의 존재를 유지하고자 하는"[55] 노력과 다른 것을 할 수 없음은, 모든 단독적인 삶은 "자기 자신과 다른 것에 의해 존재하고 작동하도록 결정되지 않고는 존재할 수도 작동할 수도 없다"[56]는 것을 인정하는 것이다. 그리고 이 다른 것 역시 자기 자신과 다른 것에 의해 그 존재가 결정된다. 삶의 내재성은 좋은 혹은 나쁜 만남들과 연결된 영원한 타자화의 무한정성 안에 있는 단독적인 존재자의 삶의 잠재력을 요청한다. 삶의 조형성은 이러한 만남들에 의해 긍정되며 만남들은 이동, 소통, 이주 안에서 솟아난다. 따라서 여기서 중요한 것은 외국인의 존재론적 모습을 형성하는 것이 아니라, 지시된 자신의 방식에서 자신의 삶의 전개에 필요한 하이브리드화에 참여하는 것이다.

『천의 고원』에서 들뢰즈와 가타리는 노마드의 삶과 정착하는

국가 권력을 대립시킨다. 한편으로 국경, 통제, 계층화와 같은 정착
을 위한 국가의 전횡적인 기계의 만족들이 있으며, 다른 한편으로
삶의 흐름에 의한 공간 매끄럽게 하기, 노마드적인 전쟁 기계의 간-
국경적 창조가 있다. 마치 골리앗과 다윗의 싸움같이 두 저자에 의
해 극화된 이 대립은 앞서서 분산을 파악하는 것을 허락한다. 독점
적인 영토화는 노마드의 탈영토화를 제거할 수 없다. 탈영토화는
국민국가의 주름들 안에 있는 노마드의 구멍이며, "일치"에 대립하는
"분산"[57]이다. 하나가 국가를 도래하게 하는 명령어들의 벽장이라면,
다른 하나는 변형들을 산출하기를 그치지 않는 것, "연속적인 변형
안에 변형들 그 자체를 놓는 것"[58]이다. 이때 우리는 "국가는 지속적
으로 소수자와 노마드의 학[虐]을 억압하며, 모호한 본질들에 대립한
다"[59]는 근본적인 진술을 발견한다. 다만, 모호한 본질들의 가장자
리는 전제된 중심 안에서 흩어지고 리좀을 만들면서 다른 곳에 정
착하기 위해 분산한다. 하이브리드화는 다른 가변적인 소수자들과
결집하고, 또한 집요한 다수자들을 식민지화하고(패자들에 의한 식민
지화) 탈정체화하는 가변적인 소수자들의 연속적인 변형으로 생각할
수 있다. 하이브리드화는 이제 통제되지 않는 다양체들과 기괴한 작
품들을 산출하는 미세한 간격들을 산출하는 힘이며, 외국인의 자리
로부터 태어나서, "계산하지 않고 공간을 점유하는 통제될 수 없고

중심이 없는 리좀과 같은 다양체들"[60]로 가는 통로다. 하이브리드화는 따라서 불확실한 삶들 그 자체로부터 일어나는 가변적인 상황에 따른 연결들이며, 실재 안에서 분산한다. 연결과 분산의 두 작동은 불안정한 노마드들의 행로, 특히 외국인들의 행로를 그린다. 이때 유일한 생명의 선택은 하층문화의 재구성이며, 하이브리드한 삶의 스타일의 발명이다.

국가의 '우리'를 형성하는 어떤 종류의 정체성도 '우리' 안에서 쉽게 인정되지 않는 이 여자, 이 남자의 하이브리드 과정을 제거할 수 없다. 그래서 '우리'를 비판하는 것은 정치적인 과제일 뿐 아니라, 동시에 철학적인 필연성이다. 그럼, 도나 하러웨이가 묻듯이, 외국인으로 지시된 삶들을 알 수 없는 '그들'의 타자성 안으로 보내기 바쁜 이 '우리'는 누구인가?

이 '우리'라는 강력한 정치적 신화를 근거짓기 위해 우리는 어떤 정체성에 의존하는가? 그리고 무엇이 누군가를 이러한 집단성에 연루되도록 부추기는가?[61]

국가라는 개념 그 자체는 그것이 요청한 '우리'가 합법적인 의혹의 대상이 될 때 흔들릴 수 있는 것처럼 보인다. 국가의 통합된 회로가 권력의 망들과 사회적 삶 안에서 외국인들의 자리가 극단적으로 줄어든 회로라면, 하이브리드화의 노마드적 회로는 국민 정체성을 불안정하게 하고, 더 나아가 리좀을 형성하는 전대미문의 행위할 수 있는 잠재력을 드러내면서 국민국가의 양식 위에서 구성된 서양의 모든 정체성을 불안정하게 한다.

강요된 방황과 같은 노마디즘은 따라서 그것이 산출하는 연결들로부터 나오는 반박하는 힘으로 해석될 수 있다. 국가에 의해 제외된 외국인은 이제 정체성들을 전복하는 새로운 형식들을 창출하는 데 전념한다. 이 하이브리드화들은 모든 수준에서 파악될 수 있다. 트랜지스터와 동시녹음 장치 같은 기술들을 활용해서 아프리카의 타악기 음악, 재즈, 서양음악을 결합한 레게와 같은 새로운 예술적 형식의 창조에서 그 가치가 드러난다.[62] 이 모든 것은 언어에서도 일어난다. 한 언어가 다른 언어로 번역될 때, 새로운 언어가 태어난다. 프랑스어와 아랍어의 종합은 새로운 언어의 모습을 도입한다.

하이브리드화는 반-이국주의다. 이국주의는 국가를 장식하기 위해 다른 문화의 성질들을 탈취한다. 이 과정에서, 그 성질들을 새롭게 하는 과정 없이 취해진 문화는 결국 모조품이 되는 것으로 끝난다. 반면 하이브리드화 쪽에 놓이는 것은, 외국인의 특수성들로 국가적 성질들을 장식하면서 그 성질들을 배치하는 이상적인 국가 그림 구성을 포기하는 것이며, 삶의 태도의 조형성의 측면에 놓이는 것이다. 나는 하이브리드화를 번역의 생명적 진실이라고 명명한다. 어떤 삶도 하이브리드화, 혼합, 번역을 포기할 수 없다. 어쨌든 하층민(그들 가운데 외국인)은 누구보다도 하이브리드화와 더 깊은 연계를 가진다. 사유지와 동네에 울타리 치기나 문화적 형식들의 대립에서 보듯이, 권력의 실행은 부분적으로 분리 안에서 일어난다. 반대로 권력이 부재하는 곳에서는 특히 브리콜라주의 요구가 나타난다. 그리고 브리콜라주는 하이브리드화의 가치를 지닌다. 다시 말해 브리콜라주는 인정된 사용을 변형하고 아직 있을 법하지 않은 작품의 관점에서 이미 존재하는 실재를 번역한다. 레비스트로스가 강조하듯이 '브리콜레bricoler'라는 동사에는 두 의미가 있다. 그것은 당구에서 튀는 공, 사냥에서 길을 잃은 개, 코스에서 벗어난 말이 만드는 '부차적인 운동'처럼 우선 예측하지 못한 운동을 지시한다. 다른 한편 "기술의 인간의 도구들과 비교해서, 변형된 도구들을 사용해 손으로 일하는"[63] 사람과 관계한다. 즉 브리콜라주는 기존의 수단들을 변형하면서 예측하지 못한 운동을 창출한다. 행위하고 살기 위한 인정된 수단들이 없는 하층민은 특히 브리콜라주에 의존한다. 거주의 수단도 없고 정부가 추진하는 자기 집 갖기 프로그램에도 들어갈 수 없는 남아프리카 소베토 무단 거주 지역의 남아프리카인들은, 마을 주변이나 강가나 철도 주변에, 혹은 인종차별 정책에 의해 분배된 토지 바깥에 나무, 흰 철판, 못 등을 사용해서 판잣집을 브리콜한다. 건축가 크리스토프 위탱이 지적하듯이 "이것은 우리의 관심을 끈다. 여기서 우리는 기본적인 모델, 전형적인 집의 개념으로부터 떠나고 이로부터 모든 변형이 가능해지기 때문이다."[64]

하층민의 삶으로서 외국인의 삶이 브리콜하는 기괴한 배치들은 예상하지 못한 하이브리드화처럼 국가 안에 퍼진다. 따라서 더 이상 외국인을 새로운 세계에 접근할 수 있는 코드가 결핍된 존재로만 취급해서는 안 된다. 외국인은 또한 재해석과 하이브리드를 통해 그를 타자화하는 지시 그 자체로부터 독특한 행위를 창출할 수 있는 잠재력을 가진 자이기도 하기 때문이다. 이동은 "여백에 사는 것이 아니라" 하층민이 부분적으로 교묘히 피해 갈 수 있는 "코드들 틈에서 살 수 있는"[65] 가능성을 창출하는 불확실한 삶의 기술로 평가할 수 있다. 만일 외국인이 자신의 새로운 사회적 환경을 "습관적인 사유 방식"[66]에 의해 재해석하는 것으로 시작한다면, 그것은 다만 새로운 환경의 규칙들과 예전 삶의 실천들 사이의 간격을 확인하는 것에 그치지 않고, 더 나아가 외국인이 자신의 생명의 가능성을 지속적으로 세계 안에서 개척하는 것을 의미할 것이다.

외국인은 그가 처한 환경 안의 "생생한 경험" 때문에 자신의

"습관적인 사유의 방식"과 단절된 결여적 존재로만 고려될 수 없다.[67] 외국인은 차라리 규범들을 회피하는 실천, 브리콜라주, 전략을 통해, 또 미셸 드 세르토가 말하는 반-국가를 형성하는 반-규율을 통해, 직면한 역경에서 벗어나고자 노력하는 누군가로 봐야 한다. 반-규율은 그렇다고 모든 규율에 대한 부정이 아니라 소수자의 사회적 실천을 말하며, 또 반-국가는 국가에 대한 부정이 아니라 소수자의 생성을 의미한다.

하층민인 외국인들은 국민국가의 규범들에 의해 전적으로 조정되지 않는 다른 장소들을 끊임없이 발명한다. 그들은 다른 공간과 시간의 구부러짐들courbures, 국가가 자신의 타고난 공간에서 빠져나올 수 있는 "이질적 장소들"[68]을 발명한다. 미셸 푸코는 이것을 "절대적으로 다른 장소"로 정의한다. 어디에도 존재하지 않는 이 장소들은 푸코에 의하면 여백에서 전개되고 사회에 의해서 태어난다. 푸코가 "이탈의 이질적 장소들"이라고 부르는 것은 "사회의 여백에서, 사회를 둘러싸고 있는 텅 빈 자리에서, 사회가 만들어내는 장소들이며, 이 장소들은 기존의 수단 혹은 규범과의 관계에서 이탈적인 행위를 창출하는 개인들에게 속한다".[69]

여백에 있으나 중심적인 기능을 수행하는 장소들(정신병원, 요양원 등등)은 여백에서 이질적인 장소와의 관계를 고갈시키지 않는다. 왜냐하면 이 다른 장소들은 감시, 감금, 치유 등등과 같은 중심적인 사회적 기능이 직접적으로 투자되지 않는 여백에서 전개되기 때문이다. 그와 같은 장소들은 소수자들의 발명에 대답한다. 왜냐하면 이질적 장소는 푸코가 강조하듯이, "실재의 장소에 정상적으로 함께할 수 없는 여러 공간을 병치하기 때문이다".[70] 하층의 이질적 장소는 여백에 공식적인 장소와 분리된 공간을 정립하는 것에 그치지 않고, 장소들을 섞어 하층민과 공직자, 합법과 불법, 불법노동자와 일반인을 이웃하게 하는 창조적인 짜임들을 산출한다.

따라서 합법적인 공간들 옆에 "우리가 사는 공간에 대한 신화적이고 실재적인 반박들"인 "다른 공간들"이 존재한다.[71] 그와 같은 반-공간은 틀 지어지고 감시되는 영역들 안에 만들어진 통로들이다. 드 세르토가 말하듯 그 공간들은 모두 "유효한 방랑"이기도 한 "예측할 수 없는 문장들과, 부분적으로 읽을 수 없는 구절들을 형성한다".[72] 이주자들의 역정은 그 역정을 본뜬 모습들을 창출하지, 유령의 행로처럼 사라지지 않는다. 우리는 외국인의 역정들을 이질적 장소와 관련된 잠재적인 작품으로, 국가를 다르게 만들기 위해 국가를 해체하는 독특한 삶의 형식들의 제작으로 읽을 줄 모른다. 이렇게 우리는 하층민의 반-공간의 창조, 금지된 밤의 작품을 읽을 수 없을 정도로 눈이 멀어 있다.

국가의 해체는 정확히 공간들―하층민의 작품들―에 열리는 것을 의미한다. 왜냐하면 내가 다른 곳에서[73] 호미 바바를 분석하면서 언급한 것처럼, 국민으로서 우리는 모든 기발함을 다른 삶으로 평가하는 "모방의 구조" "흉내"[74]에 사로잡혀 있기 때문이다. 호미 바바는 식민지적 모방의 구조는 (식민화된) 타자를 넘어설 수 없는 차이로 표시하면서, 그를 결국 인종의 패권적 질서로 통하는 국가의 패권적 질서 안에 끼워넣고자 한다는 사실을 상기시킨다. 반면 식민지 피지배자는 식민자와의 차이를 제거할 수 없다. 그가 할 수 있는 유일한 일은, 비록 피부에 붙어 있는 민족적 차이에 의해 그가 식민자와 분리되어 있다고 할지라도, 그와 결합하기 위해 그를 모방하는 것이다. 따라서 식민 권력은 식민 국민국가의 기준과 일치할 수 없는 차이의 담지자로서의 타인들과 "개선된 타인들"[75]을 구별한다. 같은 의미에서, 각각의 국민국가는 국가의 규범들을 노출하고, 그 규범들이 현시하는 차이들이 국가의 외국인들에 의해 다시 취해지는 방식들에 주의한다. 모방적인 구조는 통합될 수 있는 외국인들과, 읽을 수 없는 차이들 안에서 고집스럽게 반항하는 외국인들을 분리한다. 이러한 구조는 전적으로 외국인들에 대한 지각에 의존한다. 외국인들은 국가의 모방적인 구조에 합류할 때만 긍정적으로 지각되며, 그때에만 그들에게 통합의 길이 열릴 수 있다. 반면 그들이 국가의 참조 체계인 모방적인 구조로부터 멀어지는 것으로 지각되자마자 그들은 부정적으로 파악되어, 국가 안에서 끊임없이 제명된다.

국가의 모방적인 구조의 타당성을 문제삼아야 한다. 물론 국가는 자신의 영토 안에서 전개되는 모든 종류의 삶의 형식들을 받아들일 수는 없다. 그럼에도 불구하고 국가는 국가의 삶의 방식으로부터 멀어지기 때문에 위험한 것으로 지각되는 차이의 모든 동기를 다 거부할 수는 없다. 마사 누스바움은 한 삶이 인간적인 삶으로 진정으로 고려될 수 있는 개인적, 사회적 상황들과 연관된 역량들의 리스트를 열거한다.[*] 그녀는 여기서 차이들이 긍정적으로 설립될 수 있는 최소한의 규범적인 지반을 보여준다. 따라서 이질적 장소들이 한 삶이 살기 위해 필요한 근본적인 역량과 대립되지 않을 때, 이질적 장소들은 하층민의 소수자적인 변형들을 조직화할 수 있다. 모방적인 구조가 외국인들에 대한 국가적 지각을 점점 더 강화할 때, 외국인들의 삶의 잠재적인 작품을 엿보기 위해서는 이 작품을 국가의 규범들에 대한 비판과 연관시키면서 모방적인 구조를 해체하는 것이 긴급하게 요청된다.

[*]   Martha Nussbaum(1947~)은 시카고 대학의 윤리학 석좌 교수로 아리스토텔레스 윤리학으로부터 정의로운 사회의 가능성을 탐구한다. 인간다운 삶을 실현할 수 있는 인간의 역량에 대한 그녀의 책으로는 *Creating Capabilities: The Human Development Approach*(Harvard University Press, 2011)를 들 수 있다. 그녀가 들고 있는 인간의 열 가지 역량은 다음과 같다. 삶(정상적인 수명을 누릴 수 있는 가능성), 건강, 신체의 통합성, 감각과 상상과 사유, 감정(다른 인간과 사물에 대한 애착), 실천 이성, 사회적 연대(타인과 함께 살 수 있는 가능성), 다른 종들(주변의 다른 종들을 존중하면서 살 수 있는 가능성), 놀이(웃음과 놀이의 가능성), 자신의 환경에 대한 조절(정치적 참여와 평등에 근거한 소유의 권리의 가능성).

제15장 환대

가시적인 것의 정치학
가시적인 것의 정치학

이제 국가와 외국인의 관계를 뒤집어서 외국인을 국가의 위험스러운 존재가 아니라, 국가 갱신의 조건으로 고려해야 하지 않는가? 우리는 외국인에 의해 산출된 국가의 불안정을 국가에 다수의 참조점을 부여하고 국가의 개념을 확대할 수 있는 기회로 삼을 수는 없는가? 이제 (고국에서와 마찬가지로 도착한 나라에서도) 전제된 외국인의 국민적 불안정성을 삶의 형식들의 창조성에 회부해서 국가를 유연하게 만들 수 있는 기회로서 생각해야 한다. 외국인은 실제로 국가의 지속적이고 안정된 삶의 형식들에 부적합한 자다. 그런데 이런 불안정성은 참신하고 집단적인 창조의 원천인 다른 정치학을 생산할 수도 있다. 이때 외국인의 정치학, 외국인을 위한 정치학이 아니라 외국인에 의한 정치학이 그려질 수 있을 것이다. 외국인의 조건은 따라서 국가의 표준들을 느슨하게 하는 새로운 정치학을 위한 풍요로운 자원이다. 이 정치학은 "불평과 작은 소란들"[1]을 들리게 할 뿐 아니라, 국가에 대한 비판을 들리게 하는 다른 목소리들의 운반자인 다른 정치적 활용들을 촉진한다. 낯선 목소리는 반-공간과 비판을, 삶의 형식과 종속의 거부를 연결시킨다. 이 비판은 평범한 주체들 밖에 있는 비판적 이론들에서 산출되는 것이 아니라, "해방의 의미에서 (…) 사회적 실재와 맺는 관계를 변형하기 위해" 하층민이 전면에 놓은 "평범한 비판들"에서 주어진다.[2] 이질적 장소는 그 자체로 비판이며 "잘 지배되지 않는 기술^{art}"[3]로, 그것의 생명성은 하층민의 삶의 가능성을 축소하는, 그러나 전적으로 제거되지는 못하는 지시와 (법적, 정치적, 사회적) 불확실화에 의해 부인된다.

　　그럼에도 불구하고 이질적 장소들은 국가 안에 확산되어 하부 정치학을 표출한다. 그런데 가시적이 되어 추방의 위험을 무릅쓰고 체류증 정상화를 위해 싸우는 외국인들의 투쟁이 보편적이 아니라는 이유로 그 정치적인 역량을 인정받지 못하는 것을, 우리는 어떻게 이해해야 하는가? 누가 보편의 대변인을 자처하는가? 누가 앞서서 그 삶들은 그들의 부분성으로 인해 정치를 검토할 수 없다고 말하는가? 『불화$^{La\ Mésentente}$』에서 자크 랑시에르가 강조하듯이, 민중 혹은 데모스란 "아무것도 아닌 자들, (…) 정치를 표현하기 위한 특별한 타이틀을 가지지 않은 사람들"[4] 전체를 말한다면, '몫이 없는 자'의 전형인 외국인의 투쟁이 충분히 보편적이 아니라면서 그들을 정치적인 주체로 고려하지 않는 것을 어떻게 이해해야 하는가? 그런데 이것은 바로 자크 랑시에르가 취한 길이다. '증이 없는 자들'의 투쟁은 정치적인 투쟁임에도 불구하고, 랑시에르에 보기에 "강력한 정치적 주체화의 모습"[5]을 솟아나게 하기에는 역부족이다. 왜냐하면 체류증이나 어떤 물질적인 혜택과 같은 특수한 권리를 획득하는 것은 랑시에르에게는 "정치적인 갈등"을 일으킬 정도로 정치적으로 모범적인 사례를 형성하기에 충분하지 않기 때문이다. 랑시에르가 지지하는 "정치적 투쟁"과 "정치적 갈등" 사이의 구분은 외국인들의 투쟁을 투쟁의 특이성 안에 가두고, 이 투쟁에서 갈등만이 가져올 수 있는 보편의 특화에 이를 수 있는 모든 접근을 제거한다. 보편성에 접근하지 못한다는 것은 무엇을 의미하는가? '몫이 없는' 자들이 보편과의 관계에 의해서 정의된 이상적인 민중이라면, 바로 이런 이유로 이들이 이런저런 부분적인 투쟁을 넘어서 사회를 구성하는 나눔을 드러내면서 정치적인 주체화의 최고 형식들을 동원할 수 있다면, 내가 앞서 말한 '하층민'이라는 범주는 보편성의 접근에 얽매이지 않은 '몫이 없는' 자들이다. 하층민이란 다름 아닌 '몫이 없는 자'를 의미한다. 그런데 하층민은 보편에의 접근을 보존하는 기능을 지닌 것이 아니라, 정치와의 관계를 보존하는 '하부정치학'을 드러낸다. 제임스 스콧의 말처럼 "명백히 하부정치학은 진정한 정치학"[6]이다. 특히 비가시적인 하부정치학은 가시적인 정치학의 형식들에 통합되기 위해 그 형식들을 자기화하는 데 있는 것이 아니라, 거의 그 흔적이 남지 않는 평범한 대화들, 하층문화의 제의들, 더 나아가 은밀한 저항의 형식에 이르기까지 대개 비가시적이 되는 그 과정들을 강조하면서 정치의 가시성의 장을 재정의하는 데에 있기 때문이다.

정치의 보편성은 하부정치학의 소리도 없고 비가시적인 행위들을 새롭게 복구된 지배적인 논리를 따라 제거하는 것이 아니라, 반대로 가시적 질서로서 정치학의 질서를 변형하는 것이다. 따라서 하부 실천 논리를 형식적 민주주의의 유일한 논리에 흡수되도록 방치해서는 안 된다. 차라리 하층의 감추어진 텍스트와 그것이 국가의 공적 삶 안에 난입하는 것을 고려하면서 공적 공간에 대한 우리의 이해를 변형하는 데 기여해야 한다.

정치학은 시민적 보편성을 파악하는 데 한정되지 않는다. 정치학은 누가 시민성에 접근할 수 있고 누가 접근할 수 없는지, 즉 누가 시민성이 박탈된 주체들의 영역으로 보내지는지를 질문하는 것으로부터 이해해야 한다. 랑시에르가 증이 없는 자들의 운동은 가시적이 되고자 하지만 "사회 그 자체의 구조를 가시적으로 만들 수 없다"라고 강조하는 그 지점에서, 제임스 스콧과 함께 비가시적인 삶들에게 가시성의 문제는 가장 중요한 정치적인 문제라는 것을 인정해야 한다. 한편으로 모든 수단에 의해 비가시적이 된 누군가가 가시적이 되는 것은 그 자신의 육화에서 드러나는 환원 불가능성을 현시하는 것이고, 다른 한편 정치적인 문제는 우선적으로 정치적인 권리가 박탈된 여자들과 남자들, 다시 말해 시민이 아니라 단순한 주체로 보이는 그녀들과 그들에서 출현하기 때문이다. 즉 "보편성을 주장하는 형식적 정치학의 이면에는 시민이 아니라 대부분 주체로 존재하는"[7] 평범한 사람들의 하부정치학이 있다. 다만 여기서의 '주체'는 환원 불가능한 행위의 잠재력을 지닌 삶을 의미한다. 이미 마르크스가 강조했듯이, "자연적, 감성적, 객관적 존재로서의 인간은 고통받는 존재다". 그런데 "살아 있는 자연적 존재로서의 인간은 자연적 힘, 생명의 힘을 갖추고 있으며, 자연적으로 능동적인 존재다."[8] '자연성'과 관계된 단어들에 의존하지 않더라도, 마르크스에게 행위의 잠재력은 한 삶에 가해진 사회적 조건들에 의해 전적으로 제거되지 않는다는 것을 알 수 있다.[9] 하층민에 대한 연구들의 전망에서, 하층민은 대개 들리지도 보이지도 표상되지도 않는다고 말할 수 있다.[10] 비록 다른 방식에 의해 "그들은 우리가 결핍과 무능만을 읽어내는 바로 그들의 (일상적인) 이야기들에서 자신들의 충만함과 창조성"[11]을 유지한다고 할지라도 말이다.

이제 하부정치학은 이중적인 지위를 가진다. 한편으로 하부정치학은 고전적인 정치 질서, 예를 들어 민주주의의 지배적 형식들에 의해 감추어진 것이 덜 정치적인 것은 아니라는 사실을 드러낸다. 다시 말해 비가시성은 정치학에서 빠져나가는 것이 아니라, 반대로 정치학을 재정의한다. 다른 한편 하부정치학은 국민국가를 형성하는 중심적 권력들에 의해 구성된 패권적 유형에 저항하는 힘으로 나타난다. 하부정치학은 결국 정치적 권리들이 박탈된 주체들의 정치학이며, 동시에 "본질적으로 위험이 절정에 달했을 때 주체들이 취하는 저항의 전략적 형식이다."[12] 주체들의 행위 역량은 상황에 따라 동원된다. 역사학자 조앤 스콧이 말하듯이 "주체들이 고유한 행위 역량을 가지고 있다면, 그것은 그들이 자유롭게 각자의 의지를 실현하는 자율적인 개인이라는 것을 말하는 것이 아니라, 자신들이 처한 상황과 지위에 따라 개입 능력을 창출한다"[13]는 것을 의미한다.

이제 우리는 하층민에 대한 연구들이 가져온 기여 가운데 하나를 정리할 수 있다. 정치학의 개념화는 정치적으로 선언된 무거운 제도적 기구들에 의해 틀 지어진 활동들에 제한되는 것이 아니라, 전통적인 정치적 계산에서 빠져나온, 또 대부분 하부 일상$^{infra-}$ ^{ordinaire}의 비가시성이나 소소한 삶들의 흔적의 부재 안으로 추방된 하부정치학의 활동들을 포함해야 한다.

랑시에르는 정치학은 '몫이 없는 자들'에게 되돌아가는 몫으로 부터만 이해되어야 한다는 것을 강조한다. 그런데 그는 이 몫이 없는 자들의 몫이 대개 비가시적이며 상부의 정치적 형식들에 비판을 가하는 하부정치학에 의존적이라는 것을 알아차리지 못한다. 따라서 정치학에서 하층민의 하부정치학을 제외하는 대신에, 하부정치학의 정치적인 경험을 확장하고, 정치학이 의존하는 규범적인 범주들과 그것들의 사회적 실천의 타당성을 비판하기 위해 일반 정치학을 떠나야 한다. 발리바르가 지적하듯이 외국인의 자유로운 이동의 부재, 더 나아가 재외국민/외국인이라는 기본적인 분리에 의해 구성된 근대국가에서 태어난 법적인 평등의 부재가 고려되지 않는다면, 도대체 어디서 근대적 정치 체제를 특징짓기 위해 그가 전면에 내세우는 "평등자유$^{l'égaliberté}$의 테제"[14]가 그 가치를 지닐 수 있겠는가?

한편에 인정할 수 없는 외국인들을 비가시적으로 만드는 정치적 논리가 있다. 상가트의 '정글' 철폐는 이러한 비가시성으로의 추방에 참여한다. 프랑스 정부는 영국으로 가고자 하는 난민들의 임시 숙소를 철폐하면서 난민 문제를 해결하고자 한 것이 아니라, 그 문제를 비가시적으로 만들고자 한 것일 뿐이다. 프랑스 정부는 다양하게 조직된 이주자들의 조직을 분산시키고, 검거되지 않기 위해서는 비가시적이 되는 것을 제외하고는 다른 가능성이 없는 그들을 유랑으로, 분산^{diaspora}으로 내몰고자 했다. 다른 한편, 무대 뒤에서 일어나는 외국인의 삶을 가시적으로 만들고자 하는 하부정치학이 존재한다. '증'의 획득을 위해 성당을 점거하고 단식을 하는 것은 가시성의 명령에 의해 추진되는 극단적인 투쟁의 형태들로, 이런 투쟁은 다른 투쟁들, 예를 들어 생마르탱 강변의 '돈키호테의 아이들'⁰의 투쟁과 연대한다.¹⁵ 가시성을 위한 모든 투쟁은 고전적인 나눔(재외국민/외국인)을 문제삼고 권리의 확장된 활용을 전면에 내세우면서 정치학의 국경들을 다시 긋는다. '증'을 획득하기 위한 투쟁은 다만 부분적인 권리를 위한 투쟁이 아니라, 지시와 함께 시작해서 권리, 주거, 일의 불확실화로 이어지고, 더 일반적으로 국적의 획득을 불가능하게 하는 연속적인 배제와 싸우는 '목소리 없는 자들'의 사회적 가시성을 위한 투쟁이다. 이러한 투쟁은 랑시에르의 주장과 달리, "사회 구조 그 자체"¹⁶를 가시적으로 만든다.

엄격하게 말해서 외국인의 사회적 비가시성을 고정시키는 참여의 결핍은 외국인의 작(品)^{œuvre}⁰⁰이 국가의 구성 요소로 인정된다

⁰ '돈키오테의 아이들Les Enfants de don Quichotte'은 "사회적, 인간적 복지를 저해하는 모든 것에 대한 저항 활동의 지지를 목적"으로 하는 사회 연합으로, 2006년 생마르탱 수로 옆에 200개의 텐트를 치고 노숙자 문제를 해결할 것을 시위했다.

⁰⁰ 'œuvre'는 여기서 '작품'만을 지시하는 것이 아니라, 그것을 가능하게 하는 '일' '작업'을 지시하기도 한다. 다시 말해, 인간이 무엇인가를 행하고 자기를 실현할 수 있는 가능성으로서의 '작作'을 의미한다. 앞서 이미 지적한 것처럼 'desœuvrement' 즉 무위는 외국인이나 실업자가 아무것도 하지 않는다는 것을 의미하는 것이 아니라, 지배적인 질서에 의해 그들의 일, 작품이 인정되지 않는 '작(品)의 부재(화)'를 의미한다.

는 조건에서만 제거될 수 있다. 외국인의 무위는 대개 우리가 그의 세계 안에서 발견하기를 거부하는 '작(품)의 부재'와 다른 것이 아니다. 따라서 외국인들의 삶의 형식들이 지닌 발명성을 제거하면서 그들과 우리를 멀어지게 하는 모든 종류의 결핍, 청각적이고 시각적인 일련의 지각의 결핍을 생각해야 한다. 배제는 우선 그들이 작(품)을 만들 수 있는 가능성을 인정하고자 하지 않는 것이기 때문이다.

사회적 비가시성의 다양한 형태는 '작(품)의 부재'의 다양한 형태를 낳는다.[17] 실업자의 무위는 불확실한 노동자의 무위와 꼭 같은 것은 아니다. 비록 외국인이 실업자이거나 불확실한 노동자일 수 있다고 할지라고 말이다. 실업자의 경우, 그는 더 이상 노동 집단에 참여할 수 없으며, 그가 처한 '고용의 불확실성'에 의해 노동 집단과 분리된다.[18] 실업자의 작(품)들은 (예를 들어 실업자 집단 안에서) 보통 보이지 않는다. 그것은 다만 그 작(품)들이 중요하게 간주되지 않기 때문만이 아니라, 스스로 가시성에서 빠져나가고, 스스로 사회적으로 존재하지 않는 것으로 생각하고, 결국 빈곤의 경험 안에 갇힌[19] 사회적 열등성과 결합하도록 사회적 소명을 받은 주체들에 의해서 산출되기 때문이다. 불확실한 노동자의 경우, 그는 자신의 열악한 노동조건과 미래의 불확실성, 사회적 지위 박탈의 경험 속에서 자신의 사회적 행위가 작(품)들을 산출한다고 증언하기조차 어렵다. 낭종 안에 갇히

듯이 사회적 고립에 갇힌 불확실한 노동자는 그의 작(품)들이 전혀 고려되지 않는 주체로 나타난다. 불확실성의 이 두 경험, 고용의 불확실성과 노동 그 자체의 불확실성에 대한 이 경험은 그 차이에도 불구하고 공통점들을 가진다. 이 두 경험은 모두 사회적 추방과 연결된 평범한 삶들을 비가시화하는 동기들과 관계하며, 또한 이 추방과 밀접하게 연결되어서 자주 불확실성 그 자체에 대한 투쟁으로 나타나는 불확실한 작(품)들의 지각의 부재와 관계한다. 자신의 조건에 대항하기 위한 그들의 행위들은 전혀 새로운 작(품)으로 평가받지 못하고, 일련의 정치적 개입 ❜ 안에서 현행의 규범적 틀 안에 다시 놓인다. 그리고 결국 그 규범들은 일반적으로 불확실한 주체들 안에 내재화되는 것으로 끝이 난다.[20]

　　외국인은 또 다른 의미에서 무위화된다. 지각의 결핍은 앞서서 외국인이 행할 수 있는 모든 작(품)의 잠재력을 제거하며 최상의 자격 박탈과 결합한다. 그것은 보다 큰 비가시성이 예정된 지위의 부재인 법적인 불확실성에 의해서 강화된다. 국가는 "존재론적 장 안에 한 주체의 자리를 정해주는"[21] 규범들의 장이지만, 그 규범들은 존재론적 자리가 불확실한 주체들에게는 같은 자리를 주지 않는다. 좋은 자리를 가진다는 것은 다만 주체에게만 의존하지 않는다. 그것은 사회 안에 한 주체를 출현시키기도 하고 사라지게도 하는 국가적 형

⬤　　'일련의 정치적 개입les politiques d'insertion'은 정부가 실업자나 사회에서 격리된 사람들을 직업 재교육이나 기업 구조 재조정 등을 통해 다시 사회에 직업적으로 통합시키기 위한 과정을 지시한다.

식들에 의존한다. 이런 의미에서 주디스 버틀러와 함께 "'나'는 항상 나의 출현의 사회적 조건들에 의해 배제된다"[22]는 사실을 인정해야 한다. 1998년 이후 프랑스에서 피보호권 각하 판결을 받은 30만 명의 망명자들이 어떤 증명서도 없이 프랑스 영토 안에서 유일하게 살 수 있었던 방법은 최소한의 통제 덕분에 전적인 비가시성으로 사는 것이었다. 이로부터 "그늘 안의 삶"[23]이 탄생하고, "관용된 불법이민자"[24]가 생겨난다. 가능한 한 집 밖으로 나오지 않고 눈이 띄는 복장을 하지 않는 등 삶의 비가시성에서 작(품)의 부재에 이르는 길은, 불법이민자들이 결국 이르는 불법노동에 의해서 완수된다. 법적 지위가 없는 극심하게 불확실한 노동은 어떤 작품도 약속하지 않으며, 그의 노동의 모든 흔적은 즉각적으로 지워진다.

법적으로 최고의 불확실성에 처한 삶은 무엇인가? 피보호권의 거부는 외국인이 거주할 수 있고 최소한의 사회적 도움을 받을 수 있는 가능성을 제거한다. 이 최소한의 도움이 없으면 삶은 절대적으로 불확실하며 거의 지워진다. 한 콩고인이 사회 환경 조사원을 찾아가자 그 조사원은 "당신이 '증' 없이 산다는 것은 어떤 가치도 없는 인간으로 산다는 것"[25]이라고 내뱉는다. 증 없이 산다는 것은 작품을 만들 가능성이 앞서서 거부되는, 전혀 있을 법하지 않은 삶을 산다는 것을 의미한다. 그래서 증이 없는 외국인은 단순히 불확실한 자가 아니라, 전적으로 배제된 자다. 그의 삶을 덮고 있는 법적인 불확실성이 그를 모든 사회적, 국가적 틀에서 제외시키기 때문이다. 증이 없는 외국인이 이러한 배제에 놓이는 것은 무엇을 의미하는가? 죽음의 위협이 그의 삶에 가해지는 것이고, 그것은 환대국에의 참여를 결정적으로 금지시킨다. 증이 없는 외국인을 절대적으로 '몫이 없는 자'로 만드는 이러한 위협은 그를 참여 가능성이 박탈된 존재로 만들 뿐 아니라, 우선 살아야 한다는 생존의 불가피성을 이유로 평등을 위한 투쟁의 가능성을 저당잡아 그를 정치적 삶으로부터 멀어지게 만든다.

그럼에도 불구하고 증이 없는 외국인들이 위험을 무릅쓰고 교회를 점령하면서 증을 획득하기 위한 투쟁에서 자신을 가시화한다는 사실은 다만 예외적인 것이 아니라, 가시성의 명령 아래에서 백일하에 전례 없는 정치성을 드러내는 것이다. 따라서 외국인들이 그들의 투쟁에서 "공통의 상징성"을 결핍하고 있으며, 자신을 가시화하고자 하는 욕망만을 드러낸다고 말하는 것[26]은 잘못이다. 차라리 외국인들과 또 그들과 함께하는 사람들의 투쟁이 고발하는 것은, 가시성의 패권주의적 형식들과 그것이 전제하는 비가시성의 기입들이라는 것을 인정해야 한다. 증이 없는 자들은 국가를 토대 짓는 사회적 가시성을 고발하면서 정치에서 자신의 몫을 취하는 것이상을 한다. 다시 말해 그들은 사회적인 가시성을 다른 빛 아래서 보여준다. 만일 "몫이 없는 자들의 몫이 있을 때" 그리고 "자연스럽게 전제된 지배의 논리에 평등의 효과가 침투할 때"[27]만 정치가 있다면, 랑시에르와 함께, 동시에 그에 반해서 정치학은 전체 사회 안에서 그 구조를 고발하는 정치적인 주체화를 드러낸다고 주장해야 한다. 외국인의 가시성은 국가적 가시성을 질문하고, 후자를 정치적인 평등과 참여라는 지배적인 두 질문에 회부한다. 이런 이유로 외국인의 가시성은 그것이 질문하는 가시적인 것과 비가시적인 것의 나눔뿐 아니라 하부정치학에 의해 산출되는 상부정치학에 대한 반박을 위해 아주 중요하다.

환대를 환대하기

환대를 환대하기

외국인은 국가 구성원에 의해 비구성원으로 간주된다. 리쾨르가 강조하듯이, "외국인은 우리가 아니며, 그가 원하고 요구한다고 해서 우리들 중 하나가 될 수 있는 자도 아니다."[28] 외국인의 존재 방식은 지시 안에서 유지되며, 사회적으로 밖에 존재하게 하는 여러 방식과 관계한다. 영어에는 외국인을 지시하는 용어가 여럿 있다. foreigner, stranger, outsider, alien. 이 단어들의 진보를 보면 거의 광기에 이를 정도로 외국인의 이방성에 더 가까이 접근한다. 'foreigner'가 다만 행정적으로 지시된 외국인이라면, 'stranger'는 자신을 환대국의 관습에 낯선 자로, 미지의 땅에 사는 자로 느낀다. 'outsider'와 함께, 이제 외국인으로 산다는 사실은 그를 이탈자로 만들고, 부정적이고 유랑하는 비정상인들의 집단에 삽입하는 외적 판단에 의해 더 악화된다. 피에르 마슈레가 말하듯, "outside는 말 그대로 다른 쪽으로 넘어간 자를 가리킨다. 그는 한 집단에 의해 그들의 정상적인 통합 기준을 만족시키지 못하는 자로 간주되며, 그들의 관점과 어긋나서 결국 블랙리스트에 넣어지거나 사회적으로 격리되는 자다".[29] 'outsider'는 따라서 그의 이방성이 지각되자마자 집단에서 벗어난 자가 된 외국인이다. 그는 좌초한 'foreigner'다. 이 스펙트럼의 끝에서 우리는 결국 'alien'의 광기를 발견한다. 벗어남의 정도가 증가하면서 외국인은 위협하는 광기만을 가져오는 자가 된다. 이 이름들의 은하수 아래에는 자리를 분배하는 사나운 언어적인 질서가 숨어 있다. 그 질서에 의해 어떤 자리는 안에 존재할 수 있는 가능성으로 승인되고, 다른 자리는 더더욱 밖으로 보내져서 기각된다.

외국인은 결국 이중적인 조건 안에서 굴절된다. 정상화를 기다리면서 국가 인구의 문턱에 잡혀 있거나 국가 변방에, 일종의 가설적 문턱에 잡혀 있다가 결국 여백의 존재로서 기각되는 것으로 끝이 난다. 안의 가장자리에 몰린 외국인은 이렇게 안의 밖으로 추방되어 결국 분리된 자가 된다. 피에르 마슈레가 "우리가 사회적으로 '밖'에 존재하는 데에는 두 가지 방식이 있는데, 하나는 잠재적으로 낙인찍힌 자 혹은 배제된 자가 될 수 있는 상황 안에 놓였던 적이 있기 때문이거나, (…) 아직 요구된 혹은 원해진 통합을 실행하지 않았기 때문"[30]이라고 말할 때, 우리는 한 발 더 나아가, 한 삶이 일탈자로 간주되어 배제의 체제에 종속되는 것은 통합되지 않도록 강요되기 때문이라고 말해야 한다. 처음에 외국인이 상황이 나아지기를 기다리는 'stranger'라면, 태양은 절대 그를 위해 뜨지 않기에 피할 수 없이 'outsider'가 되거나 사회적 천민이 되는 것으로 끝이 날 것이다.

외국인을 국가에 한 참여자로서 받아들이는 대신 더 외국인으로 만드는 국가적 과정은, 외국인은 국가에 아무것도 가져다줄 수 없는 자라는 것을 암암리에 전제한다. 외국인의 이방성은 그를 배제하는 국가의 법들에 의해 강화되기를 그치지 않는다. 반면 법과 불법 사이의 경계는 지각되지 않을 정도로 아주 얇다. 외국인이 이민자의 노동의 권리를 가지고 경제적 사회 안에, 혹은 난민의 피보호권을 가지고 정치적 사회 안에 등록될 가능성은 거의 거부된다. 외국인은 실질적으로 법들 '사이'에서 이주자로서 살 수 있을 뿐이기 때문이다. 따라서 처음부터 일탈성이 전제된 외국인이 증을 기다리는 것은, 외국인을 불확실하고 배제된 삶 그 이상으로 만드는 일련의 자격 박탈 과정의 마지막 단계다.

만일 외국인이 이렇게 항상 더 외국인으로, 더 낯선 것으로 되는 존재라면, 이제 그와 함께 느끼는 것이 시급하다. 외국인과 함께 느끼는 것^{consentir}—그 말의 본래적 의미에서—은 다만 외국인이 더 이상 우리에게 속하지 않는 자로 보이지 않는 것만을 의미하지 않는다. 그것은 모욕적인 지시들과 국가의 법들의 배타적 해석들에도 불구하고 인증될 수 있는 삶들의 감성적 공동체가 존재한다는 것을 의미한다. 이 나눔의 공동체는 능동적인 감성에 의존한다. 함께 느끼기는 명시적 동의^{consentement éclairé}에 대립되는, 함께 느낄 수 있는 힘이 아닌가? 언제 한 삶은 다른 삶에서 자기를 느끼고, 밖의 삶에서 안의 삶을 느끼는가? 우리가 사회적으로 안에 사는 그녀들/그들과 사회적으로 밖에 사는 그녀들/그들 사이의 나눔에도 불구하고 하층민들과의 연대에서 자신을 잘라낼 수 없는 감성적 공동체에 속한다고 느끼는 것과 마찬가지로, 우리가 비참, 병, 죽음, 정치적 공포와 같은 삶의 불확실성에 직면했을 때다. 어떤 삶이 전적으로 안이라고 말해질 수 있는가? 더욱이 절대적인 안이고자 할 필요가 있는가? 삶은 언제든지 나와 다른 이들에 의해 상처받을 수 있기에 불확실하다고 말할 수는 없는가? 주디스 버틀러가 강조하듯이 "상처 입음은 상처와 상처의 분배를 반성할 기회를 제공하며, 눈에 보이지 않는 국경들의 고통, 예기치 않은 폭력, 약탈 등을 발견할 기회를 제공한다."³¹ 상처의 내재성을 반성하는 것은 상처받은 삶들의 감성적 공동체 안으로 들어가는 것이며, 모든 삶의 상처가 다 똑같지 않다는 것을 이해하는 것이다. 국가는 다만 자신의 영토에 사는 외국인들에게 폭력적인 것이 아니라, 외국인들의 삶 그 자체를 지우며, 그들의 삶에 무지한 것처럼 그들의 죽음에도 무지하다. 이로부터 "오늘날 우리가 확인하는 국가적 멜랑콜리가 생겨난다. 그것은 부인된 애도의 결과다. 다시 말해 한 국가에 살기 위해 왔다가 지금은 사라진 사람들 각각의 이름, 이미지, 역사가 집단적 표상 안에서 사라진 결과다."[32] 이 국가적 멜랑콜리는 환대의 기쁨과 정반대되는 것이다. 승자들의 유일한 역사 안에 국가 공동체를 가두고 어떤 상처도 국가 건설에 합리적으로 고려될 수 없다고 전제하면서 하층민의 감성적 공동체를 파괴한다. 상처받을 수 있는 삶의 허약성은 모든 삶에 공통된 것으로 지각되어야 하지만, 어떤 삶들은 그 삶을 만든 조건에 의해 다른 삶들보다 더 상처받을 수 있다는 것을 이해해야 한다. 이런 토대 위에서만 환대는 강력한 도덕적 동기로, 더 중요하게는 비판적 동기로 나타날 수 있다.

한편으로 환대는 외국인이라는 삶의 형식들의 발명에 대한 환대국의 한 대답이다. 환대는 외국인을 창출하지 않는다. 환대는 외국인이 살 수 있는 둥지를 만들어주면서 국가 안에 그들이 등록하는 것을 가능하게 한다. 다른 한편 환대는 윤리적 폭력의 분석에 의해 복잡해져야 한다. 환대는 자신의 내적 한계를 구성하는 윤리적 폭력에 부딪히기 때문이다. 환대는 식민지적 구조의 병으로 인해 시달린다. 환대하는 자들은 관대한 행위를 통해 외국인을 길들일 수 있다고 생각하며, 기존하는 국가의 구조 안에 끼워넣는 방식으로 외국인을 들어오게 한다. 그런데 우리는 여기에 머물러야 하는가? 환대가 제국주의적 형식을 취할 때 그것을 비판해야 하지 않는가?

이런 윤리적 폭력의 기원은 무엇인가? 타자에 의해 전염되는 것에 대한 공포, 확인할 수 있는 국경이 사라지는 것에 대한 공포다. "우리 자신의 관점과 다른 관점을 이해하고자 하는 것에 대한 공포는 그것에 의해 흡수될 수도 있다는 더 뿌리 깊은 공포를 감춘다. 이러한 공포는 타자는 전염성이 있으며, 적의 사유는 우리를 파괴할 정도로 우리를 전염시킬 수 있다는 것을 긍정한다."[33]

환대는 우선 우리의 이야기가 아닌 이야기를, 우리의 이야기를 해체할 수도 있는 이야기를 환대하는 것이다. 나의 언어가 아닌 것으로 나는 무엇을 할 수 있는가? 어떻게 나는 그것을 환대할 수 있는가? 언어의 다수성은 우선 저주가 아니라 기회일 수도 있다. 또 삶은 국가 안에 등록하는 것보다 더 크고 넓다는 것을 암시한다. 또한 모국어의 경험은 여러 언어에 능통한 이상적인 (그런데 실재하는) 외국인이 분산된 신체 안에 육화하는 다언어주의의 이상과 관계될 수도 있다. 여러 언어에 능통한 자는 고정된 상징적 질서에 종속되지 않으며, 재빨리 언어들 간의 번역을 초안하고, 다수 언어의 도움으로 새로운 삶의 조각들을 사유화한다. 따라서 다수 언어에 능통한 자는 반박되지 않는 국가 언어의 고착된 자리의 친숙함에서 태어난 존재론적 안정성과 반대되는 유동하는 존재론적 장에 나타나면서, 양피지 같은 자신의 고유한 신체 안에서 부동하는 동일성의 환상적 고정성을 비판한다.[34] 로지 브라이도티는 다수 언어에 능통한 노마드와 이주자를 구분한다. 망명으로부터 생긴 이주자가 지배적인 문화와의 관계에서 그리고 그 표상의 수준에서 극단적으로 불확실한 하층문화의 주변적 실존으로 머문다면, 다수 언어에 능통한 노마드는 보통 사회적으로 잘 드러나지 않기 때문에 다른 언어와 문화 사이를 자유롭게 이동하면서 국가 정체성의 욕망 혹은 향수를 촉발하지 않고 하이브리드화를 제안한다.

만일 여러 언어에 능통한 자와 이민자가 구분되듯이 노마드가 이주자와 구분된다면, 어떤 조건에서 이주자는 노마드가 될 수 있는가? 이민자가 사회적 천민과 다르게 고려되기 위해서는 어떻게 해야 하는가? 여기에 이르기 위해서 환대는 어떤 모습을 해야 하는가? 데리다는 환대가 다른 삶의 형식들에 대한 선험적인 환대 안에 존재할 수 없다는 것을 암시한다. 그는 환대는 마음이 동요하는 순간, 즉 환대하는 자와 손님hôte이 더 이상 자신이 누구인지 알 수 없는 순간과 일치한다고 지적한다. 이 동일성의 동요는 주인이 더 이상 환대하는 자가 아니라 손님에게 속하는 행복한 전향을 산출한다. 이때 환대는 지배권^{imperium} 즉 동일자가 타자를 규제된 공간 안으로 이끄는 권력이라기보다는, 국가의 지배적인 공간 안에서 발명되는 삶의 형식들을 "돌보는" 양태다. 환대는 따라서 국가의 지배적 권력의 탈규제화 없이는, 받아들일 수 있는 외국인의 모습을 제시하고 그렇지 못한 외국인은 폭력적으로 비난하는 국가 정체성의 가설적 고정성과의 불일치의 가능성 없이는 존재할 수 없다.

따라서 두 종류의 환대 체제가 있다. 하나는 국가 심장의 수축과 이완 체제를 따라 더 잘 닫기 위해서만 열리는, 다시 말해 더 쉽게 추방하고 국경의 벽들을 더 강화하기 위해서만 환대의 구조를 진전시키는 환대이고, 다른 하나는 외국인의 삶에 봉사하는 환대인데, 이것은 외국인들을 주변화하는 한 방편으로 고안될 수도 있다. 전자의 환대가 극단적으로 중앙집권적이고 다른 삶들을 처리하는 교회적 장소들(유치소 등등)과 떨어질 수 없다면, 후자는 반대로 지극히 분산적이며 여기저기에서 위험을 무릅쓰고 증이 없는 누군가를, 불확실한 누군가를, 최하층의 누군가를 돕는 익명의 삶들로부터 솟아난다. 환대는 따라서 국민국가의 장소론 안으로 들어갈 수도 있으며, 또한 이 장소론을 벗어나서 사적인 것과 공적인 것의 관계를 전복하고 반-장소로 기능하는 환대의 장소들을 발명하면서 공공연히 긍정될 수도 있다.

'자기 집'이 정숙한 내밀성과 가족적 질서의 재생산이라는 필요조건들을 충족시키기를 그치고, 정치적 영역 안에서 새로운 노마드적 정향을 받아들일 수 있다면 무슨 일이 일어나는가? 또 주거가 더 이상 사적인 것과 공적인 것의 나눔을 인정하지 않고, 반대로 "세계의 비참"을 자신의 방식으로 환대하면서 그러한 나눔에 반대한다면 무슨 일이 일어나는가? 이제 사적인 것 안에서의 나르시스적인 흡입은 잘려져야 하고, 자기가 아닌, 자기 집의 구성원 중 누구도 닮지 않은 누군가의 침입이 필요하다.

환대의 장소가 타자들의 삶을 돌보는 소명을 가진 다른 공간이 된다고 해서 이로부터 필연적으로 환대를 환대하는 일이 일어나지는 않는다. 환대를 실천한다는 것은 한 공간을 병원으로 변형하는 것이 아니라, 오히려 병원의 지배적 구조를 포기하는 것이기 때문이다. 보르도의 폴 베르 네트워크는 권한 부여empowerment라는 구호 아래 비정규직 노동자와 외국인에게 스스로 사용할 수 있는 자원을 마련해주면서, 그들이 행위할 수 있는 잠재력을 다시 장전하게 한다. 때때로 어떤 연합은 외국인들의 삶을 보살피는 일을 하기도 한다. 막 형성되고 있는 'care'라는 새로운 개념은 법적, 언어적, 사회적 도움들을 제안하면서 새로운 삶의 형식들이 솟아나도록 한다. 롬족을 도와주는 연합은 바로 이와 같은 기능을 수행한다.

국가 안에는 사적인 관계와 공적인 관계를 뒤섞으면서 아카데미적인 국가의 구분을 혼란스럽게 하는 반-장소들이 존재할 뿐 아니라, 또한 외국인의 발명들이 일어나고 환대를 환대하는 반-장소들이 존재한다. 외국인의 발명들과 함께하는 유연한 환대에 의해 산출되는 국가의 탈영토화는 국가의 한계 안에서 행해지는 환대의 재영토화에 대한 한 대답이다. 이 대립은 피할 수 없어 보인다. 국민국가는 환대의 구조를 강요할 수 있는 힘을 가지고 있고, 반면 이질적 장소의 환대는 사라지지 않고 지속하기 때문이다. 따라서 중요한 것은 국가의 허락된 목소리와는 다른 목소리를 긍정하는 것이다. 학교에 다니는 아이의 부모를 본국으로 추방하기 전에 임시수용소에 감금하는 절차에 반대하는 것, 증이 없는 사람들의 투쟁에 참여하거나 그들의 행정적인 일을 도와주는 것, 불법체류자를 자기 집에 머물게 하는 것은 국민국가의 환대의 논리로부터 나오지 않는 환대를 실천하는 것이다. 더 나아가 이러한 행위들은 타자 앞에서 느끼는 공포를 거부하는 것이며, 하이브리드화의 실천을 통해 태어나는 성숙의 욕망과 연결된 다른 경험을 가져다주는 목소리들을 인증하는 것이다.

환대는 따라서 다른 곳에서 온 삶들의 자리에 관대함을 베푸는 도덕적 행위라기보다는 창조들을 위한 창조다. 주디스 버틀러가 말하듯 "일단의 삶을 다른 삶보다 더 상처받기 쉽게 만드는 조건들을 비판하고 그것에 맞서서 싸워야 한다".[35] 환대는 내가 생각하기에 기억 불가능한 도덕적 과제라기보다는 실천적 비판이다. 물론 이 비판은 상처받을 수 있음에 대답하고자 하고 민주주의적 나눔 안에서 상처받을 수 있음의 감성적 공동체를 설립하고자 하는 환원 불가능한 도덕의 목소리에 의해 지지된다. 버틀러가 말하듯, "상처받을 수 있음이 윤리적 만남에서 작용하기 위해서는 지각될 수 있어야 하고 인정되어야 한다. 그리고 아무것도 이것이 바로 산출될 것이라는 것을 보증하지 않는다".[36] 따라서 환대는 상처받을 수 있음의 교환 안에서 만남의 가능성이며, 환대의 활용과 창조라는 구호 아래 모인 상처받을 수 있음들의 공동체의 산물이다.

이런 의미에서 순수한 만남의 경험으로 간주되는 자크 데리다의 '무조건적인 환대'의 개념은 환대를 다소 비현실화하는 듯이 보인다. 데리다는 "순수한 환대의 경험은, 타자의 환대라는 순수한 사건이 가능하기 위해서는, 아무것도 아닌 것으로부터 출발해야 한다"[37]고 말한다. 순수한 사건으로서의 환대는 실현될 가능성이 희박할 뿐 아니라, 또한 어떻게 한 삶이 그 삶과 닮지 않은 삶에 직면했을 때 드러내는 윤리적 폭력과 관계시킴이 없이 그것을 생각할 수 있는지 알 수 없다. 또 데리다는 외국인이 손님으로 도래하기 위해서는, 또 환대받는 자와 환대하는 자의 자리가 바뀌기 위해서는 환대가 다름을 지울 수 있는 시적인 힘을 가져야 한다고 생각한다. 이때 환대하는 자가 "그의 손님의 손님"이 되는 아름다운 생각에 의해 환대를 근거짓는 비대칭성을 전도하는 환대가 도래한다. 여기서 우리는 이런 환대의 요구는 너무 강해서 아주 드물게 실현될 뿐이라는 것을 이해한다. 왜냐하면 이런 환대를 하기 위해서는 다만 문을 여는 것으로 충분하지 않기 때문이다. 더 나아가 "우리가 가지지 않은 것을 줄 수"[38] 있어야 한다. 환대하는 주인이 그가 소유하지 않은 것을 증여하는 행위는, 환대의 변신을 표시한다. 따라서 데리다는 레비나스를 불러내면서 노동력이 긴급하게 요청될 때 "환대하는 법을 가진 나라들"[39]은 환대를 실천하는 것이 아니라고 주장할 수 있다. 그런데 데리다는 국민국가의 전략적 환대와 일반인들의 환대의 실천을 혼동하지 않는가? 데리다에게 환대는 만남의 기적, 다시 말해 새로운 음악을 위해 타고난 악보들의 교환을 촉진하는 놀라운 구조를 지닌다.

우리가 환대를 평범화하면, 환대는 그 이하이면서 동시에 그 이상으로 나타난다. 평범한 환대는 환대하는 자와 환대받는 자의 두 극이 바뀌거나 취소되는 순수한 만남을 창조할 수 없기에, 그 이하다. 이는 결국 환대의 실천들이 전개되는 힘들의 관계를 약화시킨다. 그럼에도 불구하고 환대의 일상적 실천은 하층민을 돌볼 수 있는 가능성을 제공하기에, 그 이상이다. 환대는 놀라운 만남이기보다는 일상적인 '돌봄'이며, 들이닥친 하층민의 극단적인 허약함에 의해 생겨난 실천적 장치다. 그런데 이 실천적 장치는 외국인을 창출하지 않으며(지시에 의해 산출된 타자화만이 그런 힘을 가진다), 행위할 수 있는 잠재력을 동반한다. 환대는 환대하는 주인을 외국인으로 변형하고 숭고한 외국인이 되라고 부추기는 것이 아니라, 한 삶을 더 허약하게 만들고 불확실한 인간의 삶을 타자화하는 부당한 지시들에서 산출되는 일종의 타자화의 경험이다. 환대를 실천하는 그녀 혹은 그를 외국인으로 만드는 것은 환대라기보다는 실업자 혹은 환자로 사는 것만이 아니라 '무능한' '무용한' '밥벌레'와 같은 지시를 겪어본 그녀들과 그들이 잘 아는 모욕적인 지시에 의한 자격 박탈에 의해 배가되고 유해한 것으로서 체험되는 상황이다. 그래서 자기 자신이 환대의 구조에 의해서만 외국인이 될 수 있다는 생각은 외국인의 조건이 여전히 지시를 운명을 변형시키는 위대한 변신에 속한다고 생각하는 것이다. 다시 말해 이것은 외국인의 영웅적 모습을 보존한다.

따라서 환대를 가장 익명적인 일상성에서 다시 파악할 때, 그것은 하층민의 돌봄이 될 뿐 아니라, 국가 규범들의 패권적 질서에 대한 비판이 된다. 환대는 돌봄의 윤리적 행위이면서 동시에 비판이라는 사실은 환대에 대한 고전적 담론 안에서—데리다가 그 부분에서 대표적인 수탁자인데—전적으로 파악되지 않는 듯이 보인다. 환대를 "이민자, 노동자라는 범주"[40]에게 말을 건네는 것이 아니라 구체적인 "너"에게 건네진 실천으로서 파악할 때, 우리는 환대를 우선 유일무이한 말 건넴으로 이해할 뿐, 이 건넴이 국가 규범들의 폭력에 대한 비판 안에 삽입된다는 것을 잘 이해하지 못한다. 따라서 환대는 다만 윤리적 발명이 아니라, 한 국가의 규범들을 당황하게 하는 정치적 비판이어야 한다. 이 비판은 외국인의 하층문화와 지배적인 문화 간의 상호 충격에서 산출되는 하이브리드화의 실천을 가시적으로 만들며, 외국인의 삶의 형식들이 본질적으로 가지고 있는 발명성을 강조한다.

환대의 실천은 따라서 선험적으로 자격 박탈된 얼굴과 목소리를 다시 솟아나게 할 수 있는, 또 국가의 기표들을 불안하게 해서 한 국가의 "언어, 문화, 스타일, 법을 근본적이고 지속적으로 변형할 수 있는"[41] 새로운 기표들을 밝히는 데 기여하는 탈-지시의 실천으로 간주해야 한다. 이 변형의 한계는 무엇인가? 데리다가 암시하듯이, 그것은 폭력이다. 하이브리드화는 평화적일 수 있으며, 그것은 잠재적인 폭력이 제거될 수 있는 조건에서만 전개될 수 있다. 그런데 평화적이기 위해서, 하이브리드화는 환대의 공간 안에서 평화적이 되어야 하고, 그 공간에 빛을 가져올 수 있어야 한다. 결국 그와 같은 공간의 유무는 국민국가의 잠재력에 의존한다. 국가 아래에서 행해지는 환대는 특히 하이브리드화와 하층문화가 본질적으로 폭력적이 아니도록 경계해야 할 의무를 가진다. 다만, 그것은 지배적인 문화들이 하층문화들에 불법적인 폭력을 가하지 않는다는 조건에만 가능하다.

　우리는 여기서 어려움을 예감할 수 있다. 국민국가의 잠재력은 환대를 합리적으로 활용하는 대신에 다른 정치—치욕스럽다고 선언된 삶들의 기록, 처벌과 감시의 한계 안에서의 환대, 통제, 불법의 산출 등등—를 전개한다. 그래서 익명적인 삶들의 환대는 조건 지어진 국민국가의 환대에 대한 비판이다. 즉 아직 존재하지 않는 것의 이름으로 존재하는 것을 변형하고 실천하는 비판이다. 다시 말해 그것은 외국인들의 "실질적 판단 기준들", 즉 국가에 통합되기 위해 그들이 사용하는 수단들의 본성에 의존할 뿐 아니라, "사회적 판단 기준 그 자체",[42] 즉 외국인이 국가에 통합될 수 있는 가능성을 정하는 일련의 규칙 유형에 의존하는 실재에 대한 근본적인 비판이다.

　따라서 환대가 다만 만남에서, 새로운 언어의 시학과 기존하는 정치적인 조건들의 교차점에서 일어나는 두 주체 간의 거래에만 속하는 것이 아니라[43] 명시적인 비판의 전개를 포함한다는 것을 지지하는 것은, 환대에서 중요하게 평가되어야 할 것은 외국인의 조건의 정당한 혹은 부당한 성격들이라는 점을 의미한다.

참여
참여

평범한 사람들이 사회적 판단 기준의 틀에 대해 아주 드물게 비판한다면, 불확실한 삶들, 더구나 외국인으로 지시된 삶들의 사정은 그와는 다르다. 뤽 볼탄스키가 "일반인들은 적어도 반복적인 사회적 삶의 흐름에서, 분노와 반발을 촉발하는 상황들에 새겨진 일반적인 틀에 대해 거의 질문하지 않는다"[44]고 주장한 것은 옳다. 반면 그의 사회학이 통합의 사회학에 머무는 것도 사실이다. 그의 사회학에 의하면 사회적 판단 기준들이 전개되는 틀은 사회적 주체들에 현재하며, 미래의 분쟁들을 허용한다. 그때 그 분쟁들은 판단 기준들의 본성이 아니라 그 양태들에 의존한다. 그런데 판단 기준 그 자체가 빠져나가고 또 이 기준이 부정의^{injustice}의 감정과 비판에만 열리는 지점에서 불확실한 삶들은 어떠한지 물어야 한다. 환대의 실천이 함축하는 비판은 따라서 외국인들이 겪는 '실질적 판단 기준들'에 집중되는 저항들에서 드러나는 근본적이고 평범한 비판과 떨어진 것이 아니다. 비가시성에 대항한 투쟁, 증을 획득하기 위한 투쟁, 선거권 획득을 위한 투쟁, 이 모든 것은 "선택적 판단 기준들만 보장하는"[45] 정부에 대항하는 투쟁이다. 앞서서 지적했듯이, 학위가 있으면서 일정한 직업이 없는 사람들, 증이 없는 사람들이 모여서 집단을 형성하는 것은 하층민이 국가에 참여할 가능성이 정부에 의해 족쇄가 채워지기 때문이다. 이라크와 아프가니스탄에서 온 난민들을 위한 칼레의 임시 숙소 철거는 바로 이런 이주자 집단을 보이지 않게 하려는, 자신들의 고유한 사회적 실천과 작품의 담지자인 집단적인 주체로서의 그들을 말 그대로 사라지게 하려는 정치적인 욕망에 가담하는 것이다.

외국인의 국가 참여는 국가의 '판단 기준'이 다른 삶의 형식들을 허용할 수 있을 만큼 충분히 올바를 때에만 가능하다. 그리고 "사유화되지 않은 타인들"[46]의 출현은 국민의 정의定義가 지배적 "판단 기준"에 제한되지 않을 때에만, 또 그 정의가 보통 "모르는 자가 불러일으키는 두려움으로 환원되는"[47] 타인들에 의해 반박될 때에만 실질적일 수 있다.

따라서 모든 선거에서 외국인의 선거권을 획득하면서 국가의 정치적 '판단 기준'을 변경해야 한다. 자기가 사는 곳에 자신의 목소리를 반영할 가능성에 의해 세워지지 않는 참여는 도대체 무슨 의미가 있는가? 한 삶이 한 목소리로 인정될 때에만, 한 삶이 다른 삶들과 같은 자격에서 고려될 수 있는 장에서 목소리를 가질 때에만 참여는 의미를 지닌다. "하부정치학이 명백히 진정한 정치학이라면"[48] 그것은 정확히 하층의 행위 논리가 어디에도 기입되어 있지 않기 때문이며, 그리고 그러한 지움 자체가 더 이상 정치적 투쟁의 대상으로 고려되지 않는 다양한 유형의 지배, 계급, 장르, 민족적 차이를 탈정치화하는 데 기여하기 때문이다. 정치적 삶에 참여하는 것이 인정되지 않는 그녀들과 그들에게 정치적인 주체로서 인정될 가능성을 주는 것, 그것은 무대 뒤로 사라져서 더 이상 존재하지 않게 된 자들을 무대 앞으로 끌어내는 것이다.

외국인에게 선거권을 주는 것만으로 하층민의 참여의 이론을 충분히 풍성하게 하지는 못한다. 그럼에도 불구하고 그것은 정치적 장에 새로운 욕망들, 새로운 행위의 양식들, 새로운 표상들을 솟아나게 하며 정치적 장의 변경을 가능하게 한다. 외국인 문제에 대한 아주 통상적인 정치적 대답은 동화 쪽에서 그 변명을 찾는다. 즉 외국인은 그가 국가의 다른 구성원들과 구분되지 않을 정도로 실질적 능력을 드러낼 수 있는 한에서만 환대받을 수 있으며, 외국인이라는 이름을 지울 수 있다고 한다. 이런 변명은 외국인이라는 이름은 삶의 실천들에 의해 지워질 수도 있다는 믿음에 의존한다. 그런데 한 삶은 동화될 수 있으며, 자신의 이름을 잃어버릴 수 있는가? 우리가 동화를 잠재적인 정치적 대답으로 고려할 때 발생하는 두 개의 큰 위험을 잊어서는 안 된다. 하나는 외국인의 목소리는 허락된 새로운 목소리를 위한, 다시 말해 국가의 목소리라고 자칭하게 될 순수한 목소리를 위한 것일 뿐이라고 간주하면서 외국인의 목소리를 지우게 되는 위험이다. 또 하나는 외국인에게 국가의 국민으로서 인정받기 위한 조건으로 더 이상 자기가 아닐 것을 강요하게 되는 위험이다.

제16강 외국인으로서 자기 자신

대안적 이야기
대안적 이야기

이제 삶들을 비가시성 안으로 내던지고, 그 결과로 우리가 이 삶들과 관계하는 것을 저지하는 잠금의 효과를 지적해야 한다. 주디스 버틀러가 "어떤 삶의 얼굴을 박탈하는 것 또는 어떤 얼굴이 우리에게 악의 상징으로 제시되는 것은, 우리가 무화한 이 삶들과 직면해서 무감각하게 되는 것을 허락"[1]한다고 강조하듯이 말이다. 버틀러가 강조하는 이 무감각의 용인은 외국인의 삶을 비가시화하는 장치의 효과로서 설명될 수 있을 것이다. 더 이상 감각적이지 않다는 것은 더 이상 얼굴을 보지 않는 것, 더 이상 목소리를 듣지 않는 것, 그 결과 타자를 지우는 것이며, 이 지움 자체는 국민국가의 판단 기준의 독점적인 논리에 의해 가능해진다. 부득이한 이주자들의 추방은, 그 삶들이 환대국을 갉아먹는 특수한 악을 가진 자들로 보이자마자 모든 얼굴을 상실하게 된다는 것을 알려준다. 사실 우리가 그들을 추방할 수 있는 것은 그들이 더 이상 인간의 얼굴로 보이지 않는 조건에서만 가능하다. 그렇지 않다면 어떻게 아프가니스탄 사람들을 아프가니스탄으로, 확실한 죽음으로 추방하는 것을 용인할 수 있는가? 국가가 행하는 추방과 반복적인 폭력에 동의하기 위해서는 낯선 삶들과 우리를 연결하는 공통된 인간성을 지워야 한다. 만일 우리가 한 낯선 삶을 얼굴과 목소리를 가지고 있으며 다른 삶들(그것이 가족이든 친구든 모르는 사람이든 간에)과 함께 작품을 만드는 삶으로 표상한다면, 공적인 공간에 대한 모든 이해가 변화한다. 그리고 이런 변화는 환대의 실천들에 의해서 도래할 수 있다. "보다 첨예한 삶의 의미가 도래하기 위해서는 어떤 얼굴들이 공적인 공간에서 받아들여져야 하고 보이고 들려야 한다."[2] 그리고 이것의 확장으로서 공적 공간 전체의 의미가 밝혀질 것이다.

다른 삶들의 사회 참여 필요성에 대한 분석은 자격 박탈된 삶들의 지식 양태 분석을 함축한다. 한 주체가 더 이상 보이지 않는 것은 다만 그가 더 이상 들릴 수 있는 주체로서 지각되지 않기 때문만이 아니라, 더 심하게는 어떤 충돌도 없이 처음부터 공통된 인간성으로부터 지워질 수 있는 타자로 보이기 때문이다.[3] 이 지움은 자신의 고유한 경계들이 다른 삶들에 의해 파괴될 수 있다는 두려움에 의해 가능하다. 타자의 비인간화는 섞임에 대한 공포에 의해, 또 감각적인 것의 나눔 그 이상인, 타자들의 감각적인 것에 의한 동일자들의 감각적인 것의 침해를 암시하는 크레올화에 대한 강박관념에 의해 촉발된다.[4]

따라서 삶의 비가시성을 낳는 발화發話의 금지를 거두면서, 낯선 삶들을 이야기하는 것을 허용하는 대안적인 모든 이야기에 대해 질문해야 한다. 그런데 이런 질문은 또한 이야기와 이미지의 결합에 대해서, 다시 말해 외국인들을 이국정서나 위험한 삶으로 추방하는 이야기와 이미지의 정형화에 대해서 질문하는 것이다. 이야기되지 않는 삶이 전적으로 한 삶일 수 있는가? 반대로, 정형화된 이야기의 양태를 가진 삶이 전적으로 한 삶일 수 있는가? 단 한 유형의 이야기와 이미지는 타자의 탈실재화를 지연시킬 수 있을 뿐이다. 왜냐하면 "우리는 모든 것은 담론적 질서 안에서 시작한다고, 그리고 어떤 삶들은 삶으로서 간주되지 않으며, 어떤 삶은 인간을 규정하는 지배적인 틀 안에 들어가지 않기 때문에 전혀 인간적으로 고려되지 않는다고 생각할 수도 있기 때문이다".[5] 다른 삶의 배제에서 행해지는 폭력은 허락된 담론들 밖으로 삶들을 배제하는 것에 의해 증가된다. 다시 한 번 이 배제를, 타자의 반-담론 혹은 주변적 담론에 의해 파괴된 자신의 내적 속성들을 보는 것에 대한 두려움과 연결해야 한다. 이런 관점에서 지배적인 담론 질서의 긍정과 낯선 삶들의 비인간화 그리고 자기 상실에 대한 공포에 대항하는 투쟁 사이에는 긴밀한 관계가 있다. 사실 타자로서의 외국인을 유령 같은 삶의 비실재화 안으로 추방하는 것은, 자기 자신은 외국인이 아니라는 사실을 긍정하는 것과 일치하기 때문이다. 외국인의 삶의 비가시성은 따라서 사회적 공간 안에서 자기의 가시성과 특히 자신의 속성들을 유지하기 위한 저당이다.

자신의 속성들을 유지하는 것은 자기 자신은 완벽한 세계를 형성한다고 가정하는 것이다. 그런데 경우에 따라서 그 세계는 다른 세계에 의해서 흔들릴 수 있다. 이때 자기 자신은 자기 세계의 상실의 과정 안으로 들어가고, 원치 않는 외국인이 될 수도 있다. 그런데 이런 관점은 타자와의 관계 가능성을 타자에 의해 점령될 가능성으로, 부정적으로 고려하는 것이다. 따라서 이런 관점은 크레올화의 평화적 성격과 일치하지 않는 전쟁 상태를 가정한다. 이것은 우리가 자신을 타자의 자리를 놓을 수 없는 무능을 지시할 뿐 아니라, 또한 타자에 의해 흡수되는 것에 대한 두려움 때문에 타자에 의한 변형을 받아들일 수 없는 무능을 지시한다.

자신의 관점과 다른 관점에서 이해하는 것에 대한 우리의 두려움은 타자에게 흡수되는 것에 대한 보다 깊은 두려움을 감춘다. 이것은 타자는 전염성이 있다는 것을, 또 적은 도덕적으로 우리를 파괴할 정도로 우리를 전염시킨다는 것을 전제한다.[6]

타자에 의해 우리가 변형되는 것을 받아들이려면 무엇이 필요한가? 자신 안에 국경의 이념이 울리는 것을 중단시키려면, 우리 안에 어떤 타자들을 가져야 하는가? 타자에 의해 흡수되는 것을 인정하는 것은 자신의 고유한 타자들에게 자리를 만들어주는 것을 전제한다. 데리다가 말하듯, "환대의 능력은 자기 자신을 다룰 줄 아는, 더 자유로운, 자신의 내적 사회와 좋은 관계에 있는 사람들의 가소성에서 유지된다".[7] 반대로 "외국인에 대한 혐오와 반-환대적인 행위는 자신 안의 외국인과의 관계에서 어려움을 느끼는 사람들의 행위로 분석할 수 있다".[8] 그렇다면 자신 안의 외국인과 쉽게 관계한다는 것은 무엇을 의미하는가? 지시로부터 나오는 타자성으로 환원 불가능한 새로운 타자성이 출현한다는 것을 말하는가?

내가 되고 싶지 않은 외국인
내가 되고 싶지 않은 외국인

낯선 삶들을 산출하는 지시는 타자들과 더불어 사는 것을 가능하게 하는 관대한 행위에 의해 지워질 수 없다. 외국인은 항상 그 삶의 사회적 허약함 때문에 그 삶이 결국 체화하는 부정적인 성질의 결과다. 이 부정적인 성질이 어떻게 외국인으로 살지 않는 그녀 혹은 그에게 나타날 수 있는가? 어떤 조건에서 자기 자신은 외국인이 될 수 있는가? 여기에는 두 질문이 함께 얽혀 있다. 우리는 우리가 누군가를 외국인으로 지시하는 사실에 의해 우리 자신이 외국인이 될 수 있는 가능성으로부터 자신을 보호하지 않는가? 나는 외국인으로 지시된 삶에 결합하기를 욕망할 수 있는가? 이 두 질문을 합쳐서 우리는 다음과 같이 질문할 수 있다. 외국인으로서 자기 자신은 사회적 저주 안으로 떨어지는 궁극적인 추락과 다른 것일 수 있는가?

　우리가 어떤 삶들을 낯선 것으로, 외국인으로, 즉 거리를 둔 것으로 서둘러서 지시하는 것은 우리가 자기 자신을, 어떤 형태이든 간에 낯선 것으로, 즉 외국인으로 생각하지 않기 때문이다. 따라서 외국인이 차이 안에서 나타날 수 있는 것은, 내가 그의 신체를 차이로서만 드러내기 때문이다. 외국인은 여기^{ici} 사람이 아니고 다른 곳^{ailleurs}에서 온 사람이라고 반복하면서 우리는 우리 자신을 여기 사람으로 긍정하며, 저기와의 관계에서 이해되는 여기로부터 자신을 이해한다. 그런데 정확히 이 다른 곳은 어디에서 시작하는가? 여기서 문제가 되는 것은 우리를 위협하는 다른 대륙인가, 아니면 그와 유사한 어떤 곳인가? 아니면 가난 때문에 국민에게 이주를 강요하는 다른 민족, 다른 나라인가? 그도 아니면 다른 지방, 다른 도시인가? 물론 여기의 가치를 강조하는 주체들을 동원하는 국경들과 연결된 여러 모습의 외국인들이 존재한다. '아무 데도$^{nulle-part}$' 존재하지 않는 외국인은, 그를 아무 데도 존재하지 않는 지 그 자체로 지시하고, 동시에 고려할 가치가 전혀 없는 자로, 그 몫^{part}이 없는^{nulle} 누군가로, 결국 목소리도 없는 누군가로 간주하는 '어딘가에$^{quelque-part}$' 존재하는 토착민에 대해서만 그 가치를 가진다. 그래서 외국인이 '아무것도 없이$^{être\ sans}$' 존재하는 것은 땅과 언어의 확실성과 견고히 연결된 '어딘가'에 의해 산출된 '아무 데도'의 결과다. 여기 사람인 누군가에게는 항상 '여기'에 구멍을 내서 여기를 허약하고 불안정하게 만드는 너무 많은 외국인이 있으며, 너무 많은 외국인의 모습들이 있다. 사실 이러한 불안정화의 여파는 우리를 '여기'에서 부유하는 관계 안으로, 다시 말해 고독한 배척의 관계라기보다는 복잡하게 얽힌 정념의 관계 안에서 자신을 고려하는 데로 이끌 수도 있기 때문이다. 이런 과정의 최종적인 귀결은 어쩌면 여기의 상실이 아니라, 모든 다른 곳을 금지하는 여기에서 발견되는 오만의 끝일 수도 있을 것이다. 이 오만의 끝에서, 여기 그 자체는 다만 다른 주파수들이 넘쳐나는 다른 곳이 아니라, 그것들과의 얽힘을 다양한 목소리들의 종합으로 만드는 이미 항상 자신을 다른 곳으로 인정하기에 이를 수도 있을 것이다. 이 새로운 매듭은 결국 여기와 다른 곳의 국경을 고발할 것이다.

이제 이 다른 곳의 기입 안에서, 누가 다시 여기와 다른 곳을 분리하는 국경을 그으려고 할 것인가? 내가 국경을 긋는 바로 그 순간에 나는 이미 그 국경 너머로, 혹은 그 이전으로 옮겨지지 않는가? 왜 우리는 "어떻게 외국인이 되지 않을 수 있는가?"라는 질문보다, 또 이 질문이 필연적으로 이끄는 폭력적인 대답들보다 자기 자신을 잠재적인 외국인으로 생각하는 것을 선호해야 하는가? 그것은 지시에도 불구하고, 아니 어쩌면 바로 그 지시 때문에 우리 안에 셀수 없이 많은 타자가 있고, 그로 인해 우리는 우리 자신을 타자들에 대한 환대를 보존하는, 시민이 사는 곳과 정신병원을 구분하는 벽이 필요 없는 '내적 사회'로, '민중'으로 생각할 수 있기 때문일지도 모른다. 만일 우리 안에서 우리에게 속한 몫과 다른 삶들에 속한 몫을 분리할 수 없다는 것을, 또 이 구분은 비결정적이라는 것을 인정한다면, 이때 우리는 다른 삶들로 이동할 수 있고 이어서 그들을 환대할 수 있으며 기꺼이 즐거운 마음으로 크레올화의 과정 안으로, 다시 말해 섞음에 의한 삶들의 재창조 과정 안으로 들어갈 수 있는 것처럼 보인다. 나는 외국인이 아니라고 주장하기를 그칠 때에만, 나의 모든 내적 손님의 인질이 되는 것에 동의하면서 내가 되어야 할 외국인을 찾을 때에만, 나는 환대의 실천적 형식 안에서 다른 삶의 이방성과 조우할 수 있다.

이때 '외국인의 조건'은 새로운 의미를 획득할 수 있다. 나는 이제 모욕적인 지시들을 넘어서 타자에게, 모든 타자에게 행해진 환대를 '외국인의 조건'이라고 명명한다. 여기서 겨냥하는 것은 몇몇 조건들 아래에서 우리가 외국인의 조건 안에 놓일 가능성이다. 다시 말해 타자 대신이 아니라, 자신의 타자들과 함께하는 자리 안에 놓일 가능성이다. 한편으로 외국인으로 지시된 혹은 스스로를 외국인으로 지시하면서 문화, 경험, 이동의 다양성에 폭력을 가하는 나쁜 장르(이방인L'Étranger)의 부정적인 정체성으로 결국 보내지는 그녀들과 그들이 있다. 다른 한편 우리가 자신의 고유한 손님들과 함께 일할 가능성, 초월적인 단일성을 염려하지 않는 다양한 체험들을 발명할 가능성도 존재한다. 이 가능성은 무수한 다른 삶 안에 흐르고, 또한 자신의 고유한 생성 안에 이 다른 삶들을 유통시킨다. 이러한 연속적인 변화는 국경 이쪽에서 국경들을 갑작스럽게 불확실하게 한다. 외국인은 따라서 자신의 타자들과 함께 느끼는 자를 의미한다. 외국인은 더 이상 파리아처럼 지시된 외국인을 의미하지 않는다. 또한 "오늘 엄마가 죽었다. 어쩌면 어제였을지도 모른다. 양로원에서 보내온 전보를 받았다. '모친 사망. 장례 내일. 삼가 조의를 표함.' 이것은 아무것도 의미하지 않는다. 아마도 어제였을 것이다"[9]라고 말하는 뫼르소처럼 어떤 것하고도 연결되어 있지 않으며 결국 그의 상륙과 정반대로 전적인 고립으로 끝나는 세계의 운명에 무관심한 외국인도 아니다.

카뮈의 소설에는 어떤 외국인의 조건도 개입하지 않는다. 그 안에서는 어떤 자리도 교환되지 않기 때문이다. 뫼르소는 세계로부터 물러서기를 그치지 않으며, 바로 이런 이유로 그는 자신을 식민 구조가 변질시킨 세계의 형제라고 전혀 느끼지 않으며, 자신의 조국에서 외국인이, 정오의 태양 아래에서 우연히 그가 살해한 알제리인이 되는 것으로 끝이 난다. 살인은 모든 교환을 취소하고 앞서서 다른 누군가와의 모든 교환의 가능성을 단절하면서 '자기성'의 근본적인 폭력을 창출한다. 뫼르소는 다만 여기$^{d'ici}$ 사람으로 자신을 긍정하고자 하는가? 전혀 확실하지 않다. 왜냐하면 다른 곳(프랑스)에서$^{d'ailleurs}$ 온 자는 바로 그이며, 또한 너무 넓은 알제리의 풍경 안에서 '여기'의 원을 그리지 못하는 자도 바로 그이기 때문이다. 외국인으로서 뫼르소의 이 두 모습을 지배하는 것은 나눔의 부재이며, 나눌 수 있는 인간적 조건의 부재다. 뫼르소는 세계에 낯선 외국인이다. 그런데 그는 그 세계 안에서 다른 삶과 결합하면서 식민지적 구분이 타자로, 낯설게 만든 삶을 환대하는 외국인이 되는 데에 이르지 못한다.

다만 내가 나의 이방성들에 참여하기를 욕망할 때에만, 또 '내'가 그 이방성들에 폭력을 가하는 대신 그 삶들을 환대하는 타자들의 사회일 때에만, '나'는 모욕적인 지시들에 반대해서 다른 삶들을 환대할 수 있고, 그 다른 삶들을 돌볼 수 있다. 외국인의 조건은 그 조건을 부정적으로 포장하는 지시들을 넘어서 가라는 부름 안에서 변모될 수 있다. 따라서 외국인의 조건은 그 자신의 타자들과 저 밖의 타자들 간의 순간적 만남의 가정적 가능성으로서 점점이 이어진 점묘화로만 존재할 수 있다. 우리는 이것을 가지고 어떤 계보학을 만들 수 있는가? 우리가 다른 삶과 합류하는 것이, 또 자기 자신의 고유한 타자들/손님들에게 양보하는 것이 쉽지 않은 것처럼, 여기에 어떤 길들을 내야하는지 상상하는 것도 쉽지 않다. 나인 민중으로서의 타자들이 되면서 너인 외국인과 합류하면 가능한가? 그런데 어떻게 모든 타자에 참여할 수 있는가?

　타자들로 우글거리는 삶 안에서 가설적으로 있을 수 있는 것을 이해하기 위해서는 사태를 정확하게 파악해야 한다. 우리 안의 무수한 울타리는 우리 밖의 무수한 국경을 그리게 한다. 우리는 자주 국경에서만 존재할 수 있는 불편한 손님들을 맞는 작은 국가들로 이해되도록 정해진 것처럼 보인다. 반대로 우리가 타자들과 함께 존재하는 관계 안으로 들어가는 것은 우리가 자신을 하나의 작은 국가 이상이라고 느끼는 것이며, 실재를 낳는 생성의 운동 안에서 자신을 느끼는 것이다. 서로 얽힌 내적 사회를 형성하는 것은 데리다가 제안하듯이 자기의 삶은 전적으로 자기의 사회적 삶과 동형은 아니라는 사실을 고려하는 것이다. 만일 자기가 사회적 속성 없이 존재할 수 없다면, 반대로 자기의 자리들을 형성하는 사회적 속성들이 그 자체 자기 안에 사는 모든 타자를 거쳐서 경험된다면, 여기서 문제가 되는 것은 풍경들, 얼굴들, 정감들, 이념들이다. 다시 말해 자신의 타자들과 함께 느끼는 것은 손님들 가운데서 다른 손님들을 파괴하지 않는 그녀들, 그들과 함께 느끼는 것이며, 자신의 내적 사회의 유지에 깨어 있는 것이다. 이것은 외국인의 조건 그 자체에서 더 잘 빠져나가기 위해 국기를 꽂고 국경 검문소를 만들고 집을 지키는 개를 키우는 대신에, 새로운 손님들과 새 운동들을 환대하면서 자신 안의 내적 사회성을 확대하는 것이다. 이 운동들의 포기에서, 외국인들과 타자들의 포기에서, 문제가 되는 것은 자기에 동일한 한 삶의 확실성, 세계 안에서 더 이상 스스로 외국인이 될 수 없는 확실성, 최소한의 숨겨진 구석도 없이 정당화된, 이방성에 낯선 사회적 능력이다.

여기, 자기 안에 갇힌 자$^{l'inclus}$만이 배타적^{exclusif}이 되며, 자기 안의 외국인을 배제할 수 있으며, 자기 밖의 외국인을 모든 악의 근원으로 지시할 수 있으며, 자기 안의 모든 실존을 거부하고 그 안에 부정적인 동일성을 부여할 수 있다. 결국 부정적인 동일성 안에서 외국인은 '더러운 외국인'이 되는 것으로 끝이 난다. 자신의 이방성을 부정하는 것은 항상 그것을 밖에서, 자기 밖에서, 받아들일 수 없는 것으로 솟아나게 하는 데 기여한다.

그런데 여기 이 자리만을 보는 자는 그 반대편으로 기울고, 가장 효과적인 자기의 증거로서 자신의 반대를 필요로 하지 않는가? 바로 여기에 '내'가 되고 싶지 않은 외국인의 역설이 있다. '자기'들 사이에서 이 '자기'이기 위해서는, 그것이 옳든 그르든 '자기성' 안에 머물기 위해서는, 다른 자기들도 각자 '자기성' 안에 머문다고 생각하면서 그들과 섞이는 것을 받아들여야 한다. 이런 조건에서 '자기성'은 '우리성quant-à-nous'이 되고 '우리끼리entre-nous'가 된다. 그런데 이것은 '우리끼리' 안에서 우리는 아주 잘 지내고, 더 이상 그 경우가 아닐 때 모든 것이 악화된다는 것을 말하지 않는가? 이 '우리끼리' 안에 아무것도 진정으로 책임지지 않는, 아무것도 그리고 누구도 변하지 않는 공허한 공동체가 전개되지 않는가? 우리 사이에서는 아무것도 일어나지 않기 때문에 아무것도 변해서는 안 되고 아무것도 변할 수 없기 때문이다. 어떻게 '자기 자신'은 '우리끼리' 안에서 재발견되는가? 이것은 바로 항상 자신이 자기라고 확신하는 사람, 자신은 절대로 타자를, 근본적인 외국인의 자리에 있는 큰 타자이든, 상대적인 이방성의 자리에 있는 작은 타자이든 경험한 적이 없다고 말하는 사람이 대답해야 하는 중요한 질문이다. 만일 내가 항상 너인 외국인으로부터 나를 구분하고자 한다면, 그것은 대개 나를 둘러싸고 있고, 나를 자아에도 불구하고 나의 경작지 밖으로 데려가고 나의 궤도에서 벗어나게 하는 이방성을 좋아하지 않기 때문이다.

내가 되어야 하는 외국인이 된다는 것은, 나는 절대로 충만하게 나의 타자들과 모든 타자를 환대하는 주인/손님이 될 수 없다는 것을 의미한다. 나는 절대로 충만하게 나의 타자들과 또 모든 타자와 함께 느낄 수 없다. 나는 타자를 추방하고 파괴하고 인정하지 않는, 무엇과도 비교할 수 없는 본래적인 폭력에 의해 그들과 분리되어 있기 때문이다. 외국인으로서의 자기 자신은 그래서 하나의 명백한 사실일 수 없다. 다만 그것은 이러한 폭력에서 벗어날 수 있는, 타자들을 평화적인 방식으로 환대할 수 있는 가능성에 속한 한 소망으로 머문다.

자기임에도 불구하고 외국인
자기임에도 불구하고 외국인

만일 내가 타자들을 환대하면서만 외국인이 될 수 있다면, 내가 평범하게 살 가능성을 빼앗는 부정적인 경험 안에 실려갈 때, 나는 '나임에도 불구하고' 나를 외국인으로 발견하는 데 이를 수 있다. 병, 해고, 가족의 죽음은 나를 세계에 낯선 자로 만드는 것만이 아니라, 나 자신에게도 낯선 자로 만든다. 한 삶 전체가 상실 안에서 자신을 상실하는 것으로 끝난다. 이 상실의 본성은 무엇인가? 건강, 일, 가까운 사람의 상실은 어떻게 자기 상실에 이르는가? 모든 상실이 그런 것은 아니지만 어떤 상실에는 상실의 멜랑콜리가 있다. 다시 말해 상실 안에서 상실되는 것은 상실 안에 떨어지지 않을 가능성이며, 상실 이전의 상태에 살 가능성이다. 모든 상실이 이 본성을 지니는 것은 아니다. 다시 일으킬 수 없는 상실만이 이런 치유할 수 없는 상실의 경험에 이른다. 만성적인 병 속에서 건강의 상실, 일과 연관된 모든 사회적 속성의 상실은 불확실성을 넘어서 배제에 이르며, 가까운 사람의 죽음도 이런 종류의 상실에 속할 수 있다. 모든 상실이 다 같은 것은 아니다. 사랑했던 한 삶의 상실은 일 혹은 건강의 상실과 동일하지 않다. 한 삶이 사라질 때, 그 상실은 자기의 모든 자리를 파괴한다. 애도에서 지양의 이념 그 자체는 모든 의미를 상실하고, 이 지양의 이념과 더불어 상실의 의미작용도 충족될 수 없는 것으로 나타난다. 따라서 상실이 삶의 중요한 측면을 건드릴 때, 이 상실의 극복 가능성은 욕망되나 항상 애석한 것으로 남는다.

한 삶이 낯선 것이 된다는 것은 지금의 예에서 무엇을 의미하는가? 왜 우리는 상실을 마치 한 삶이 낯선 것이 되는 것으로 생각하는가? 상실의 경험과 지시의 체험은 어떤 관계가 있는가? 한편으로 건강이나 일의 상실 같은 특수한 모습을 취하면서 삶을 불확실히 하는 상실이 있다. 다른 한편으로 상실과 더불어 한 삶은, 그 삶이 원치 않았던, 심지어 폭력적으로 부정했던 타자가, 타자성이 된다. 왜냐하면 타자성은 삶의 가능성, 다시 말해 모든 타자와 함께 살 수 있는 가능성을 문제삼기 때문이다. 상실은 폭력을 다방면에서 증식한다. 상실은 우선 침입한 타자에 의해 일어난다. 예를 들어 병은 불법침입이며, 삶을 뒤죽박죽으로 만든다. 이 침입에 의해 한 삶은 불확실성 안에서 드러나며, 타자화될 가능성에 노출된다. 그런데 상실이 항상 원하지 않은 손님의 방문과 연결되는 것은 아니다. 해고는 근본적으로 사회적 속성들의 상실 안에서 한 삶을 불확실하게 만든다. 그런데 이 경우 상실은 어떤 침입에도 의존하지 않는다. 더 나아가 그 삶에서 모든 타자(직장 동료들)의 이름이 지워지는 것은 직장이 없는 삶으로 들어가는 것을 표시한다. 이렇게 모든 상실이 다 같은 가치를 지니는 것은 아니다. 어떤 상실은 한 삶이 자신 안에 같이할 수 없는 삶의 형식에 놓이는 것처럼, 원치 않는 외적 침입에 의해서 일어나며, 어떤 상실은 그 말이 함축하는 바대로 타자들의 부재에 의해 일어난다. 다시 말해 상실은 침입에 의해 혹은 무에 의해 드러난다.

이러한 상실의 고통 안에서 삶에 무슨 일이 일어나는가? 모든 일상의 친밀성과의 단절뿐 아니라, 모욕적인 진술 세계 안으로의 추락이 일어난다. 상실의 사건은 전과 후를 분리하고, 이전 삶으로 돌아가는 것을 불가능하게 한다. 그럼에도 불구하고 어떤 삶도 전적으로 상실된 삶을 포기하지 않는다. 바로 여기에 상실의 멜랑콜리가 있다. 상실에 의해 상처 입은 모든 삶은 그래서 거의 반죽음 상태에 놓인다. 이전 삶은 심리적으로 현재 안에서 지속되면서, 불행한 사건을 이중화해서 그것을 이전 삶의 자리에 놓는다. 우리는 여기서 『젠더 트러블』에서 주디스 버틀러가 분석하는 프로이트의 "애도와 멜랑콜리"를 참조할 수 있다. 버틀러에 의하면, 프로이트에서 "사랑했던 타인의 상실을 경험하면서, 자아는 자아의 구조 자체 안에 그 타자를 체화하고, 자신의 방식으로 타자의 속성들을 다시 취하고, 모방의 마술적 행위를 통해 타자를 자아 안에 살게 한다고 말할 수 있다".[10]

상실에서 타자의 체화 경험은 멜랑콜리에 의해 특징지어질 수 있다. 이때 상실된 것은 주체가 절망적으로 모방하고자 하는 체화된 타자의 모습이 되어 주체를 사로잡는다. 따라서 잃어버린 건강이나 일 혹은 사랑했던 삶을 모방하면서 병자, 실업자, 연인은 이 타자와 관계를 가지기를 그치지 않는 심리적 주제가 된다는 것에 주목해야 한다. 즉 자아는 상실에 의해 분리된 이 타자에 의존적이 되고, 이 타자 없이는 살 수 없게 된다. 이런 의미에서 모든 상실은 항상 상실의 주체기 절망적으로 집착하는, 상실될 수 없는 타자의 침입이다. 다만 자기 안의 타자의 호출은 항상 무의 장에서 일어난다. 건강은 그것이 병에 의해 무화된 한에서 병의 침입에 의해 상실된 타자가 되며, 일은 그것이 해고의 침입에 의해 무화된 한에서 실직자가 절망적으로 갈망하는 상실된 타자가 된다.

그럼 외국인으로서 자기 자신도 상실의 결과인가? 외국인이 된다는 것은 다만 상실하는 것인가? 사실 외국인은 환자가 건강을 잃어버리면서 이전 삶을 상실하듯이, 자신의 고국을 잃어버림으로써 이전 삶을 상실한다. 그런데 앞서 말한 것처럼 고국의 상실, 그에게 속했던 것들의 상실은 스스로 자기 자신을 외국인으로 생각하기에는 충분하지 않다. 그럼 건강 혹은 일의 상실도 자신의 삶을 자기 눈에 낯선 것으로 만들기에는 충분하지 않다고 주장해야 하지 않는가? 이 경우, 외국인이 된다는 것은 무엇인가? 상실은 항상 자격상실로 치닫고, 이 자격상실은 대개 모욕적인, 혹은 잠재적으로 모욕적인 지시에 의해 일어난다. 상실과 이 상실의 결과로서 일어나는 자격상실은 같은 것이 아니다. 그럼에도 불구하고 상실로 인해 자격박탈에 노출된다는 것은 확실하다. 상실은 일련의 사회적 자격 박탈로 치달으면서 허약한 삶을 더 허약하게 한다. 이렇게 건강을 잃어버린 한 삶은 연속적으로 일어나는 가치 하락에 종속된다. 타자들의 눈에, 이런 삶은 모든 삶을 이끄는 정상성을 상실한 삶이며 생산적이지 않은 삶, 여분의 삶으로 평가된다. 그런 삶은 또한 잠재적으로 그것이 낳을 수 있는 허약성의 확산에 기여할 위험을 안고 있기에 예방이 필요한 삶이기도 하다. 우리가 본 것처럼 (또 계속 보겠지만) 에이즈는 다만 건강의 상실이 아니라 사회적 자리, 존중, 고려

등의 상실로 배가된다. 병의 타자성과 그 침입의 폭력을 강화하는 일련의 이러한 자격 박탈은 항상 잠재적인 모욕적 지시들과 관계한다. 환자는 다만 환자로 지시되는 것이 아니라, 대개 부끄러운 주체로 지시된다. 같은 방식으로 일을 상실한 (혹은 일을 찾지 못하는) 삶은 자주 기생충 같은 삶, 여분의 삶이라는 모욕적인 지시들에 부딪힌다. '게으름뱅이' '구제불능' '무능한'과 같은 지시들은 사회적 효력을 획득한 듯이 보인다. 생명의 허약함과 관계된 병 같은 경우에는, 누구나 걸릴 수 있다는 견해로 인해 이런 지시들이 쉽게 전개될 수 없지만 말이다. 누구나 일을 잃을 수 있다. 그런데 지시의 폭력은 우리들 각자가 실질적으로 경험할 수 있는 실직의 가능성에 성벽을 제공하는 듯이 보인다. 다시 말해 지시는 상실의 사건에 거리를 만들고, 결국 상실을 일어날 법하지 않은 것으로 만드는 국경을 건설한다. 얼마나 많은 병이 아직도 수치스러운 병으로, 다른 병들과 달리 문란한 삶들만이 걸릴 수 있는 병으로 생각되는가? 에이즈를 동성애의 병이라는 모욕적인 지시[11]에 종속시키는 것은, 마치 그런 일이 평가절하하는 자에게는 일어날 수 없는 것처럼 상실에 대해 거리를 취하는 것이다.

이제 우리는 외국인이 되는 것이 무엇이고, 또 어떻게 외국인으로서 자기 자신에 도달할 수 있는지를 이해한다. 누구도 스스로 외국인이 될 수 없다. 우리가 앞서 언급한 이중적 타자성에 노출될 때에만, 다시 말해 상실된 것의 타자성과 갈등을 일으키며 관계하는 침입의 타자성이 수치스러운 타자성으로 지시될 때에만, 자기 자신이 아니었던 이 외국인이 될 수 있다. 보다 정확히 말하면, 한 삶 안에서 솟아나는 이중적 타자성이 지시 아래 모일 때, 자기 자신은 외국인이 된다. 우리는 우리 안에 지속하는 이 타자성의 체제의 박탈에 의해서만 외국인이 된다.

한 삶을 자기 자신에 낯선 것으로 만드는 모욕적인 지시에 의해 산출되는 이 평가절하의 토대 위에서만, 이 장을 열었던 질문으로 다시 돌아갈 수 있다. 우리가 한 삶을 낯선 삶으로 변신시키는 모욕적인 지시에 종속되었을 때, 자신의 타자들을 환대하는 것은 어떤 의미가 있는가? 반대로, 한 삶이 자신의 타자들을 환대하는 데 이른다면, 우리는 한 삶을 낯선 삶으로 변형하는 판단들을 덜 산출할 수 있는가? 자신의 타자들에게 열린다는 것은 다른 삶들의 타자들에게 열릴 가능성을 갖추는 것이다. 자기와 자기의 타자들 사이, 또 자기와 다른 자기들의 타자들 사이의 교환은 판단으로부터 세워지지 않는다. 낯선 삶이 판단의 폭력에 의해서 생겨난다면, 이 판단을 정지시키는 것은 한 삶의 낯선 성격을 너무 성급하게 승인하지 않을 수 있는 가장 효과적인 방법일 것이다. 그렇다고 해서 판단을 정지한다는 것이 타자들에 대해 무관심하다는 것을 의미하지는 않는다. 반대로 자신의 삶을 다른 삶들이 따라야 할 규범으로 만드는 것을 포기하는 것이다. 야만인은 타자의 야만을 믿는 자다. 이제 타자를 야만인으로, 좀 유화된 방식으로 외국인으로 생각하는 것을 포기하는 것은, 타자를 타자로 보는 것을 포기하는 것이다. 다른 삶들을 창출하고 삶들을 낯선 것으로 만드는 국경은 내적 국경에 의해 강화되고 확산된다. 우리는 자신의 작은 타자들을 외국인으로 만들기 위해 그들을 이 내적 국경 저편으로 쫓아낸다. 이렇게 자신의 내적 사회를 학대하는 것은 사회 안에서 쉽게 자리를 발견하지 못하는 그녀들과 그들을 학대하는 무서운 원동력이 된다.

그래서 우리가 자신 안의 타자들과 함께 살 수 있는지를 아는 것과 자신 밖의 타자들과 함께 살 수 있는지를 아는 것, 이 둘은 서로 아주 긴밀하게 연결되어 있다.

자기와 함께하는 외국인
자기와 함께하는 외국인

만일 산다는 것이 자신의 타자들과 함께 사는 것으로 이해될 수 있다면 그리고 동시에 삶이 외국인을 멀리하고 외국인을 만드는 모욕적인 지시들에 노출된다면, 그런 지시들 너머에서 외국인의 의미를 유지하고자 하는 것은 어떤 의미가 있는가? 모욕은 한 삶을 일련의 기표의 연쇄 안으로 들어가게 한다. 그런데 그것은 또한 어떤 삶은 이 기표들 중 몇몇을 전유할 수도 있다는 것을 드러낸다. 왜 외국인과 연결되어 있는 부정적인 모습들 너머에서 외국인이라는 용어를 다시 전유해야 하는가? '외국인'은 모욕적인 지시와 다른 것일 수 있기 때문이다. 다시 말해 외국인은 자신의 타자들을 유지하는 한 방식, 즉 자신의 '내적 사회'와 더 나아가 외적 사회를 구성하는 다른 삶들을 유지하는 한 방식일 수 있기 때문이다. 외국인은 지시에 의해 반-지시의 대상을 만들 수 있는 가능성에 열려 있다. 우리가 외국인의 에토스를 전면에 내세우는 문학적 기술들이나 플라톤의 대화편에 찬란한 외국인의 출현을 생각하는 것, 혹은 서사시 안에 나타나는 고귀한 외국인을 꿈꾸는 것처럼, 능동적인 저항의 이야기들은 지시들 안에서 외곽에 멀리 놓여 있던 것들을 삶의 중심으로 데려온다. 이 대안적인 이야기들은 전형적인 지시들을 초월해서 효과적으로 이런 지시들에 저항하는 것을 가능하게 한다.

우리는 이 대안적인 이야기들과 어떤 관계를 가지는가? 이 이야기들은 우리 밖의 외국인을 찬양하는 데 그치지 않고 우리 안의 외국인의 현전을 인정하도록 이끈다. 문학, 영화, 노래 안에서 우리는 자신 안에서 다수라고, 또 이 다수성과 분산은 평범한 삶들의 무시할 수 없는 요소를 형성한다고 암시하는 대안적인 이야기들에 의해 우리의 개인적인 정체성이 손상되는 그만큼 우리는 자신의 타자들을 더 잘 환대할 수 있다. 베르그송이 사회 안에서 우리의 행위를 허락하는 권위로서 인정되는 요소들은 심리적 삶 안에서 지적으로 선택된다는 사실을 강조한 것은 옳다. 그리고 이 요소들의 출현은 가능성 전체 가운데서 선택하는 지성의 활동에 의해 결정된다는 것을 베르그송은 완벽하게 이해했다. 어떤 정체성도 여러 색으로 칠해진 이질적이고 심리적인 삶의 조합을 쉽게 자격 박탈할 수 없다. 이 심리적 삶은 환원 불가능한 다수성과 동일한 것으로, 그 위에서 정체성의 역할을 하는 것들이 선택되고 그것들이 효과적인 실천적 대답들을 야기한다. 따라서 다수성을 자격 박탈하는 것은 한 목소리를 유지하는 사회적 정상성에 완벽하게 일치하기 위해 심리적 삶을 포기하는 것과 같다.

　이와 달리 심리적 삶의 다수성을 인정하는 것은 자신의 모든 타자들은 물론, 적어도 예술에 의해 다수화된 픽션들인 무수한 타자와의 관계 안에 존재하는 것이다. 이러한 분석은 모욕적인 지시에 의해 산출된 외국인의 조건은 그 지시로 환원되지 않는다는 사실을 암시한다. 왜냐하면 지시는 더 넓은 언어적 과정 안에 속하기 때문이다. 이것은 외국인이 지시에서 살아남을 수 있다는 것을 의미한다. 누가 이 최초의 모욕 안에 언어를 정지시키고, 언어를 고정시킬 수 있는가? 누가 모욕에 대한 대답은 모욕에 의해 취소된다고 말할 수 있는가?

　외국인으로서 자기 자신은 따라서 나는 절대로 내가 지시된 '거기'에 존재하지 않는다는 것을 의미한다. 나에게 이르는 지시는, 때때로 치명적이기도 한데, 다른 지시들과 관계하는 한 존재로서 나에게 도달한다. 모욕의 픽션은 다른 픽션들에 의해 상쇄된다. 내가 이 다른 픽션들의 지배자, 소유자가 아니라면, 정확히 나는 나 자신과 타자들에 낯선 것이 되는 것으로 끝나는 모욕적인 지시들에 의해 치명적이 될 수도 있다는 바로 그 이유에서, 나는 이 다른 픽션들과의 관계 안에 존재한다. 따라서 지시된 '거기'에서 외국인이 되는 것과 다른 방식으로 외국인이 되는 것을 대립시켜야 한다. 다른 방식으로 외국인이 된다는 것은 더 이상 국민적 삶, 사회적 삶, 용인되는 신체들의 국경에서 추방되는 것을 의미하는 것이 아니라, 자신 안의 타자들과 자신 밖의 타자들에게 열린다는 것을 의미한다. 외국인의 조건은 따라서 전적으로 모욕의 조건이 아닐 수 있다. 그것은 또한 겸손하게 자기 안에 그리고 자기 밖에 있는 모든 타자에 대한 합리적 열림으로서 울린다.

주

서문

1 *Cette France-là-06 05 2007/30 06 2008*, La Découverte, 2009, p. 84.

2 Édouard Glissant et Patrick Chamoiseau, *Quand les murs tombent: L'identité nationale hors-là-loi?* Galaade éditions, 2007, p. 7.

3 같은 책, p. 8.

4 Sylvie Germain, *Hors champ*, Albin Michel, 2009.

제1장 외국인으로 지시된다는 것

1 다양한 이 이름은 앞서 인용한 *Cette France-là*에 실린 삶의 이야기들로부터 끌어낸 것들이다. 우리는 이 책에 실린 증언들과 분석들을 사용할 것이다.

2 *Entre chagrin et néant. Audiences d'étrangers devant le juge des libertés et de la détention, maiseptembre 2008*, Paris, L. Teper, 2009의 마리 코스네Marie Cosnay 이야기를 참조하라.

3 Christine Delphy, *Classer, dominer: Qui sont les autres?*, La Fabrique, 2008, p. 28.

4 같은 책, p. 20.

5 Edward W. Said, *Réflexions sur l'exil et autres essais*, trad. de l'anglais par Charlotte Woillez, Actes Sud, 2008, p. 241.

6 같은 책, 같은 곳.

7 이 책의 제3장을 참조하라.

8 Jean-Luc Nancy, *L'intrus*, Galilée, 2000, p. 11. 이것에 대해서는 장-뤽 낭시의 책에 영감을 받아서 샤를 드골 공항의 통과 지역을 영화로 담은 클레르 드니Claire Denie의 *L'intrus*(2005)를 보라.

9 Eleni Varikas, *Les Rebuts du monde: Figures du paria*, Strock, 2007 참조.

10 Catherine Malabou, *Ontologie de l'accident: Essai sur la plasticité destructrice*, Léo Scheeer, 2009 참조.

11 Saskia Sassen, *La Globalisation: Une sociologie*, trad. de l'anglais par Pierre Guglielmina, Gallimard, 2009 참조.

12 이 책 제3장을 보라.

13 Alfred Schutz, *L'étranger suivi de l'homme qui revenait au pays*, trad. de l'anglais par Bruce Bégout, Allia, 2003 참조.

14 Judith Butler, *Le pouvoir des mots: Discours de haine et politique du performatif*, trad. de l'anglais par Charlotte Normann, Amsterdam, 2008.

15 Jacques Rancières, *La Mésentnente*, Galilée, 1955, p. 67.

16 같은 책, p. 61.

17 Judith Butler, 앞의 책, p. 21.

18 Jacques Derrida, *Parages*, Galilée, 2003, p. 237.

19 같은 책, p. 245.

20 같은 책, 같은 곳.

21 같은 책, 같은 곳.

22 같은 책, p. 246.

23 Homi K. Bhabha, *Les lieux de la culture: Une théorie postcoloniale*,

trad. de l'anglais par Françoise Bouillot, Payot, p. 30.

24 같은 책, 같은 곳.

25 이에 대해서는 이 책의 제4장을 보라.

26 Judith Butler, *Trouble dans le genre: Le féminisme et la subversion de l'identité*, trad. de l'anglais par Cynthia Kraus, La Découverte, 2006, p. 108.

27 같은 책, p. 109.

28 같은 책, p. 84.

제2장 지붕도 법도 없이

1 개인이 될 수 있는 가능성을 조건짓는 사회적 지반들의 문제 제기에 대해서는 Robert Castel, *La Montée des incertitudes: Travail, protections, statut de l'individu*, Seuil, 2009를 보라.

2 Étienne Balibar et Immanuel Wallerstein, *Race, nation, classe: Les identités ambiguës*, La Découverte, 2007 참조.

3 같은 책, p. 11.

4 이주를 주제로 다룬 영화로는 특히 마이클 윈터보텀Michael Winterbottom의 *In This world*와 에마뉘엘 핑키엘Emmanuel Finkiel의 *Nulle part, terre promise*를 들 수 있다.

5 Abdelmalek Sayad, *La Double Absence: Des illusions de l'émigré aux souffrances de l'immigré*, Seuil, 1999, p. 56.

6 *Cette France-là*, p. 75.

7 같은 책, p. 61.

8 Michel Foucault, "Qu'est-ce que la ccritique?"(1978), *Bulletin de la*

société française de philosophie, vol. 84, n° 2, Armand Colin, 1990 참조.

9 이는 이 책의 제6장 제목인 '외국인으로서 자기 자신'의 의미다.

10 John Berger et Jean Mohr, *Un métier idéal: Histoire d'un médecin de campagne*, trad. de l'anglais par Michel Lederer, Éd. de l' Olivier, 2009, p. 121.

11 Guillaume le Blanc, "*La vie hors de soi*", in Fabienne Brugère et Guillaume le Blanc(dir.), *Judith Butler: Trouble dans le sujet, trouble dans les normes*, PUF, 2009 참조.

12 Judith Butler, *Vie précaire: Les pouvoirs du deuil et de la violence après le 11 septembre 2001*, trad. de l'anglais par Jérôme Rosanvallon et Jérôme Vidal, Amsterdam, 2005 참조.

13 Abdelmalek Sayad, *La Double Absence*, p. 151.

14 같은 책, p. 148.

15 같은 책, p. 153.

16 1934년에서 1957년 사이에 11년을 프랑스에서 보낸 73세의 예전 이주자의 이야기. 같은 책, p. 61-62.

17 여기에 기록된 이야기들은 앞서 인용한 *Cette France-là*에서 옮겨온 것이다.

18 Freek Spinnwijn, *L'Europe des sans-abri*, Rue d'Ulm, 2008 참조.

19 "Aux frontières du droit, les migrants", entretien avec Danièle Lochak in *Geste*, automne 2008, n°5, p. 19.

20 Danièle Lochak, *Face aux migrants: État de droit ou état de siège?*, Texuel, 2007.

21 Pierre Bourdieu, "Préface" à Abdelmalek Sayad, *La Double*

Absence, p. 10.

22 Edward W. Said, "Introduction: critique et exil", *Réflexions sur l'exil et autres essais*, p. 37.

23 Patrick Weil, *La République et sa diversité*, La République des Idées-Seuil, 2005, p. 44.

24 같은 책, 같은 곳.

25 Saskia Sassen, Losing *Control?: Sovereignty in an Age of Globalization*, Colombia University Press, 1996 참조.

26 Abdelmalek Sayad, *La Double Absence*, p. 18.

27 Mark Alizart, "Entretien avec Stuart Hall", in Mark Alizart, Stuart Hall et al., *Stuart Hall*, Amsterdam, 2007, p. 55.

28 Abdelmalek Sayad, 앞의 책, p. 75.

29 Éric Macé et Éric Maigret, "Introduction", in Mark Alizart, Stuart Hall et al., *Stuart Hall*, p. 22.

30 Guillaume le Blanc, *L'Invisibilité sociale*, PUF, 2009 참조.

31 *Politis* n°1049, p. 20의 '집시 서커스단 단장 알렉상드르 로마네와의 대담'을 읽어보라.

32 2006년 국경으로 인도된 2만4000명 중에 6000명이 루마니아인과 불가리아인이었다. 같은 잡지, p. 19.

33 Paul Gilroy, *L'Atrantique noir: Modernité et double conscience*, trad. de l'anglais par Charlotte Nordmann, Amsterdame, 2010.

34 Michel de Certeau, *L'invention du quotidien*, Gallimard, "Folio", 1990 참조.

35 Pierre Bourdieu, *Algérie 60: Structures économiques et structures temporelles*, Minuit, 1977.

36 이 책 제4장을 보라.

37 Pierre Bourdieu, "Pour Abdelmalek Sayad", *Esquisses algériennes,* Seuil, 2008, p. 359.

38 Abdelmalek Sayad, *La Double Absence,* p. 77.

39 같은 책, p. 20.

40 Saskia Sassen, *La globalisation: Une sociologie,* p. 168-169.

41 같은 책, p. 142.

42 같은 책, p. 143.

제3장 번역 불가능한 삶

1 James C. Scotte, *La domination et les Arts de résistance: Fragments du discours subalterne,* trad. de l'anglais par Olivier Ruchet, Amsterdame, 2009.

2 같은 책, p. 32.

3 같은 책, p. 28.

4 같은 책, p. 19.

5 Gayatri Chakravorty Spivak, "Les subalternes peuvent-ils s'exprimer?", in Mamadou Diouf(dir.), *L'historiographie indienne en débat: Colonialisme, nationalisme et sociétés postcoloniales,* trad. de l'anglais par Ousmane Kane, Amsterdame, Karthala et Sephis, 1999, p. 229.

6 James C. Scott, 앞의 책, p. 48.

7 같은 책, p. 42.

8 Homi K. Bhabha, *Les Lieux de la culture,* p. 248.

9 프란츠 카프카, 『소송』의 마지막 장 '법 앞에서'.

10 Avital Ronell, *Test Drive: La passion de l'épreuve*, trad. de l'anglais par Christophe Jacquet, Stock, 2009, p. 26.

11 같은 책, 같은 곳.

12 Michel Foucault, *Surveiller et punir: Naissance de la prison*, Gallimard, 1975.

13 Joan W. Scott, *Théorie critique de l'histoire: Identités, expériences, politiques*, trad. de l'anglais par Claude Servan-Schreiber, Fayard, 2009, p. 123.

14 이 주제에 대해서는 시그리드 알누아Siegrid Alnoy의 영화 *Elle est des nôtres*(2003)를 보라.

15 Joan W. Scott, 앞의 책, p. 125.

16 Michel Foucault, "Nietzsche, la généalogie, l'histoire"(1971), *Dits et écrits*, vol. II, Gallimard, 1994, p. 146.

17 Judith Butler, *Ces corps qui comptent: De la matérialité et des limites discursives du "sexe"*, trad. de l'anglais par Charlotte Nordmann, Amsterdam, 2009, p. 12.

18 같은 책, p. 13.

19 Peter Stallybras et Allon White, *The politics and poetics of transgression*, Cornell University Press, 1986, p. 5. 이 인용문은 Stuart Hall, *Identirés et cultures*, trad. de l'anglais par Christophe Jacquet, Amsterdam, 2008, p. 226에서 재인용한 것이다.

20 같은 책, 같은 곳.

21 같은 책, p. 230.

22 Judith Butler, *Le pouvoir des mots*, p. 61.

23 같은 책, p. 60.

24 Eleni Varikas, *Les rebuts du monde*, p. 46.

25 이 주제에 대해서는 주디스 버틀러의 *La vie psychique du pouvoir: L'assujettissement en théories*, trad. de l'angalais par Brice Mathieussent, Léo Scheer, 2002, 6장을 참조할 수 있다.

26 같은 책, p. 271.

27 같은 책, p. 284.

28 Judith Butler, *Le pouvoir des mots*, p. 61.

29 같은 책, p. 60.

30 같은 책, p. 63.

31 Seloua Luste Boulbina, "Ce que postcolonie veut dire: une pensée de la dissidence," *Rue Descartes*, n° 58, PUF, 2007, p. 23.

32 Gayatri Chakravorty Spivak, *Les subalternes peuvent-elles parler?*, trad. de l'anglais par Jérôme Vidal, Amsterdam, 2009, p. 107.

33 Gilles Deleuze et Félix Guattari, *Mille Plateaux*, Minuit, 1980, p. 100.

34 René Schérer, *Utopies nomades*, Presses du réel, 2009, p. 23.

35 Étienne Balibar, *La crainte des masses: Politique et philosophie avant et après Marx*, Galilée, 1997 참조.

36 Michel Foucault, *Le corps utopique suivi de Les Hétérotopies*, Lignes, 2009 참조.

37 René Schérer, *Utopies nomades*, p. 17.

38 같은 책, p. 29.

39 John Dos Passos, *U.S.A.*, trad. de l'anglais par Norbert Guterman, Yves Malartic et Charles de Richter, Gallimard, 2002, p. 35.

제4장 국가의 해체

1 Étienne Balibar, *La Crainte des masses*, p. 392.

2 Edward W. Said, *Réflexions sur l'exil et autres essais*, p. 549.

3 Gérard Noiriel, *La Tyrannie du national: Le droit d'asile en Europe, 1793-1993*, Calmann-Lévy, 1991.

4 Étienne Balibar, 앞의 책, p. 374 참조.

5 같은 책, 같은 곳.

6 이 책의 제2장을 보라.

7 이 책의 제3장을 보라.

8 Edward W. Said, 앞의 책, p. 245.

9 Étienne Balibar, 앞의 책, p. 374.

10 같은 책, 같은 곳.

11 같은 책, p. 378.

12 Wendy Brown, *Murs* 참조.

13 Étienne Balibar, 앞의 책, p. 377.

14 같은 책, p. 379.

15 같은 책, p. 385.

16 Jacques Derrida, *Voyous: Deux essais sur la raison*, Galilée, 2003, p. 116.

17 같은 책, p. 96.

18 데리다는 같은 책에서 "명명은 이미 잠재적인 소환을 닮았다"라고 지적한다.

19 같은 책, p. 96.

20 Évelyne Ribert, *Liberté, égalité, carte d'identité: Les jeunes issus de l'immigration et l'appartenance nationale*, La Découverte,

2006, p. 142.

21 Georg Simmel, "Digression sur l'étranger", in Yves Grafmeyer et Isaac Joseph (dir), *L'école de Chicago: Naissance de l'écologie urbaine*, Aubier, 1994, p. 59.

22 Gilles Deleuze et Félix Guattari, *Mille Plateaux*, p. 47.

23 같은 책, p. 71.

24 Stuart Hall, *Identités et cultures*, p. 247.

25 Benedict Anderson, *L'imaginaire national: Réflexions sur l'origine et l'essor du nationalisme*, trad. de l'anglais par Pierre-Emmanuel Dauzat, La Découverte, 1996.

26 Mary Louise Pratt, *Imperial Eyes: Travel writing and transculturation*, Routledge, 1992.

27 Fernado Ortiz, "Tambours des Noirs, tambours des Blancs" ou "La transculturation blanche des tambours des Noirs"(1952), *Percussions* n° 9, 2006.

28 Gilles Deleuze et Felix Guattari, 앞의 책, p. 117.

29 William Foote Whyte, *Street Corner Society: La structure sociale d'un quatier italo-américain*, trad. de l'anglais par Suzy Guth, Jean Sevry et al., La Découverte, 2002, p. 37.

30 William Labov, *Le parler ordinaire: La langue dans les ghettos noirs des États-Unis*, trad. de l'anglais par Alain Kihm, Minuit, 1993, p. 503.

31 이는 특히 『감시와 처벌』의 다음 진술이 지닌 의미와 관계한다. "감독이 학교와 닮고, 학교가 공장과 닮고, 공장이 감독과 닮았다면, 무엇이 놀랍겠는가!"

32 James C. Scott, *La Domination et les arts de la résistance*, p. 12.

33 같은 책, p. 25.

34 같은 책 p. 29.

35 같은 책, p. 32.

36 같은 책 3장 '존중의 수행으로서 공적인 텍스트'에서 스콧은 공적인 텍스트의 특징들을 전개한다.

37 같은 책, p. 82.

38 같은 책, p. 41.

39 같은 책, p. 151.

40 Jacques Derrida, *Spectres de Marx: L'état de la dette, le travail du deuil et la nouvelle internationale*, Galilée, 1993.

41 같은 책, p. 216.

42 같은 책, p. 204.

43 Guy Petitdemange, "De la hantise: de Marx à Derrida", dans le dossier consacré à "Derrida politique", *Cités*, n° 30, p. 17-29 참조.

44 Jacques Derrida, 앞의 책, p. 275.

45 데리다는 이 두 요소를 블랑쇼에게 바친 그의 책 *Parages*에서 접근시킨다.

46 같은 책, p. 64.

47 같은 책, p. 34.

48 Gayatri Chakravorty Spivak, *Les subalternes peuvent-elles parler?*, p. 53.

49 Jacques Derrida, *Voyous*, p. 60.

50 같은 책, p. 61.

51 Mark Alizart, Stuart Hall et al., *Stuart Hall*, p. 83.

52 같은 책, p. 85.

53 같은 책, p. 82.

54 Pierre Fédida, *Le site de l'étranger: La situation psychanalytique*, PUF, 2009, p. 67.

55 Spinoza, *Éthique*, partie III, proposition VI, trad. du latin par Bernard Pautrat, Seuil, 1988, p. 217.

56 같은 책, partie I, proposition XXVIII.

57 Gille Deleuze et Felix Guattari, *Mille Plateaux*, p. 457.

58 같은 책, p. 458.

59 같은 책, p. 456.

60 같은 책, p. 460.

61 Donna Haraway, *Manifeste cyborg et autres essais: Sciences, fictions, féminismes*, anthologie établie par Laurence Allard, Delphine Gardey et Nathalie Magnan, Exils, 2007, p. 39.

62 Mark Alizart, Stuart Hall et al., *Stuart Hall*, p. 84 참조.

63 Claude Lévi-Strauss, *La Pensée sauvage*, in *Œuvres*, Gallimard, "Bibliothèque de la Pléiade", 2008, p. 576.

64 Christophe Hutin, *L'Enseignement de Soweto: Construire librement*, Actes Sud, 2009, p. 28.

65 Michel de Certeau, *L'invention du quotidien*, p. 190.

66 Alfred Schutz, *L'étranger*, p. 20.

67 같은 책, p. 24

68 Michel Foucault, *Le corps utopique suivi de les hétéritopies*, p. 25.

69 같은 책, p. 26-27.

70 같은 책, p. 28-29.

71 같은 책, p. 25.

72 Michel de Certeau, *L'invention du quotidien*, p. XLV.

73 Guillaume le Blanc, *L'Invisibilité sociale*, p. 183–185.

74 Homi K. Bhabha, *Les lieux de la culture*, p. 150.

75 같은 책, p. 148.

제5장 환대

1   Michel Foucault, "La vie des hommes infâmes"(1977), *Dits et écrits*, vol. III, p. 242.

2   Luc Boltanski, *De la critique: Précis de sociologie de l'émancpation*, Galimmard, 2009, p. 20.

3   Michel Foucault, "Qu'est-ce que la critique?", *Dits et écrits, vol. III*, p. 38.

4   Jacques Rancière, "Xénophobie et politique", entretien avec Yves Sintomer(2000), *Et tant pis pour les gens fatigués*, Amsterdam, 2009, p. 192.

5   같은 책, p. 199.

6   James C. Scott, *La domination et les arts de la résistances*, p. 217.

7   같은 책, p. 216.

8   Karl Marx, *Manuscrits économico-philosophiques*, 1844, trad. de l'allemand par Franck Fischbach, Vrin, 2007, p. 166.

9   Franck Fischbach, *Manifeste pour une philosophie sociale*, La Découverte, 2009, p. 51. 참조.

10 Gayatri Chakravorty Spivak, *Les subalternes peuvent-elles*

parler?, p. 56.

11 Dipesh Chakrabarty, "Postcolonialité et artifice de l'histoire. Qui parle au nom du passé indien?", in Mamadou Diouf(dir.), *L'historiographie indienne en débat*, p. 85.

12 James C. Scott, *La Domination et les arts de la résistance*, p. 216.

13 Joan W. Scott, *Théorie critique de l'histoire*, p. 115.

14 Étienne Balibar, *La crainte des masses*.

15 Johanna Sinméant, *La Cause des san-papies*, presses de Sciences Po, 1998.

16 Jacques Rancière, "Xénophobie et politique", *Et tant pis pour les gens fatigués*, p. 203.

17 이 주제에 대해서는 앞서 인용한 나의 책 *L'invisibilité sociale*을 참조.

18 Serge Paugam, *La salarié de la précarité: Les nouvelles formes de l'intégration professionnelle*, PUF, 2000, p. 356-362.

19 이 주제에 대해서는 Michael Harrington의 *L'autre Amérique: La pauvreté aux États-Unis*(1962), trad. de l'anglais par Anne Marchand, Gallimard, 1967. Cité par Serge Paugam, *Les Formes élémentaires de la pauvreté*, PUF, 2005 참조.

20 이에 대해서는 Nicolas Duvoux, *L'autonomie des assistés: Sociologie des politiques d'insertion*, PUF, 2009 참조.

21 Judith Butler, *Le récit de soi*, trad. de l'anglais par Bruno Ambroise et Valérie Aucouturier, PUF, 2007, p. 7.

22 같은 책, p. 8.

23 Cimade, *Votre voisin n'a pas de papiers*, La Fablique, 2006, p. 173.

24 같은 책, p. 214.

25 같은 책, p. 66.

26 Jacques Rancière, "Xénophobie et politique", 앞의 책, p. 203.

27 Jacques Rancière, *La mésentente*, p. 31, p. 37.

28 Paul Ricœur, "La condition d'étranger", *Esprit*, mars-avril 2006, p. 266.

29 Pierre Macherey, *Petits Riens, Ornières et dérives du quotidien*, Latresnes, Le Bord de l'eau, 2009, p. 162.

30 같은 책, 같은 곳.

31 Judith Butler, *Vie précaire*, p. 14.

32 같은 책, p. 17.

33 같은 책, p. 33.

34 Rosi Braidotti, *Nomadic subjects*, Columbia University Press, 1994, p. 15.

35 Judith Butler, 앞의 책, p. 57.

36 같은 책, p. 71.

37 Jacques Derrida, "Une hospitalité à l'infini", in Mohammed Seffahi(dir.), Autour de Jacques Derrida. *De l'hospitalité*, La Passe du vent, 2001, p. 133.

38 같은 책, p. 175.

39 같은 책, p. 174.

40 같은 책, p. 134.

41 같은 책, p. 136.

42 Luc Boltanski, *De la critique*, p. 53.

43 Jacques Derrida, "Responsabilité et hospitalité", in Mohammed Seffahi (dir.), Autour de Jacques Derrida. *De l'hospitalité*, p. 134.

44 Luc Boltanski, 앞의 책, p. 58-59.

45 같은 책, p. 234.

46 Donna Haraway, *Manifeste cyborg et autres essais*, p. 237.

47 Abdelhafid Hammouche, "Altérité et état-nation", in Mohammed Seffahi(dir.), Autour de Jacques Derrida, *De l'hospitalité*, p. 64.

48 James C. Scott, *La domination et les arts de la résistance*, p. 217.

제6장 외국인으로서 자기 자신

1 Judith Butler, *Vie précaire*, p. 21.

2 같은 책, 같은 곳.

3 이 주제에 대해서는 앞서 언급한 나의 책, *L'Invisibilité sociale*을 참조.

4 Wendy Brouwn, *Murs*, p. 195.

5 Judith Butler, 앞의 책, p. 61.

6 같은 책, p. 33.

7 Jacques Derrida, "Une hospitalité à l'infini", in Mohammed Seffahi (dir.), Autour de Jacques Derrida, *De l'hospitalité*, p. 173.

8 같은 책, p. 172.

9 알베르 카뮈, 『이방인』의 첫 구절.

10 Judith Butler, *Trouble dans le genre*, p. 148.

11 Susan Sontag, *Le Sida et ses métaphores*, trad. de l'anglais par Brice Mathieussent, Bourgois, 2005 참조.

외국인으로서 자기 자신

기욤 르 블랑(1966~)은 '평범한 삶'의 철학자, 철학자의 역할은 선지자가 되는 것이 아니라, 다시 말해 세계의 종말과 유토피아를 말하는 것이 아니라 '평범한 삶' 안에 자리하는 철학적 반성을 이끌어내는 것이라고 믿는 철학자, 이 평범한 우리 삶의 경험 안에서, 이 무수한 평범한 삶이 겪는 불확실화와 그것이 가져오는 고통의 경험 안에서 추론해낼 수 있는 비판과 창조적인 삶의 잠재력을 이야기하는 철학자, 이것이 좋은 것이고 저것이 나쁜 것이라고, 이것을 하고 저것을 하지 말아야 한다고 말하는 것이 더 이상 철학의 역할이 아니라고 생각하는 철학자, 반-철학 안에 다른 사유를, 그것이 문학이든, 예술이든, 그 무엇이든지 간에 철학적 사유를 담고 있는 모든 삶의 형태들을 수용할 수 있는 열린 하이브리드 철학의 가능성을 말하는 철학자, 그런 의미에서 68혁명의 긍정적인 유산 안에 존재하는 철학자다. 이런 철학적 태도에서 현대의 모든 악이 신자유주의적 자본주의에서만 기인한다고 주장하는 모든 종류의 선지자적 거대 이론에 대해 저자는 일정한 거리를 취한다. 물론 신자유주의적 자본주의는 현대사회의 악을 구성하는 주요한 한 요소다. 그러나 그것은 우리의 삶에 자리하는 모든 종류의 악을 다 설명하지 못할 뿐 아니라, 그러한 이론은 피할 수 없이 또 다른 폭력과 악을 창출한다고 믿기 때문이다.

"치욕스러운 삶들의 선집을 만들어야 한다"는 진술로 이 책을 열듯이 캉길렘(정상과 병리)과 푸코(주체와 권력의 관계, 이질적 공간)의 유산 아래에서 저자는 그의 저작들이 보여주는 것처럼 지속적으로 한 사회 안에서 '공통의 삶'에서 제외된 사람들, 불확실한 삶의 조건 안으로 떨어진 평범한 사람들, 유랑하는 사람들, 그로 인해 목소리와 얼굴을 잃어버리고 법적으로, 정치적으로, 더 근본적으로 인간적으로 더 이상 살 수 없는 비가시적이 된 사람들의 보이지도 들리지도 않는 경험들과 그들의 주체성에 깊은 관심을 가진다.

이 불확실한 삶들 중에서 특히 이 책은 한 국가 안에서 '외국인'으로 '지시된' 실존들의 조건에 질문을 던진다. 물론 저자가 탐구의 주제로서 외국인을 선택한 것은 이 책이 나올 즈음 프랑스의 사회 정치적인 현실과 무관하지 않다. 그렇다고 해서 이 책이 특정한 나라의 특정한 현실에 제한되는 것은 아니다. 왜냐하면 외국인은 여러 종류의 타자 가운데, 다시 말해 사회에서 제외된 사람 가운데 탁월하게 모범적으로 그 타자의 타자성을 육화하고 있기 때문이다. 또한 외국인은 구체적으로 다른 나라에서 한 나라로 들어온 사람을 지시하지만, 한 사회 내 모든 종류의 동화되지 않는 정치-경제적 타자의 이방성을 말하기도 하기 때문이다. 아울러 이 책은 다만 프랑스 내 외국인들의 정치-경제적, 법적 '지위'를 다루는 사회학적 보고서가 아니라, 비판철학적 성찰로서 어떻게 한 주체가 "외국인으로 태어나는 것이 아니라, 외국인으로 되는가"라는 존재론적 조건을 따져 묻는다. 따라서 저자는 처음부터 우리가 낭만적으로 믿고 싶어 하는 어디에도 속하지 않는 "고귀한 외국인"의 지고한 자유의 이미지를 지운다. 이는 우리가 항상 '여기', 일단의 사회적 조건 안에서 정해진 규범적 주체라는 사실을 전제한다. 우리가 규범적 주체라고 말하는 것은, 정상과 병리의 구분은 사회적 결과이지, 어떤 형이상학적인 본래성, 동일성 혹은 주체성으로 결정되지 않는다는 것을 의미한다.

외국인의 조건에 대한 질문은 또한 외국인을 공통의 삶 밖에 놓고 그들을 타자로 지시하는 '우리 자신'은 누구인가를 묻는 것이다. 이 질문은 자기 자신, 즉 자기 정체성, 소위 '국민 정체성'이라고 불리는 것이 어떻게 설립되는가를 살피는 것이다. 자기 자신, 그 확장으로서 우리 자신을 형성하기 위해 우리는 자기 집과 우리 집의 경계를 만드는 국경을 필요로 한다. 우리 자신과 구분되는 외국인은 이런 의미에서 필연적으로 요청되는 '자기' 형성의 조건으로 드러난다. 이러한 정체성의 분석은 우리에게 국민 정체성의 구성이 '허구'에 근거한다는 것을 보여준다. 동시에 정체성의 '자연성'을 해체하면서 외국인을 "너는 여기 사람이 아니다"라는 진술로 한 사회의 여백에 고정하는 지시를 '탈-지시화'하는 데 그 목적이 있다.

우리는 이 책에서 다만 캉길렘과 푸코의 사유만이 아니라, 들뢰즈(노마디즘, 탈영토화, 소수자 되기), 데리다(유령론, 반송의 논리, 환대), 리쾨르(타자로서 자기 자신), 더 나아가 랑시에르, 발리바르, 부르디외와 같은 현대 프랑스 철학자들과의 생산적인 대화를 발견할 수 있을 뿐 아니라, 후기식민주의 연구자들(사이드, 바바, 스피박, 스콧)의 생생한 작업을 만날 수 있다. 특히 이 책을 주디스 버틀러에게 바치고 있듯이, 그는 버틀러의 작업(주체와 규범의 권력관계, 젠더론, 행위할 수 있는 잠재력, 살 수 있음)과 연대하고 그녀의 작업을 확장한다. 여기에 우리는 또한 '비판적' 참조점으로서 버틀러가 그렇게 했듯이, 데리다의 이름 아래 감추어진 레비나스(상처받을 수 있음, 타자의 삶의 불확실성, 환대)의 이름을 불러내야 한다. 저자는 데리다와 레비나스의 환대 이론을 수용하면서도 일정한 거리를 취하는데, 환대는 기억 불가능한 도덕적 과제, 순수한 만남, 시적인 힘에 의한 '증여'라기보다는 평범한 삶들의 구체적이고 실천적인 비판으로서 하층민들의 새로운 삶의 창조들을 위한 창조라는 믿음에 근거한다. 바로 여기에 버틀러와 함께 이 책이 전달하고자 하는 강한 정치적 메시지가 존재한다. 저자가 제시하는 '환대를 환대하는' 방식으로서 하부정치학은 이렇게 두 방향의 창조를 제안한다. 이 두 방향의 창조―환대하는 자 안에서 일어나는 창조와 환대받는 자 안에서 일어나는 창조―는 함께 느낄 수 있는 '감성의 공동체'와 '하이브리드화'를 전제한다. 특히 후자의 창조는 데리다와 레비나스의 환대의 철학 안에 부재하는 것이다. 저자가 우려하듯이 이러한 부재는 환대가 국가에 의해 행해지는 경우, 특히 경제적인 이민자에 대한 환대의 경우, 제국주의적 환대로 기울 수도 있다. 외국인, 즉 한 사회의 하층민은 사실 다만 환대를 받는 '대상', 다시 말해 호명 안에서 영원히 결핍된 존재로, 영원히 치욕스러운 존재로 지시되고 고정되는 주체(종속의 의미에서 주체)가 아니라(알튀세르), 버틀러가 강조하듯이 '탈-지시'의 과정 안에서 자신의 '행위할 수 있는 잠재력'에 의해 안과 밖의 경계에 균열을 만들 수 있는 하부정치학을 형성할 수 있는 정치적 주체이기도 하다.

이러한 두 방향의 창조 안에서, 외국인의 조건은 다만 지시에 의해 항상 밖에 존재하면서 안에 존재할 가능성의 창출만을 의미하는 것이 아니라, 이제 이 모든 모욕적인 지시를 넘어서 모든 타자에게 행해진 환대는 '외국인의 조건'이 된다. 이것은 자기 자신의 타자들을 자기 안에 환대하면서, 자기 자신을 타자로, 외국인으로 발견할 가능성을 겨냥한다. 이로부터 "외국인이 된다는 것은 국가적인 삶, 사회적인 삶, 인정될 수 있는 신체들의 국경 밖으로 추방되는 것을 의미하는 것이 아니라, 자기 안의 타자들과 자기 밖의 타자들에게 열리는 것을 의미한다". 이때 외국인의 조건은 전적으로 모욕의 조건이 아닐 수 있다.

저자가 서문에서 희망하듯이, 이러한 비판적 작업을 통해 우리가 외국인들의 삶의 형식들과 그 불확실성의 생생한 경험들을 같이 느낀다면, '외국인'이라 이름은 더 이상 사회적 불행이 아니라 그와 다른 것이 될 수 있을 것이다. 그리고 우리의 시선은 우리 안에 우글대는 우리 자신의 외국인들에게 합리적으로 열릴 것이다.

하이브리드화의 실천가, 또 브리콜뢰르로서 기욤 르 블랑의 이러한 철학적 작업을 인도하는 철학의 정의가 있다면, 그것은 의심의 여지 없이 캉길렘이 준 철학의 정의일 것이다. "철학은 반성이다. 그런데 그 반성의 활동을 위해 모든 낯선 물질은 좋은 것이다. 그래서 우리는 기꺼이 반성에 있어서 모든 좋은 물질은 낯선 것이라고 말할 것이다."[*] 여기에 그의 철학의, 더 정확히 이 책의 낙관주의가, 그런데 '비판적'이고 '합리적'인 낙관주의가 자리한다.

교정 작업에 애써주신 고나리님과 글항아리 편집진들께 이 자리를 빌려 깊은 감사를 드린다.

[*] G. Canguilhem, *Le normal et le pathologique*, PUF, 1966, p. 7.

안과 밖

초판인쇄 2014년 6월 23일
초판발행 2014년 6월 30일

지은이   기욤 르 블랑
옮긴이   박영옥
펴낸이   강성민
책임편집   고나리
편   집   이은혜 박민수 이두루
편집보조   유지영 곽우정
마케팅   정민호 이연실 정현민 지문희 김주원
온라인 마케팅 김희숙 김상만 이원주 이천희

펴낸곳   (주)글항아리ㅣ출판등록 2009년 1월 19일 제406-2009-000002호
주소   413-120 경기도 파주시 회동길 210
전자우편   bookpot@hanmail.net
전화번호   031-955-8891(마케팅) 031-955-1903(편집부)
팩스   031-955-2557

ISBN   978-89-6735-113-7 93100

글항아리는 (주)문학동네의 계열사입니다.

이 도서의 국립중앙도서관 출판시도서목록(CIP)은 서지정보유통지원시스템 홈페이지
(http://seoji.nl.go.kr)와 국가자료공동목록시스템(http://www.nl.go.kr/kolisnet)에서
이용하실 수 있습니다. (CIP제어번호 : CIP2014014027)